চীনে রবীন্দ্রনাথ
泰戈尔：中国之旅

孙宜学●著

中央编译出版社
Central Compilation & Translation Press

图书在版编目（CIP）数据

泰戈尔：中国之旅/孙宜学著．——北京：中央编译出版社，2013.5
ISBN 978-7-5117-1024-6

Ⅰ．①泰…
Ⅱ．①孙…
Ⅲ．①泰戈尔，R.（1861—1941）－生平事迹
Ⅳ．① K883.515.6

中国版本图书馆 CIP 数据核字（2013）第 082236 号

泰戈尔：中国之旅 /孙宜学●著

出 版 人	刘明清
出版统筹	邢艳琦
责任编辑	邓　彤
责任印制	尹　珺
出版发行	中央编译出版社
地　　址	北京西城区车公庄大街乙 5 号鸿儒大厦 B 座（100044）
电　　话	（010）52612345（总编室）　（010）52612352（编辑室） （010）66161011（团购部）　（010）52612332（网络销售） （010）66130345（发行部）　（010）66509618（读者服务部）
网　　址	www.cctphome.com
经　　销	全国新华书店
印　　刷	北京金瀑印刷有限责任公司
开　　本	787 毫米×960 毫米　1/16
字　　数	290 千字
印　　张	19.75
版　　次	2013 年 5 月第 1 版第 1 次印刷
定　　价	58.00 元

本社常年法律顾问：北京市吴栾赵阎律师事务所律师　　闫军　梁勤
凡有印装质量问题，本社负责调换。　电话：（010）66509618

東方雜誌　第十卷　第四號　台莪爾氏之人生觀

吾人以缺陷為固定。遂不免視之過重。使能將大地每一瞬間缺陷之為物。時時由事物之全體改正之。而幾更其狀態。一般生物者。其清新深淨自若也。凡各種調查。均以流動之事物為固定。因之執妄成眞。致爲眩惑。或由職業之原因。或由其他之原因。關心甚切。往往對於生活之特種現象。實不合於眞理乎。庸詎知所關心者。實不合於眞理乎。庸詎知所關心者。實由自然界中之生存競爭者也。以解明自然界中之生存競爭者也。吾人心目中所懸。自然之圖畫。其齛牙眈血之象。至可震懾。然因此遂以樓動不居之顏色與形式爲固定。此與計算空氣每方吋之重量。其壓迫雖重。然以配証之得當。實不覺其疲勞。自然界中。固有生存競爭。然又有其交互之作用。以愛情爲根源。而愛兒心愛友心犧牲心。皆由是而發出。蓋愛情者。實

死亡與腐敗之教。為精確之調查。必有使吾人驚慄不置者。然缺陷實時時流動。雖其數最多之銀。為巧歷所不能計。而於生活之潮流。決無影響。大地山河。流泉空氣。凡所以供給生活中之積極原則也。台氏更謂吾人處世。何不以死亡一念。執著於心中。此非因對於死亡之現象。不甚明瞭故。實由死亡卽生活之消極現象故。

印度詩家台莪爾氏

1913年10月1日《東方雜誌》發表錢智修文章《台莪爾氏之人生觀》，這是文中所附泰戈爾照片，這可能是中國人第一次看到泰戈爾。

注：本書所採用照片因年代久遠，保存失當，部分已模糊不清，因極其珍貴難得，特此存留。

1924年4月12日,泰戈尔在热田丸甲板上的留影。

1923年1月25日《东方杂志》第20卷2号封面。

1923年9月10日《小说月报》第14卷9号泰戈尔号封面。

1924年4月12日热田丸抵近上海,泰戈尔等凭栏观望。

1924年4月12日,热田丸号抵达上海汇山码头,泰戈尔与殷芝龄(右一)、郑振铎(右二)、张君劢(右三)、徐志摩(右四)等在甲板上。

浙江省教育会,1924年4月16日,泰戈尔应邀在此演讲。

1924年4月18日,上海各团体在上海商务印书馆图书馆原址为泰戈尔举行了盛大的欢迎会。

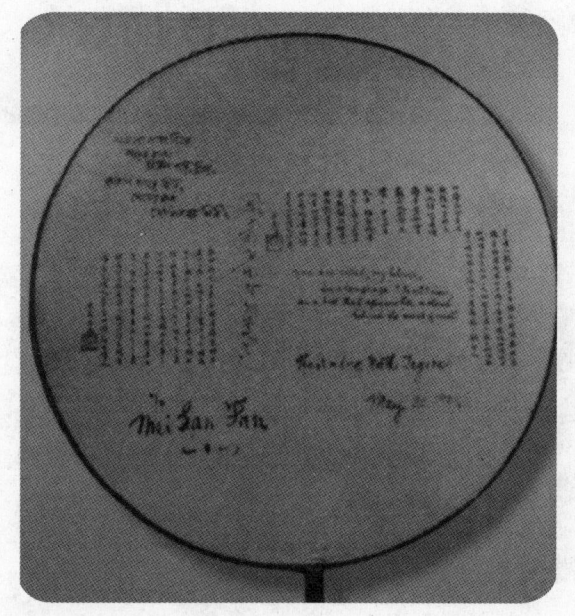

1924年5月20日,梅兰芳、梁启超等在北京丰泽园饭庄设宴为泰戈尔饯行,席间泰戈尔将观赏《洛神》的感受写成一首小诗,题写在纨扇上赠给梅兰芳。

1924年4月18日,泰戈尔在上海各团体欢迎会上(《小说月报》1924年15卷4号)。

1924年4月20日，泰戈尔在南京访问国立东南大学并演讲。图为国立东南大学校门。

1924年4月25日中午，英美协会在六国饭店宴请泰戈尔。此为民国时期的六国饭店。

1924年4月22日,泰戈尔在济南与欢迎者合影。

1924年4月26日,泰戈尔受佛化新青年会之邀在北京法源寺赏丁香。

1924年4月27日，泰戈尔与溥仪在御花园四神祠前合影。

1924年4月27日晚，梁启超、胡适等北京各学界代表在金鱼胡同海军联社公宴泰戈尔一行。此为海军联社今貌。

1924年4月18日晚,徐志摩、郑振铎、戈公振、刘海粟在上海北京路上的功德林素菜馆宴请泰戈尔,此画像是刘海粟即兴为泰戈尔所绘。

1924年5月8日晚,在泰戈尔祝寿会上演出《齐德拉》,图中人为齐德拉的扮演者林徽因。

1929年泰戈尔在中国的照片,右为胡适题词。

1924年4月25日泰戈尔受讲学社之邀游北海。

1929年6月,泰戈尔第三次来到上海,住在徐志摩、陆小曼家,临行前赠送给他们的自画像。

1924年泰戈尔在北京与梁启超合影。

1924年4月26日泰戈尔在北京法源寺与女学生们合影。

梁思成、林徽因与泰戈尔。

1940年泰戈尔与徐悲鸿在印度的合影。

泰戈尔与北京的欢迎者在一起。右起为徐志摩、林徽因、泰戈尔、恩厚之、林长民、王统照、梁思成。

泰戈尔与徐志摩等合影,右座者为吴稚晖。

泰戈尔与徐志摩、林徽因合影。

泰戈尔在北京与梁启超合影。

泰戈尔演讲,徐志摩翻译。

泰戈尔在北京期间曾同赴蒋百里家午宴,并与徐志摩(中排左二)、胡适(三排右一)及蒋百里的女儿们等合影。

泰戈尔在北京与辜鸿铭(前排右一)、徐志摩(后排左二)等合影。

泰戈尔在清华期间与辜鸿铭合影,摄于清华工字厅。

泰戈尔留居清华时与校长曹云祥（后排右）等人合影（前排左起：王文显、张歆海、徐志摩、张彭春，中排左起：辜鸿铭、泰戈尔）。

泰戈尔（前左一）在北京庄士敦景山家门前与内阁总理大臣颜惠庆（前右一）、徐志摩（前左一）、林徽因（中左二）、庄士敦（后左四）等合影。

CONTENTS 目录

◎ 序 ·· 1

◎ 泰戈尔小传 ·· 1

上篇　飞鸟翼影：泰戈尔的中国之旅

第一章　新月耀东方 ·· 3
  欧美"泰戈尔热" ·· 4
  "遥寄"诗人表深情 ·· 8
  世界诗人 ··· 12
  初现研究高潮 ·· 15
  两种文化态度 ·· 17
  喜从天降 ··· 20
  讲学社的使命 ·· 21
  文化界的热情 ·· 22
  唯泰戈尔是谈 ·· 24
  好事自古多磨 ·· 27
  东行漫记 ··· 29

第二章　上海：诗人的声音 ·· 31
  沪上印度风 ··· 31

CONTENTS
目录

"欢喜的日子" ……………………………………………… 34
泛舟西湖 …………………………………………………… 36
在上海的第一次谈话 ……………………………………… 39
徜徉夜上海 ………………………………………………… 44

第三章　北上途中的风景 …………………………… 46
溯江北上 …………………………………………………… 46
东南大学的花间树下 ……………………………………… 47
泉城新颜 …………………………………………………… 51

第四章　北京：诗人的哀伤 ………………………… 56
警笛声声 …………………………………………………… 56
应接不暇 …………………………………………………… 57
在英美协会演讲 …………………………………………… 59
畅游北海 …………………………………………………… 60
法源寺赏丁香 ……………………………………………… 62
"觐见"溥仪 ……………………………………………… 66
情不自禁 …………………………………………………… 69
雩坛谈东西文明 …………………………………………… 70
北京画会谈艺录 …………………………………………… 72
水木清华 …………………………………………………… 74
"竺震旦"的诞生 ………………………………………… 80

CONTENTS
目录

高山流水 ·· 83
反对声浪涌 ·· 85
黯然神伤 ·· 89
日俄相邀 ·· 91
最后的演讲 ·· 92
禅语佛心 ·· 94
《洛神》赋情 ·· 96
余墨飘香 ·· 99
"三友图" ·· 100

第五章　伤感的告别 ································ 102
诗人、军阀与乡村试验 ·························· 102
太原演讲 ·· 104
汉口谈教育 ·· 105
异样的告别 ·· 107
东渡日本 ·· 109

第六章　真情不改 ···································· 111
第二次到中国 ·· 114
第三次到中国 ·· 114
中印学会 ·· 116
中国学院 ·· 117

CONTENTS
目录

日本的驱逐 …………………………………… 121
诗人与中国抗日战争 ………………………… 122
为中国募捐 …………………………………… 126
痛斥日本军国主义者 ………………………… 128
绵亘不绝的友情 ……………………………… 129

第七章 永远的缅怀 …………………………… 131
园丁辍耕 ……………………………………… 131
中华同悲 ……………………………………… 132
恒河诗魂 ……………………………………… 135

下篇 园丁留痕：泰戈尔的中国影响

第一章 一次不欢而散的文化聚会 …………… 139
欢迎与批评 …………………………………… 139
时代的误解 …………………………………… 142

第二章 胡适与泰戈尔 ………………………… 151
一 ……………………………………………… 152
二 ……………………………………………… 155
三 ……………………………………………… 158

CONTENTS
目录

第三章　徐志摩与泰戈尔 ·· 159

第四章　林语堂、江绍原与泰戈尔 ······································ 163

第五章　梁启超与泰戈尔 ·· 170
　　初缘——《大中华》视野中的泰戈尔 ································ 170
　　真挚友谊——泰戈尔在北京 ·· 171
　　指"泰"骂"梁"——谁别有用心 ···································· 173
　　责任与信仰——梁启超为什么欢迎泰戈尔 ························· 174

第六章　泰戈尔与周作人 ·· 177
　　"撒提"与"人的发现"及礼教 ······································· 177
　　中国青年与"群众运动"及"醉翁" ································ 180
　　泰戈尔与耶稣及"隐士" ·· 186

第七章　中国接受泰戈尔略史 ·· 191
　　第一次"泰戈尔热"（1913—1924） ································· 191
　　平淡期（1925—1949） ·· 192
　　沉默期（1950—1980） ·· 192
　　第二次"泰戈尔热"（1981年至今） ································· 193
　　基本内容与态度 ··· 193

CONTENTS
目录

附录　中国关于泰戈尔的介绍、研究论文、
　　　著作目录（1900—2012）………………………………… 197

后　记 ……………………………………………………………… 258

序

读了孙宜学教授的《泰戈尔：中国之旅》一书使我非常激动。泰戈尔是我父亲谭云山一生中最关键的友人兼导师。谭云山和泰戈尔成为增进中印友谊与了解的紧密同志与合作伙伴，共同建立"中印学会"与国际大学的"中国学院"。我不但在襁褓（刚生下两个月）时期获得泰翁给予的印度名字"Asoka"，而且是在泰戈尔灵感照耀下追随父亲的学术事业，毕生奉献给"中印学"与"中印大同"（Chindia），"春蚕到死丝方尽"。我经常想：没有泰戈尔就不会有谭云山，就不会有谭中，自己这一生的事业是泰翁给我印度名字时就注定了的，我别无选择，也义无他顾。

我想本书读者应该知道泰戈尔的出身背景与义化特征。泰戈尔的母亲莎拉褡（Sharada）是印度孟加拉富裕家庭童婚、多产、长寿妇女的典型，泰戈尔是他父母亲13个孩子中最小的一个。泰戈尔从小和父母亲、7个哥哥、5个姐姐，外加嫂嫂、姐夫、侄子、侄女、外侄、外侄女共同生活在同一个亲切、热闹、富有人情味的大院之中。在他幼年时代很少见到喜欢出外云游的父亲，他的母亲经管庞大的家务，也很少对他管教，他是和与他年龄差不多的姐姐、童婚嫂嫂、侄子、侄女、外侄、外侄女玩乐成长起来的，尽情享受天真、仁爱、和睦、关怀（包括纯洁、高尚的异性交往）。这种环境使他后来发展出一种独特的理论：认为人类最伟大的是童年，人们一到成人阶段就丧失思想自由与高尚情操而变得世俗化、庸俗化、是非纠葛、利益矛盾。也是他小时候成长的那种环境使他的文学作品总是想和儿童对话，总是想美化儿童的天真无邪，尽量远离成年社会的"假恶丑"现象。

泰戈尔是中国人民熟悉的印度"诗圣"。著名的印度独立运动领袖圣雄甘地称他为"Gurudeva"。这个名字的"guru"是老师的意思，"deva"是神的意思——"Gurudeva"是尊泰戈尔为"神圣的老师"，和中国把孔夫子称为"至圣先师"相似。孔夫子是逝世一千多年后才被尊为"至圣先师"的，泰戈尔却是在世的时候受到甘地、尼赫鲁等社会领袖这样的尊称。所有和泰戈尔住在"和平乡"（Santiniketan）国际大学校园的男女老幼都这样称呼他。1941年泰戈尔逝世，整个校园沉浸在悲痛之中。我弟弟谭立那时刚7岁，他用孟加拉文写了一首诗说："Gurudeva是我母亲！"这是发自肺腑之言。我们可以想象泰戈尔是怎样的印度"诗圣"。

泰戈尔既是大文豪（诗人、散文家、小说家、戏剧家），又是圣人、哲学家、教育家、社会活动家；他还是画家、歌唱家。泰戈尔以诗出名，但也写了许多好的小说与戏剧，它们又被拍成孟加拉语、印地语及其他印度语言的电影。泰戈尔的戏剧都是歌剧，经常上演。在印度的文化活动中，泰戈尔的歌也是娱乐的组成部分。这一切都有益于增进印度的精神文明，对印地语及其他印度地方语言的电影起着健康的保护作用，帮助印度大众文娱活动抵制西方（特别是美国）色情、暴力文娱产品的腐蚀。泰戈尔写的诗，譬如获得1913年诺贝尔文学奖的《吉檀迦利》，是用简练、活泼、明了、动人的话语把印度文明的传统精髓提炼出来，雅俗共赏。其中最杰出的是"Mind Without Fear"（心无恐惧）那组诗，正像中国《义勇军进行曲》一样，也不知唤醒了多少爱国印度青年视死如归地参加了抗英独立运动。早在1915年中国共产党成立以前，它的发起人之一及首任书记陈独秀就把这首诗翻译成中文，而且译得有感情（不是机械地从字面翻译）：

　　远离恐怖心，矫首出尘表。
　　慧力无尽藏，体性遍明窈
　　语发真理源，奋臂赴完好，
　　清流径寒碛，而不迷中道。
　　行解趣永旷。
　　心径资灵诏。挈临自在天。

> 使我长皎皎。

中国过去和现在很多论者都把泰戈尔形容为"宗教诗人"(有人甚至莫名其妙地说他是"多神教徒"或"泛神论者"),这是很大的误解。泰戈尔的父亲和哥哥都是印度教改良运动的急先锋,建立起废除偶像崇拜的"梵社"(Brahmo Samaj)。泰戈尔从年轻时开始就帮忙组织并带领侄子、侄女在"梵社"集会上唱歌,因而出名,也是这样自然而然成为诗人与歌曲作家的。他又作词又作曲,一共作了2232首歌,不可谓不多矣!他又是人类有史以来唯一的两个"国歌"(印度的和孟加拉国的)的作者。再有,斯里兰卡国歌的作曲者激玛拉昆(Ananda Samarakoon)也是泰戈尔的弟子,使得斯里兰卡国歌充满泰戈尔音乐的风味。南亚三个国家的将近14亿人口每天受着泰戈尔音乐的熏陶向新时代高歌迈进,这也是当代国际关系的奇闻佳话。

泰戈尔的诗和他的歌在印度受到普遍爱好,印度西孟加拉邦和孟加拉国的男女老少都爱朗诵与歌唱。有个名叫"摩妮"(Muni)的孟加拉语妇女,年轻时在"和平乡"我们家当保姆,后来结婚,又变成寡妇(儿子媳妇对她并不孝顺)。1959年我到新德里教书,把她带去和我们住在一起,帮忙做饭、看家,她沉默寡言,但时常哼什么曲子。后来我和内人仔细倾听,原来她在唱泰戈尔的歌聊以自慰。一个不识字、从中年开始守寡、有过许多不幸经历的印度妇女,竟在泰戈尔诗歌的鼓舞下得到人生的乐趣与安慰,使我们非常感动。我们在自己的生活中实际体会到泰戈尔诗歌的巨大威力,认识到泰翁的文学作品都是美好感情的表达,都有一种理想、一种真挚、一种仁爱、一种安慰。

泰戈尔在中国说过:"我不可能由于周围的人有某种宗教信仰而随之信教"。那些说泰戈尔是"宗教诗人"、"多神教徒"或"泛神论者"的人是不了解泰戈尔超越了庸俗性"宗教"的崇高思想境界。印度有人评论说,泰戈尔的"神"不在庙中而在心中,他从大自然现象与人们的生活中处处看见"神",随时与"神"对话。这话有道理。泰戈尔采用"赞歌"形式的诗歌中经常有"他"、"主"、"父"这样的词汇,看起来带点宗教色彩,实际上不是对"神"的赞扬(因为他从小就没有偶像崇拜),而是歌颂"真善美"。"真善美"就是他的神，或者说，泰戈尔是个虔诚的"真善美"教徒。

中国两千多年历史上有过成百的、外来（多半来自印度）的、坚持俭朴生活的、从不想家、四海为家的高僧，1924年4月29日至5月4日，泰戈尔住在北京清华大学校园中，他忽然对梁启超说，他怎么觉得到了中国就像回家一样，可能他前世就是那些来华高僧之一。泰戈尔的的确确是继承了古人那种把宇宙当做祖国的国际主义者。他在1916年写道："我们将在人—神大道上漫步，高唱超越人类之歌……我们会把那伟大世界的大道当做自己的国家。"他不但憧憬着超越国界的大道，而且试图在现代狭隘民族主义荆棘丛生的地球上走出这条大道来。他于1920年12月从纽约写信给正在他办学的印度和平乡访问的中国作家许地山说："对我们来说，只有一个国家，那就是世界。我们只有一个民族，那就是人类。"他又说："让那幻觉中的地理障碍至少在印度的一块地方消失，让和平乡变成那块地方吧！"（以上的话及本文所有泰翁引语都是谭中本人的翻译，例外的当会注明。）泰戈尔把他办的学校取名为"Visva-Bharati"。这个名字是泰戈尔把古印度《吠陀经》（Veda）上一句格言"yatra visvam bhavati ekanidam"（全世界在一个鸟巢中相会）压缩而成，中国通常说的泰戈尔的"国际大学/Visva-Bharati"，真正的意思是"使世界聚会的鸟巢"。

泰戈尔对中国的深厚感情是在他1924年访华之前就奠定了的。一方面因为他是国际主义者，另一方面，他的家庭背景就是对中国向往的。他的祖父德瓦侃纳特·泰戈尔（Dwarkanath Tagore）和中国有生意来往，他父亲迪本德拉纳特·泰戈尔（Debendranath Tagore）曾于1877—1878年唯一的一次出国远行就是到中国访问。父亲迪本德拉纳特从中国回家以后又是写文章，又是和亲朋好友谈论中国。印度民间有闲谈的嗜好，孟加拉人更是滔滔不绝。我们可以想象泰戈尔的父亲从中国回去后在大家庭几十人的集体中掀起的谈论中国的热烈，对当时还不到20岁的泰戈尔来说一定是影响很大的。3年以后（1881年），20岁的泰戈尔就用孟加拉文发表一篇文章，题目是："在中国的谋财害命贸易"（Chine Maraner Byabsa/Death Traffic in China）。文章谴责英国对华的鸦片贸易与鸦片战争。他在1921年先用孟加拉文、然后翻译成英文发表的《文化的团结》（Sikshar Milan/Union of Cultures）的文章中写了这样一段话:"佛陀感觉到人类是伟大团结的合成,他的启示传到中国变成不朽泉源中发出的力量。可是,现代要建立帝国的商人为了贪婪,背弃了这一团结的真理,竟无耻地把致命的鸦片毒物送到中国,不,是用炮口硬塞进中国的喉咙。"

泰戈尔1923年接到中国邀请信后非常激动。那时中国兵荒马乱,中国到处都是土匪的信息在全球风传,泰戈尔颇有所闻。但他那人类"性善"的信念以及盼望观光中国的饥渴使他产生一种想要在中国被土匪绑架的新奇念头。1923年11月他病好了以后写信给一位比他年轻得多的女友人,其中这样写道〔原文由友人邬玛·达斯古普多(Uma Das Gupta)教授译成英文,我再译成中文〕:"如果那儿(中国)的土匪把我绑架,我就可以好好休息几天。但不知道他们会要求多少赎金——我想大概不超过二三十万。不过要看我的同胞能不能凑齐这笔钱。如果凑不齐的话,那我就得留起辫子,讨个中国老婆,在中国快快乐乐过日子了。"[1] 许多年后,泰戈尔在波斯访问时谈到他在中国想被土匪抓去的念头,他的波斯主人对他说,中国土匪尊敬长老,不会抓你这种模样的人。如此看来,泰戈尔这想让中国土匪绑架的奇想还不是昙花一现的念头,我们从这一点上也看出他是对中国感情特别丰富的慈祥老人。

泰戈尔1924年访华时已经超越花甲"耳顺"之年。他在北京美好地度过63岁(按中国算法是64岁)寿诞,使得那次生日成为他一生中最难忘的一天。他在临终前不久作诗写道:

……
记得我去中国
陌生人在我前额
点了友谊的红色,
称我为亲者。
不知不觉地
陌生感消失。
意料不到的

---

[1] 这是印度好友邬玛·达斯古普多教授供给的、尚未发表的信息。

> 欢乐情谊显现
> 一个永恒的人。
> 我得了中文名，
> 身穿中式裳。
> 我心中豁然开朗
> 友谊来临
> 使我新生。
> 他赐给我生命之珍。
> ……

泰戈尔一生不知出外旅行多少次、不知访问过多少国家，也在国外度过生日，却没有作过第二首这样兴奋的外访回忆诗，没有在别的写作中这样生动地回忆自己生日的细节，没有这样用中印友谊"使我新生"、象征着"神"所赐予的"生命之珍"来形容过他在别国享受的国际友谊。这短短的几句话中真不知蕴藏着多少值得大书特书的泰翁与中国的交融与激荡的精神财富，值得我们好好发掘。

泰戈尔高度赞扬中国与中华文明。他在中国讲演时说："你们（中国）的古老文明使心灵的土壤变得肥沃。它永恒的人道风格使得属于它的所有一切都富有生命力。如果不是显著的人道主义，如果不是它精神生命的丰富，这一文明是不会持续这么久的。""我曾经对自己说：中国人民是伟大的人民。我记得曾经对那些毫不尊重你们、到这儿来剥削你们以及对你们文明所作贡献忘恩负义的人表示愤怒。"

泰戈尔在1924年对华讲演时就已提到，但在1937年国际大学中国学院开幕典礼上完整表达出下面这段赞赏中国文化的颇为新颖的话："没有任何更值得一提的是：中国文明漂亮的精神使得人们爱物质却毫不贪婪，使他们喜爱这世界的事物，给它们披上温柔仁慈的外衣，他们自己没有变成物质主义者。他们本能地掌握了事物旋律的秘密——并不是科学中强力的秘密，而是表现的秘密。这是伟大的本领，因为只有神才能知道这一秘密。我羡慕他们这种本领，希望我们同胞能与他们分享。"

泰戈尔并不反对科学，并不反对物质文明高度发达，他强烈反对的是西方文明那种"物质主义者"的贪婪以及他们肆意践踏东方文明所提倡的人道主义。他说："对我来说，人类是丰富、庞大与多方面的。所以当我发现在西方世界为了物质利益而伤害人的品格、把人贬值为机器的时候，我深为伤感。"

现在中国人们经常讨论在国际场合缺乏"话语权"，印度在这方面却有相对优势。从这一角度来看，泰戈尔在国际场合是最有"话语权"的。其实他也没有去争取过，他从来没听说过"文化是软实力"这样的话。泰戈尔从小是在既西洋化又富有印度、波斯等东方文化传统的家庭社会环境中成长的，对西方文明的了解极为深刻。1913年泰戈尔作为第一位东方人获得被西方（特别是英、美）作家长期垄断的诺贝尔文学奖本身就意味着西方世界敞开怀抱接受泰戈尔的思想。1915年英王授予他"爵士"荣誉，1919年他抗议英国血腥镇压印度群众运动而宣布舍弃这一荣誉。泰戈尔会用英文与西方社会精英交往，他的文学成就与崇高思想受到西方文化界和学术界敬佩，更可以说，他的思想变成了20世纪西方文明新思潮的一部分。这样他才自然而然享受国际"话语权"。

泰戈尔简直变成白种人的代言人。泰戈尔1914年5月1日写给英国诗人穆尔（Thomas Sturge Moore）的信中说："我认为西方幸运，有机会通过《圣经》的媒介吸取东方的精神。"泰戈尔1919年10月14日写给法国文学家、诺贝尔奖获得者罗曼·罗兰（Romain Rolland）的信中说："我看广大亚洲大陆没有哪一个角落真正对欧洲有好感。"泰戈尔1929年7月9日写给自己的英国好友（兼义务秘书）安德鲁斯（C. F. Andrews）的信中说："我们东方人已经被西方羞辱得太久了。"泰戈尔在《亚洲响应新时代号召》一文中说："我敢说如果亚洲没有完全觉醒欧洲也得不到解放。"

在他1939年写给印度友人阿密雅·查克拉巴迪（Amya Chakrabarty）的信中，泰戈尔形容圣雄甘地"手握魔棒，把国家（印度）从导致它衰亡的僵死的瘫痪中唤醒，使它对自己的力量感到自信，宣布非暴力为勇者的真实信念。"泰戈尔与甘地虽然各有各的志趣与主张，却是印度反帝独立运动的同志与战友。事实上，列宁也很敬仰泰戈尔，而且认真读了泰戈尔1917年写的《民族主义》。

泰戈尔把自己的生存完全陶冶在大自然的怀抱之中，他在中国讲演时说："对我最重要的事是：我从来不对周围的世界的一切事物感到枯燥乏味。对我来说，云儿就是云儿，花儿就是花儿，这就足够了，因为它们直接和我对话，因为我决不能对它们冷淡。"泰戈尔从小体验到大自然与童真的内在关系，他对社会人情把这一关系逐渐切断而发出抗议，因而发展出自己的"天人合一"的生活方式。他有两大生活习惯：早起与敞开窗户。他总是在日出前起床，观察黎明的景象，从中悟出许多重大理论，也极大地丰富了他文学作品中的朝气。和平乡气候炎热，但泰戈尔连正午也把窗户敞开，让阳光照耀到屋子里来。雨季的时候，风雨雷电交加，泰戈尔也把窗户敞开，让风雨雷电和他的身体与思想交流，他的诗中充满了对雷雨的描绘，这也只有像他那样有"天人合一"切身体验的作家才能描写出来。

泰戈尔这种"天人合一"的生活方式以及对大自然的爱好，使他在自己办的新型"国际大学"采用树下上课的规则，有点发扬古代传统的意思，因为印度古代的圣哲都是在森林中修道并传授弟子的。这种学习方式加上校园内载歌载舞的气氛使得下一代身体健康、心境开朗、精神潇洒、志气磅礴、性格和谐。国际大学学生都喜欢唱《我们的和平乡》这首歌，它对培养人的乐观主义很有帮助。我这么说不是凭空想象、不是教条式宣传，而是根据自己（还有我弟妹）的切身体验。泰戈尔的"和平乡"的确能陶冶个性，的确有魅力。郭沫若年轻时在日本很敬仰泰戈尔，也被他从来没有体验过的"和平乡"的魅力所吸引。他在1920年写的《晨安》诗中有：

　　晨安！Bengal 的泰戈尔呀！
　　晨安！自然学园里的学友们呀！

1921年郭沫若从日本坐船回国，在上海看到祖国的海岸时即兴作了《黄浦江口》，诗中说：

　　平和之乡哟！
　　我的父母之邦！

《晨安》诗中的"自然学园"当然指的是树下上课的泰戈尔的"和平乡国际大学",那对他一定是很有吸引力的。可是,1921年中国怎么会是"平和之乡"呢?!很明显,他诗中这"平和之乡"是暗指泰戈尔的"和平乡",他把"和平乡"说成"我的父母之邦"是表达一种希望中国未来和平的理想信念,也说明当时他对泰戈尔"天人合一"理想境界的憧憬。

泰戈尔坚决主张男女平等。起初他写些文章批评社会风俗习惯,后来他改变方针,用他的社会影响开展社会文娱活动来增加妇女进入上层社会的机会,创造了"Rabindra sangeet/泰戈尔音乐"(包括歌舞),其中女主角与男主角地位平等。由于"泰戈尔音乐"变成了孟加拉与印度上层社会文化生活的一部分,参加到"泰戈尔音乐"活动中的妇女自然而然变成与男性平起平坐的上层社会成员。现在,印度女性、尤其是孟加拉女性中有一种以擅长朗诵、唱歌、舞蹈、演戏为荣的风尚。印度至今年轻人婚姻大事仍然由父母操办(不听父母之命的例子虽然慢慢多起来,但还是少数),父母总是花大力气百般挑选未来的媳妇或女婿。年轻妇女有"泰戈尔音乐"素养与特长的身价就高。就这样,泰戈尔用文化的手段提高了妇女地位,帮助印度妇女进入社会主流,印度传统男尊女卑的陋习因此减少。这是十分值得中国学习的。

泰戈尔1937年在国际大学中国学院开幕式上说了许多有关中华文明的具有深刻意义的话。泰戈尔说:

"是合作与爱心、互助互信创造文明的力量和真实优点。新的精神与道德力量应该继续发展,使人类吸收科学的成就,管制他们的武器和机器,不然的话,武器和机器就会统治与奴役人类。我知道,很多人会指出中国和印度的衰弱,受到世界残酷侵略的强国的蹂躏,为了避免毁灭必须强调强力与发展。……我们必须懂得对付强国的傲慢而保卫我们人类,却应该小心别仿效它们,使我们自己也变得残酷,把我们人类值得保卫的价值葬送。"

这段话中说到的"精神与道德力量"必须管制"武器和机器"指的就是精神文明要指导物质文明,就是《周易·系词》所说的:"形而上者谓之道,

"形而下者谓之器"的基本精神。泰戈尔一贯认为：中国和印度文明因为具有爱心得以持续几千年，两大文明的影响使得东方传统色彩与和谐气氛浓厚。西方却由于提倡强力而充满冲突、战争、毁灭，西方强国把自己的幸福建筑在别人的痛苦上。地缘政治范式提倡的"国富民强"的发展道路与地缘文明范式提倡的世界大同道路是分道扬镳的，一条引导人类走向毁灭，另一条把人类从灾难中拯救出来。泰戈尔苦口婆心地劝告人们在这两条道路上有所选择。我想在这一点上，泰戈尔在东西方现代思想界是处于超前地位的。1924年泰戈尔对中国知识界说：

> 我坚信在东方我们主要的特点不是靠占别人的便宜花太高的代价去赢得成功，而是以"dharma"（道）为理想并求得其实现。让东方的觉醒使我们自觉地发现我们文明的精髓与普世意义吧！让我们把前路的废墟搬掉，使我们的文明解脱那不断产生污秽的停滞不前的枷锁，使它成为沟通人类不同种族的伟大渠道吧！

泰戈尔这段话中的"废墟"与"枷锁"既指东方精神文明传统的缺点，也指西方物质文明的"污秽"。他要以一种革新的精神来重建新时代的"道—器"结合。正当西方文明出现危机（爆发了人类有史以来最愚蠢与残忍的第一次世界大战）之际，许多西方明智之士都赞同泰戈尔这种观点。可是，刚刚开始觉醒的中国知识界却没有看得这么远、想得这么远。举例来说，与泰戈尔同时的对中西文明都有所了解的郑观应在其名著《盛世危言》一书中作为导言的"道器篇"中也以《周易·系词》的"形而上者谓之道，形而下者谓之器"立论，却认为中华文明"道—器"的发展有很大偏向，落后于西方了。他说：

> 古人名物象数之学流徒而入于泰西。其工艺之精，遂远非中国所及。盖我务其本，彼逐其末；我穷事物之理，彼研万物之质。秦汉以还，中原板荡，文物无存，学人莫窥制作之原，循空文而高谈性理。于是，我堕于虚，彼征诸实。不知虚中有实——实者，道也，实中有虚——虚

者，器也。

郑观应提倡"中学为体、西学为用"，他的观点属于《周易》"道—器"二元论范畴，和泰戈尔的观点基本没有冲突，但他对"器"的强调是泰戈尔所忽略的。从郑观应上面这段话以及他所有言论、著作、建议来看，表明了中国决定拜侵略者为师，"师夷之长"、以放弃"道"为代价、专攻西方的"器"，以变成西方列强那样的"富强"状况，这是泰戈尔没想到的。

我们细读泰戈尔访华后自编的《泰戈尔在华讲演集》（*Rabindranath Tagore: Talks in China*），那是相当完整地总结了泰戈尔的思想的、可以称之为"中印联合振兴东方文化"的论著，对指导今后中印发展友好合作关系以及中国和印度今后文化发展都有积极建设意义。为什么泰戈尔当时在华讲演并没有立竿见影呢？一则他在中国讲演时多半是即兴讲话，二则翻译很难完善，三则《讲演集》是事后整理加工的，因此不能要求中国听众对《讲演集》的内容完全听得明白、了解透彻。我们再看陈独秀、瞿秋白等人对他的批评，更不能说是针对了泰戈尔讲演的内容的。现在有人评论说，当时是以泰戈尔在华的讲演及其哲学与文学思想作为焦点而展开了一场"东西文化论战"，其实不太符合当时的情景。我觉得当时引起了一些不愉快的事件的真正原因在于陈独秀个人地位与政治处境的转变。

前面我引了陈独秀1915年杰出地翻译泰戈尔《吉檀迦利》的那组"Mind Without Fear"诗可以说是他"心无恐惧"，想利用泰戈尔的文艺威力来唤醒中国人民振兴中华。到了1924年陈独秀成为中国共产党书记，他对泰戈尔的文艺威力的信念没变，可是他那"心无恐惧"却变成"心存恐惧"，害怕泰戈尔的文艺威力加上对东方文明的宣扬会使得中国年轻人丧失革命的意志，因为中国当时的革命宣传是以推翻中国传统旧礼教为基础的。这一点可谓泰戈尔1924年访华遇到不快的关键原因。事实证明，陈独秀的"恐惧"是莫须有的。

孙教授这本书详细又生动地记述泰翁与中国文化人和文学家的交融与激荡，情节紧凑，读者一翻开就搁置不下，从头到尾不能释手。我对泰翁的研究虽然有半个世纪，也从孙教授这本书中获益匪浅。它将受到广大读者欢迎是毋庸置疑的。泰翁1924年访华在中国造成的"泰戈尔热"在这本书中生动地反映出来,可是在中国、在印度、在国际学术界却还有人形容泰翁是"不受欢迎的客人"(unwelcome guest)。我想现在应该是消除这些误解、重新整理公众认识,恢复历史原状的时候了。

现代觉醒的过程中,中国曾经走过一些弯路,包括错误批判中华文明数千年来积累的丰富传统智慧,也包括扬弃"和为贵"、"仁义道德"等优秀传统,现在才发现有补课的必要。中共中央十七届六中全会的《决议》,号召用文化引领时代风尚,开发民族凝聚力和创造力的源泉,丰富人民精神生活、维护国家文化安全、增强国家文化软实力与加强综合国力竞争。中国有位文化专家说:"种种危机呼唤人本主义在否定之否定意义上的继承和发扬,既要强调作为个体的自由与权利,尊重人的本能欲望,不可'尽天理,灭人欲';也要抑制人的过度膨胀,不可走向另一极端,'为人欲,灭天理'。人类欲望的无限膨胀,必致人类自我毁灭。"泰戈尔1924年在中国讲演时说:"人类内在的不可抗拒的力量展现成形,发出胜利的声音,宣布不再驯服于外界躯体庞大野兽的压迫……在我们的社会生活中也一样,正当某种强力聚集在生活安排之外,形成奴役我们内在力量的一种威胁的时候,革命就发生了。"

泰戈尔的话修正了前一种把文化看成既发扬"天理",又提倡"人欲"的灰色地带的观点,我们贯彻《决议》就应该以"真善美"为标准去区分"文化"与"伪文化"。泰戈尔用诗化了的语言尖锐指出人类生存中"兽性"与"人性"不断冲突而产生人们所乐见、乐行的文化旋律,不断排斥假恶丑的"伪文化"。

泰戈尔所洞察的人类生活现实充满着"道"与"魔"、真理与邪恶的冲突,但前者必胜。这就是印度"降魔"传统的信心。中国有位专家说,文学"被公认为'人学',就是因为它所表现的对象和服务的对象都是以'人'为中心的,惩恶扬善、创美拒丑、斥假求真,始终是它的内在良知和追求。这样,文学就潜移默化地处在了感染人们道德、情操、品质的先锋位置上"。泰戈尔的作品正是这样的文学。他爱好生活,在体验生活中观察生活,观察人与社会,观察大自然,他不忽视生活的黑暗面,却拒绝当"魔鬼的代言人"。他的观察把生活的意义、生活的精髓提炼出来。是这种对印度传统文明的提炼使得他的《吉檀迦利》的诗句感动世界,1913年获得诺贝尔文学奖。印度教格言"satyam, shivam, sundaram"被中国译成"真善美",成为中国理想的意识形态。我想反复强调的是:泰戈尔文学内容是"真善美"的演义,因此精神感染力特别强大。相比之下,中国当今有些年轻作家矢志得奖,在西方时髦的怂恿下写出许多惊悚、盗墓、穿越等自己认为"不俗"的作品,却提炼不出生活中的"真善美",成不了文学精品。

泰戈尔的作品可谓平凡得不能再平凡,却又是杰出得不能再杰出。让我举个例子,下面翻译的是他写的《我的歌》(My Song):

我的歌,
你会被它的音乐环绕,
孩儿呀!
它向你伸展爱的怀抱。
我的歌,
它会像祝福的吻
亲你的前额。
它会陪伴你,
和你咬耳
当你独处的时刻;
它会保护你,
你在人群中的时刻
就会出类拔萃。
我的歌,
它长着双翅
送你入梦,
你的心灵
会走近陌生之境。
你前路遇到黑暗,
它会在你头上照亮,

像颗忠诚的星。
我的歌，
它就坐在你瞳孔之中
把你的眼光
送进事物的核心。
如果死亡夺走我的声音，
我的歌仍会讲话
在你活着的心中。

这是从原诗的英译再译了一次，可以看出原汁原味的孟加拉诗多么美妙。我们看出，泰戈尔的文学灵感不是挖空心思去追捕的，而是从人与人之间的和谐、亲切、仁爱、关怀、互信、团结的社会大气层中自由汲取。泰戈尔从来不向西方文学作品猎奇，不去钻那些暴力、淫秽的歪门邪道。他专心致志地从自己与周围的实际生活中发掘团结友爱的事例，使它们成为自己写作中的亮点。他的文艺创作又变成广大社会文化生活的一部分，他作品中洋溢的爱心无形地灌输到社会风气与道德之中。和中国相比，印度社会比较和谐，爱心很浓厚，很少发生为了贪图利益而伤天害理的事件，这一切和泰戈尔的贡献都是分不开的，更值得中国学习。

"诗以言志"，一个伟大的诗人首先是具有伟大人格的人。有了伟大的人格才能"心随朗月高，志与秋霜洁"；有了伟大的人格就会有像泰翁那样对人类的丰富感情，就会用活生生（不是说教式）的简练言辞来表达内心的情感。泰戈尔是伟大的精神文明的产物，泰戈尔的作品又反过来创造了当代印度的文艺复兴，丰富了印度的伟大精神文明。中华文明也是伟大精神文明，将来一定会产生一个或数个泰戈尔那样的文学巨匠的，中国一定会出现文艺复兴的，我们翘首以待。

谭　中

2012年8月

泰戈尔小传

1961年5月7日,在印度加尔各答市的一个大家庭里,一个男婴呱呱坠地,他就是印度近现代最伟大的作家,罗宾德拉纳特·泰戈尔(Rabindranath Tagore)。

泰戈尔家族原属婆罗门教,后来因违反教规,受到排斥。17世纪90年代,一个叫彭乔农·库查利的族人领着家属来到恒河岸边的一个小渔村定居,这个小渔村后来成为繁华的加尔各答市。到泰戈尔的祖父这一代,泰戈尔家族达到了最兴盛的时期。泰戈尔的祖父是当地著名的企业家、慈善家和社会改革家,他的精神影响了一代又一代的泰戈尔家族中人。

祖父共有三个儿子,泰戈尔的父亲代温德拉纳特·泰戈尔(1817—1905)是其长子。代温德拉纳特早年生活奢侈,后来转而追求真理,积极从事宗教改革。他性喜简朴,生活很简单,喜欢静坐冥思,或在山林寻道。其妻夏勒达·黛维,出身普通人家,慈爱温和。两人育有十三个子女。除了泰戈尔外,这些子女中不乏在印度近代史上留名的人物,如大儿子是哲学家,还进行过诗歌革新实验;次子是个梵文学者,可以用英文和孟加拉文写作;三子是个教育家;五子在诗歌、戏剧、音乐、绘画方面都很有作为;五女是孟加拉历史上第一个女作家。

由于父亲不理家政,泰戈尔出生时,他们家已经不太富裕了,什么马呀,车呀,只是名义上存在着罢了,而能在早餐时"吃面包和香蕉叶子包着的黄油",对泰戈尔来说已经是"登了天"的享受了(泰戈尔:《我的童年》)。因为家里子女多,母亲无法亲自照顾这个儿子,所以童年的泰戈尔并没能享受多少母爱，而是主要和仆人们在一起。这些仆人多才多艺，有的能念印度史诗《罗摩衍那》，有的会编民歌，泰戈尔的文学启蒙就是从这时开始的。但也有些仆人又懒又馋。有个仆人为了去喝酒，就用粉笔在地上画个圆圈，让泰戈尔站在里面，然后吓唬他说：这是魔法圈，如果走出去，就会招来灾祸。泰戈尔就乖乖地站在里面，始终不敢走出去，就望着远处的榕树出神。

事实上，泰戈尔和家里的其他孩子们是不允许走出家门的，连走遍屋子的自由都没有，他有时只好隔着栅栏窥视外面生机勃勃的大自然，在心里想象着这神秘的自然中包含的秘密。他象一只渴望自由却被关在鸟笼里的鸟一样痛苦。关于童年的光阴，他最常想到的是生活与世界中充满的神秘："梦想不到的事物到处潜伏着，每天最先浮上心头的疑问是：什么时候！啊，什么时候我们能碰到它呢？就像自然把些东西握在拳头里，微笑着问我们说：'你猜这里面是什么？'"（泰戈尔：《回忆录》）。

泰戈尔要上学了。在这之前，有一次他看见比自己年长的哥哥去学校，他曾哭着说：我也要去，我也要去。家庭教师严厉地警告他说：你现在哭着要去学校，将来有一天恐怕你要哭着离开学校呢！这话果然应验了。泰戈尔后来幽默地说：他平生没有听到过比这更准确的预言！他印象中的学校就只有枯燥乏味，不论是孟加拉学校，还是英国的学校，他都同样感到机械、沉闷，再加上苛苦的体罚，让小泰戈尔无法忍受，终于在14岁时退学了。家里人很失望，但也无可奈何。

但童年的泰戈尔并非没有快乐的时光。一是他在8岁的时候第一次按照韵律作诗："立刻一朵十四音诗句的莲花就开放了，而且就有了蜜蜂飞了上来。诗人与我之间的距离开始消逝了，从那时起就一直消逝了下去"（《我的童年》）；二是他在12岁时父亲亲自为他主持的成人式；三是和父亲一起畅游喜马拉雅山，并在途中写出了自己的第一部诗剧。

泰戈尔自己说：在16岁到23岁之间，他的生活是极端放浪的。泰戈尔成长为一个艺术家的幸运，首先是他处于当时孟加拉文艺复兴运动的中心，而他的家庭又是这个中心的中心。适宜的艺术土壤加上他自己的灵性，滋养了他心中的缪斯，他终于放声歌唱了。1876年2月，在加尔各答一年一度的印度节上，15岁的泰戈尔当众朗诵了一首爱国诗，大受欢迎，后来这首诗又发表在一家用孟加拉文和英文同时出版的周刊上。诗人由此受到鼓励，不久又发表了一首长篇故事诗《野花》，表现了诗人对爱情的赞美和对生活的热爱。但也是在这一年，诗人第一次体验到什么是痛苦：这一年的3月8日，他母亲去世了。他感到自己生命中的某种美好的东西永远失去了。

对泰戈尔来说，1877年是值得纪念的一年。在这一年，泰戈尔的创作获得了第一个丰收。他在这一年先后发表了短篇小说《女丐》、一篇未完成的小说《怜悯》、一部无韵历史诗剧《鲁德拉昌德》、一部长篇无韵故事诗《诗人的故事》、一组古歌《太阳组歌》，还有一些诗歌、散文、论文等。这些作品贯穿着诗人对理想的向往和对新生活的热爱，只不过他这时还没找到属于自己的艺术形式，模仿的痕迹很重。

此时的泰戈尔已经是个小有名气的诗人了，但在当时的印度，文学创作并不被视为一种职业。鉴于此，二哥建议他到英国去留学，这样将来或许能做个文官或者律师，父亲也同意。1878年9月，泰戈尔途经意大利、巴黎到达伦敦，进伦敦大学学习，期间广泛阅读了英国和欧洲的文学作品，并写了不少文学研究论文。然而，当他刚刚摆脱对伦敦恶劣气候的不良印象时，二哥要回国了，家人因为不放心他一个人在伦敦，就让他也回国。1880年2月，他不得不结束自己17个月的海外生活，返回印度。对这段生活，他后来总结说："我在大学里只念了3个月，我的外国的知识差不多全是靠同人接触得来的。"（《我的童年》）

回国之后，诗人诗兴大发，先是完成了在伦敦就开始动笔的长篇诗剧《破碎的心》，随后在1881年写了两部根据《罗摩衍那》创作的音乐剧《蚁蛭的天才》和《死的狩猎》。而在诗歌方面，诗人这时期的最大成就是1882年出版的一部组诗《暮歌》，其中的诗歌充满了热情、浪漫的幻想以及忧郁、悲哀的情调。这是诗人第一部充分体现了自己特色的作品，也是他第一次写出自己想写的东西，第一次按照自己的意愿写东西，所以，他说在自己写诗的历史中，这个阶段是最令他留恋的。对诗人来说，还有什么能比发现了属于自己的形式更高兴的事呢？

如果说《暮歌》标志着诗人早期创作的结束，那么1883年出版的诗集《晨歌》则意味着诗人成熟期的开始。热情、开朗代替了早期的忧郁和悲伤，诗歌的韵律也更加熟练。在这期间，诗人还在五哥的帮助下成立了孟加拉第一个文学团体，准备用科学方法整理孟加拉文，可惜没过多久就失败了。但这是泰戈尔从事社会活动的开始。这一年的春季和雨季，诗人移居印度西南沿海城市卡尔瓦尔。在这里，他创作了歌剧《自然的报复》（中、英译本名为《修道士》），这是泰戈尔第一部成功的剧作，他自己也称这部作品是他"未来的全部创作的入门，或者说得更确切些，它阐明了我的一切著作所涉及的主题——在有定的界限内达到神的境界的欢悦。"（《回忆录》）剧本否定了消极遁世思想，肯定了现实世界，这也奠定了泰戈尔一生的生活态度。

同年秋天，泰戈尔回到加尔各答居住，生活是无忧无虑的，但这种看似闲适的生活并没有持续多久，因为家里已经给他找好了一个11岁的妻子。新娘相貌平常，但很善良。父亲这时还让他担任梵社秘书，以锻炼他的实际工作能力。

在此后的几年里，泰戈尔继续以充沛的激情创作着，如剧本《诺丽妮》（1884）、诗集《画与歌》、短篇历史小说《王冠》（1885）、以历史故事为原型的小说《贤王》（1887）和探索人生意义的音乐喜剧《幻影的游戏》（1887）。其中最能代表泰戈尔这一时期心境和成就的是诗集《刚与柔》（1886年动笔），这部诗集形式多样，主要内容是抒发生活的欢乐和对生活、对现实世界的热爱之情，如第一首诗就这样写到：

> 我不愿舍弃这美丽的世界，
> 我愿同光辉的太阳在一起，
> 我愿同盛开的鲜花在一起，
> 我愿同人们生活在一起。

1889年至1890年，泰戈尔不断移居。据说泰戈尔有个习惯，一旦心情不好，就要出去旅游，而每次归来都会产生伟大的作品，这次也不例外。他这次外出期间共创作了三部重要作品，即无韵诗剧《国王与王后》（1889），主要表现个人爱情与国家义务之间的冲突；《牺牲》（1890），主要抨击了供奉牺牲的野蛮习俗；以及诗集《心中的向往》（1890）。

1890年8月22日，泰戈尔和二哥一同出发到英国旅行。在伦敦时，他的生活相当愉快，但却写不出什么作品。同年10月，他突然决定回国。第二年，他把自己在旅英期间写的日记以《旅欧日记》（1891）为名出版。

旅英归来后不久，他就开始了一种新的生活。他接受父亲的安排，接替大哥管理家业。刚开始他很不乐意，但不久他就发现，这种工作可以使自己无忧无虑地接近自然，欣赏农村美丽的风光。这期间，他还制定了一个农村开发计划，目的在于对农民进行启蒙教育，培养自立精神。这段生活为他以后的小说创作提供了丰富的创作素材。在这一时期，他写了不少优秀的短篇小说，其中最成功的作品是以妇女为主人公的小说。在这些作品中，他对印度封建婚姻制度的种种罪恶进行了辛辣的批判，对受尽摧残的妇女表示了同情。

从1894年开始，泰戈尔在创作短篇小说的同时，还写了几部诗集，其中比较重要的有《金帆船》（1894）、《微思集》（1896）、《缤纷集》（1896）、《收获节》（1896）以及长诗《川》（1896），这些诗或表现了农村劳动人民的生活，或歌颂了美与爱，不少孟加拉人甚至认为这些诗代表了泰戈尔诗歌创作的最高水平。除了诗和短篇小说外，这一时期诗人还创作了不少有代表性的剧作，主要包括抒情剧《齐德拉》（1891）、社会生活喜剧《第一个错误》（1892）、有韵抒情诗剧《临别的诅咒》（1892）和《玛丽妮》（1896）等。在散文创作方面，诗人同样卓然不凡，其中最有特色的是1897年出版的《五元素日记》，在这部散文集里，作者把"风"、"地"、"水"、"火"、"空"人格化，探讨文学和生活中的诸问题，风格幽默；而1899年出版的《碎片》，则是箴言、警句和小故事的集锦，深受读者喜爱。

1898年，泰戈尔的生活又发生了新的变化。这一年的2月，英国政府通过了镇压印度民族运动的治安维持法案，孟加拉人民通过各种形式进行了抗议，诗人也以满腔热情，通过演说和实际的抗议活动，投身于这场民族运动，成为群众爱国运动的坚强鼓舞者和实际参加者。与此同时，诗人的个人生活也发生了很大的变化，他已不能像以前那样一个人无忧无虑地享受田园生活，他必须负起维持家庭和教育孩子的责任。他迫切需要一个安静的地方定居下来，最后他选中了圣地尼克坦，意即"和平之乡"，就和妻子以及五个孩子来到这里。在这里，他把主要精力投入到教育上。他反对印度现存的教育体制，一直认为必须创办一种森林学院式的教育机构，以把印度古代的教育理想和现代社会环境结合起来。根据这种教育思想，1901年12月22日，他在和平之乡创办了一所学校，首次开学，只有五个学生和五个老师。但这个实验遭到了各方面力量的反对。守旧派攻击他亵渎印度教教规，因为五个教师里有三个是基督教徒，其中还有一个是英国人；而改革派则攻击他留恋过去，不肯前进。但他坚信自己所从事的工作是伟大的，根本不为所动。为了克服学校资金短缺带来的严重困难，他变卖了一部分房产和藏书以及妻子的首饰来维持学校的正常运转。他还把大量的时间和精力投入到教育中，把他的爱献给孩子们，和他们一起生活，还亲自为他们编写了教材。

在创作方面，1900年他先后出版了两部诗集《故事诗集》和《故事集》，这些诗集的基本主题是反对异族侵略，反对封建暴政和宗教陋习，赞美人们高尚的人格。另外，在1900至1901年间，他还创作了三部抒发自己内心情感的诗集，即《梦》、《瞬间》和《奉献》，这些诗，或者以轻松活泼的格调歌唱自然和生活的美，或以庄严肃穆的想象歌颂诗人心目中的神。在小说创作方面，这一时期他创作了中篇小说《破裂的家庭》(1901)，和以孟加拉中产阶级生活为内容的长篇小说《小沙子》(1903)，后者细致地描写了印度中产阶级的家庭生活，成功地刻画了人物的心理活动，这是泰戈尔第一部成功的长篇小说，而且把孟加拉小说提高到一个新的高度。1902年，诗人趁热打铁，又写出另一部长篇小说《沉船》，这部小说先是在1903年4月至6月在报纸上连载，1906年正式出版。小说仍然是以孟加拉中产阶级的家庭生活和婚姻问题为主题，对印度的现实社会生活也进行了精确的描写。但由于作者有意要娱乐读者，而且故事富于传奇色彩，这就在一定程度上减弱了小说的批判色彩。而主人公的软弱性格，实际上可以看成是印度民族资产阶级软弱性的表现。

在和平之乡住了不到一年，泰戈尔的妻子得了重病，后虽到加尔各答就医，但无济于事，于1902年11月去世。虽然刚结婚时泰戈尔说不上爱她，但与泰戈尔在一起的日子里，这位贤惠的妻子靠自己的辛劳和勤奋，最终赢得了泰戈尔的爱。在她生病的日子里，泰戈尔不分昼夜地亲自照顾她，不放心交给护士护理。妻子死后，他非常伤心，接连写了27首诗，于第二年以《回忆》为名结集出版。祸不单行，就在这一年，泰戈尔13岁的二女儿也因病去世了。

1905年，印度总督颁布了分裂孟加拉的法律，激起了印度人民的极大愤慨，纷纷起来反抗，泰戈尔也立即以极大的热情投身到这场群众运动中去，他发表演说，谱写爱国歌曲，鼓舞了人民的热情。但这些歌曲主要表现了诗人对祖国的热爱和对为祖国的自由解放而英勇献身的精神的赞扬，并没有直接谴责殖民主义，因为他一贯认为爱国不应该排外。

1906年后，印度的政治斗争形势更加复杂。人民的反抗最终形成了全国范围内的群众运动，整个孟加拉就像一个火药库，随时都可能发生武装起义。而就在这关键时刻，泰戈尔却退出了群众运动，过起了半隐居的生活。原因是：他这时出现了严重的思想危机。他希望印度独立，但反对为此而不惜一切代价，他希望把群众运动引导到自己设计的改良主义道路上去，如建设农村、改革教育等等，但在当时的政治形势下，他的这种主观幻想却不会实现，甚至受到了印度群众和殖民政府的双重攻击。他苦闷、孤独，但并不改初衷。

就在诗人政治上感到极度孤独时，新的家庭不幸又降临到他身上，1907年，他年仅13岁的小儿子又患病去世。在短短的两年时间里，泰戈尔接连失去了妻子和两个孩子，泰戈尔痛苦至极。而其余三个孩子中，长女生活在外地丈夫家，大儿子在美国留学，三女儿刚刚结婚，他真正成了一个孤独的人。但孤独并没有妨碍他创作，从1906年到1911年间，他写了很多关于国家、社会、教育、文学、文学史、民间文学、语言学等方面的文章，而其中最大的收获是于1907年至1909年间创作的长篇小说《戈拉》和《秋节》、《暗室之王》、《邮局》等几部剧本。《戈拉》热情地歌颂了先进的正统派新印度教徒炽热的爱国感情和对祖国解放的坚定信念，同时有力地批判了他们的宗教偏见、种姓观念以及复古倾向，指出应该面对现实，真正为祖国服务。然而真正能够抒写泰戈尔此时内心的苦闷和孤独的作品，还是他在这期间写的抒情诗以及许多宗教意味非常浓厚的神秘诗，诗集《吉檀迦利》、《园丁集》、《采果集》和《爱人之赠品》就是在这样的情况下出世的。《吉檀迦利》收入了泰戈尔1909—1910年间创作的诗，贯穿整个诗集的中心是爱，这个爱，既包括爱神，也包括爱现实世界，语言质朴无华。

1911年，诗人还写过一首著名的歌曲，表达自己希望祖国统一、民众团结、民族觉醒的愿望，印度独立后，这首歌曲被定为国歌。也就在这一年，泰戈尔写出《回忆录》，对自己50年的道路作了总结。

如果说在这之前的泰戈尔还只能称为印度的泰戈尔的话，1912年后的泰戈尔则可以称为世界的泰戈尔。他本计划在这一年的三月旅欧，但因为突患重病而不得不推迟。在休养期间，他着手写了很多宗教歌曲，后结集为《歌之花环》出版；同时还开始把《吉檀迦利》翻译成英文，用他自己的说法，他这样做是想换一种方式重温过去的欢乐时光。

1912年5月27日，泰戈尔带着儿子、儿媳出发旅英。在伦敦，他先拜访了英国画家威廉·罗森斯坦，并把英文的《吉檀迦利》交给了他，后者读后深受感动，就给著名诗人叶芝写信推荐，叶芝读后也同样感动。7月30日晚，罗森斯坦在自己家里举行集会，请叶芝和几位著名诗人朗诵泰戈尔的诗，晚会开得非常成功。泰戈尔这次在英国停留了四个月左右，还会见了萧伯纳、高尔斯华绥等。

10月，泰戈尔前往美国，在哈佛大学演讲。同年11月，《吉檀迦利》英文版在伦敦出版，立即轰动了英国，很多人不相信泰戈尔会写出如此优美的英文诗歌。泰戈尔的名字响遍了英美诸国，美国各种团体纷纷向泰戈尔发出了邀请。1913年1月，泰戈尔应邀到达芝加哥，作了《印度古代文明之理想》、《恶的问题》等演讲；随后又到罗切斯特出席"宗教自由主义者会议"，紧接着又到波士顿讲演。所到之处，都被鲜花和掌声所包围。这些演讲集后来以《生之实现》为名出版。1913年4月，泰戈尔自美国赴伦敦，并发表了一系列的演讲，同年9月，自英返回印度。

1913年11月13日，《吉檀迦利》获诺贝尔文学奖的喜讯传到了和平之乡。这是亚洲人第一次获得如此高的文学奖。印度人奔走相告，贺信和贺电雪片样飞来。印度社会的这种热烈反应，诗人看得很平淡。他在一封信里说，受奖所引起的社会兴奋旋风是可怕的，简直就像狗尾巴上拴个白铁罐般的恶作剧，狗一动就发出哐啷哐啷的响声，围上来许多起哄者。更让他难以接受的是：在这之前印度人对他的诗歌是赞者少抨击者多，他得了诺贝尔奖后大家就都一起唱赞歌了,他感到受了侮辱。所以,当1913年11月23日加尔各答各界知名人士500人组成的大型代表团来到和平之乡向他表示祝贺时,诗人再也忍不住了,就拒绝接见他们。

1913年底,加尔各答大学授予诗人博士学位。同年,诗集《园丁集》、《新月集》出版。

显然,1913年对泰戈尔和世界来说都是不平常的一年。从这一年起,泰戈尔就不再只属于印度,而是属于全世界了。

《吉檀迦利》共有103首诗,主要是从泰戈尔以前的诗集里选译出来的。"吉檀迦利"的意思是"奉献",这些诗都是献给作者心中的神灵的,集中体现了诗人的泛神论思想。诗人认为,宇宙是一个有生命的整体,主宰宇宙万物的是一个无形无影而又无所不在的精神本体:神,宇宙万物都是神的"分身",只有与神达到完全和谐的境地,人才能真正感到快乐。这部诗集所表现的,就是诗人对这个神的追求和向往,以及实现了这个理想后的欢悦。需要说明的是,诗人心目中的这个神是生活在现实中的,是在"最贫贱最失所的人群"中的,所以诗人反对超脱现实,而是要在现实中寻找神,追求神、人的统一。《园丁集》共收诗85首,以欢快明朗的基调,表达了男女之间热烈的爱情;《新月集》共收37首儿童诗,这些诗中描绘了儿童的天真浪漫、活泼可爱,以及纯洁美好的母子之爱。

1914年8月,第一次世界大战爆发,一向喜爱和平的泰戈尔对这场战争深恶痛绝。听到战争爆发的消息时,诗人正在度假,他的心情为此一下子烦躁起来。与过去一样,不幸和痛苦使他心情郁闷,无法安居一地,他只有靠不停变换住所来减轻自己的痛苦。他在给和平之乡的学生谈到这次战争时说:这场战争犹如一个人的胸部受伤而四肢感到痛苦,父祖之罪由儿孙承担一样,地球上任何人犯了错误,其他地方的人也会受到牵连。就在这种极度的痛苦和惶惑中,诗人又写了不少诗歌,于1916年结集出版,即《雁之飞翔》,以表达自己变幻不定的心情;同年,他还出版了两册歌曲集:《歌之花环》和《歌束》,并且为和平之乡的孩子们写了一部优美的幻想剧《春之循环》,贯穿全剧的基本精神是动的精神:世界上的一切都是变化,都是生命,都是运动,我们必须和生命一起前进。这个剧本后来在和平之乡和加尔各答分别上演，作者亲自扮演了其中的两个角色。同年，泰戈尔还发表了不少短篇小说和散文，其中最重要的是短篇小说《一个女人的信》、《不相识的少女》等。

1915年2月，甘地访问和平之乡，可惜泰戈尔当时不在这里，两人未能见面。一个月后，甘地第二次来访，这两个印度近代史上的重要人物终于见面了。两个人的性格有很大的不同，培养的学生也明显不同：甘地的学生古板严肃，像圣者一样，而泰戈尔的学生则天真活泼。甘地对和平之乡的工作也提出了很多建议，如建议和平之乡的师生应该自己管理自己的生活，而不应雇佣工人。泰戈尔接受了这个建议，并于3月10日开始实验，但不久就失败了。自此之后，和平之乡就把每年的3月10日定为甘地日，在这一天工人休息，师生自己打扫、做饭。甘地这次在和平之乡共住了6天，两个世纪伟人从此结下了一生的友谊。

1915年，泰戈尔写出了两部重要作品，即中篇小说《四个人》和长篇小说《家庭与世界》。前者表现了孟加拉青年探索生活道路的心理过程，反映了他们思想上的动摇和性格中的软弱；后者则以本世纪初孟加拉自治运动为背景，反映了在普遍的民众觉醒的形势下，家庭，甚至夫妻关系受到的影响，其中对激进派全面进行了否定。泰戈尔通过这篇小说暗示：在目前混乱的世界局势下，印度社会必须先把自己的事做好，然后才能加入一个和平的世界大家庭中。

欧洲各国的混乱让诗人非常痛心，但日本和美国这时对战争所采取的态度却使诗人感到了一些安慰。于是，从1916年5月到1917年，他到日本和美国各地访问了大约十个月时间。在日本的三个多月里，泰戈尔所到之处都受到日本群众的欢迎，他对日本人民的吃苦耐劳也表示由衷的赞叹，但日本狭隘的民族主义倾向也让诗人忧心不已。在日本的讲演中，他希望日本人民继续保持东方文化的精神，告诫他们不要一味仿效西方。在此期间，诗人另一部重要诗集《飞鸟集》出版。

1916年9月，诗人从日本赴美。这是他第二次访美了。在美国，他毫不客气地批评了美国的物质主义和民族自大情绪，这些演讲后来收入《国家主义》和《个性》两个集子里。但由于身体方面的原因以及一些在美国的印度"反乱党"攻击他前年接受英国政府授予的爵士称号是充当英国政府的走狗，诗人在美国过得并不愉快，不得不匆匆结束自己的讲演旅行，于1917年1月返回日本，在日本停留了一个月左右，于同年3月回到印度。

印度此时正处于剧烈动荡之中，民族解放斗争的风暴已经酝酿成熟。受到国内这种斗争热潮的激励，诗人重新走上了政治舞台。他高唱自己所写的爱国歌曲，号召印度人民从沉睡中觉醒，投身到争取自由的伟大运动中去，与世界各国人民一起创造一个和平的世界。他的声音唤起了民众的共鸣。同年年底，印度国大党加尔各答支部举行年度大会，诗人从第一天起就登台朗诵著名的诗歌《印度的祈祷》，博得与会政治家和群众的热列欢迎。

不久，在苏联十月革命浪潮的促动下，1918年的印度民族解放运动进入了一个新的高潮，孟加拉的爱国者采取了一系列的暴力行动和恐怖行动，英国政府进行了严厉的镇压。诗人为此深感痛心，因为他认为，这种"以恶抗恶"的斗争方式只会带来更大的仇恨。他非常矛盾：一方面是自己的同胞，但采取的又是自己所不赞成的反抗方式；一方面是殖民者，他不知如何选择。但仍然尽自己的全力拯救遇难的同胞，却难免心情郁闷。诗人泰戈尔和爱国者泰戈尔之间产生了激烈的矛盾。他认为自己是神的诗人，不是神的战士，他不想用神的光芒照亮众人的心，而只想照亮自己的心。政治上的矛盾，加上个人生活上的不幸（长女于当年5月去世），使诗人很快离开了政治舞台，重新回到创作道路上来。

1919年3月18日，英国殖民政府颁布了臭名昭著的"罗拉特法案"，规定警察有权禁止群众集会，并可不经起诉逮捕所谓"有嫌疑的人"。法案一公布，在印度全国立刻引起了轩然大波，各地群众纷纷举行抗议活动。4月13日，两万多名印度群众在广场集会，抗议英国政府无理驱逐两名印度政治家。会议进行期间，政府军队突然赶到，开枪射击，打死了一千多名集会群众。惨案发生以后，政府严密封锁消息，但终究纸里包不住火。泰戈尔刚听到这个消息时，真不敢相信自己的耳朵。他立刻放下手里的工作，赶到加尔各答，呼吁各界组织抗议活动。但刚刚经历了血腥镇压的群众，暂时还不敢采取进一步的行动，所以并没有人响应泰戈尔。在这种情况下，诗人没和任何人商量，甚至连自己的家人都不知道，在5月29日夜给印度总督写信，决定归还英国政府授予他的爵士称号，并于第二天公开发表了这封信。他在信中说：

英国政府对印度人民采取的这种暴力行动在文明政府的历史上是无与伦比的，"想到一个具有毁灭人们生命的令人恐怖的强国竟用这种手段对付手无寸铁、孤立无援的人民，我们必须坚决声明，他不仅在政治上不得策，在道义上更不能得到宽恕"，"已经是时候了，荣誉奖章同所受的屈辱摆在一起就会使我们羞愧得无地自容。因此，我要丢掉一切特殊荣誉，站在我的同胞一边。"这封信的发表，极大地鼓舞了印度人民的反抗热情，而英国政府和自己的卫道士们则认为泰戈尔发疯了。在这段时间内，诗人在印度国内旅行宣传自己的教育思想，并会见了甘地。同年6月，法国作家罗曼·罗兰给泰戈尔寄来了反战宣言《精神独立宣言》，号召各国作家不要成为本国政府的侵略战争的工具。泰戈尔在上面签了名。

1920年5月15日，泰戈尔和儿子、儿媳一起开始了一次长途旅行。他们首先来到英国，但他发现英国人对自己已经不像以前那样热情了，他很理解其中的原因。在伦敦停留了一个多月后，诗人前往法国巴黎，一个月后，又由法国去了荷兰，访问了几个城市，随后又返回伦敦，同时突然决定到美国访问，并在纽约等几个大城市进行演讲，盛况空前。只是诗人此行要为国际大学筹集资金的计划却没有实现，因为重实利的美国人对此不感兴趣。

1921年3月，泰戈尔由美国返回伦敦，随后到巴黎，与罗曼·罗兰会面，并到法兰西大学作了题为《森林通信》的演讲。然后他到了日内瓦，在卢梭研究所讲教育问题。紧接着，他又到汉堡、哥本哈根、斯德哥尔摩、柏林、慕尼黑、维也纳进行访问、演讲，1921年7月返回印度。

与此同时，印度国内由甘地领导的不合作运动正在轰轰烈烈地展开。泰戈尔对甘地提出的非暴力主张是赞同的，但对他所领导的实际斗争却有自己的看法。他曾经说过：我爱生命，我更爱真理；我爱国家，我更爱世界，我最爱人类。他认为爱国不应该排外，完美的人不应该是个狭隘的爱国者，更应该是个热爱真理的人。他不赞成印度人民的偏激行动，也不赞成学生荒废学业参加政治运动，成为政治的工具。他还公开演讲，宣称印度和西方应该在知识上、精神上合作。对他的这种观点，不少印度人表示激烈的反对。同年9月，甘地访问加尔各答，并在泰戈尔家与诗人进行了长谈，甘地向泰戈尔保证，他发起的运动以非暴力为原则。在这个过程中，大批印度群众聚集在泰戈尔家门前,并从附近商店拿来大批外国布匹堆在门前焚烧,表示支持甘地,反对泰戈尔。泰戈尔问甘地:"甘地先生,你的非暴力的追随者们在干什么呢?"在一些演讲中,诗人还表示担心群众的盲从,认为这会在表面自由的名义下破坏灵魂的真正自由;甘地则针锋相对地在报纸上写文章说:诗人的担心是没必要的。

就在这种国际国内问题错综纠结的复杂形势下,诗人好象听到一个来自天籁的声音在对自己说:"你的本分是和孩子们在一起。"他决定不再与甘地争论下去,而是退居和平之乡,安心写作。就是在这样的情绪下,他写了一系列的儿童诗,这些诗欢快、优美、热情,充满了一种恬静安适的氛围。在乱世之中,尚能写出如此纯净的诗,足见诗人的赤子之心。

1921年12月23日,泰戈尔多年为之奔走呼吁的国际大学在和平之乡终于成立了!他创办这所大学的目的,是为了让各国艺术家、科学家、哲学家有一个可以互相交流的机构,以为全人类造福,并最终达到世界大联合的目的。为了办好这个学校,泰戈尔把自己在和平之乡的土地、房屋以及其它财产都捐献了出来。

1921年底到1922年初,印度的政治斗争达到了白热化的程度,除甘地外,印度国大党的政治领袖几乎全部入狱,监狱里共关押了3万多名政治犯。泰戈尔此时虽然退出了政治中心,但这么大的政治事件他不可能不关心,剧本《摩克多塔拉》就是他政治信念的反映。在这部剧本里,作者对暴力统治表示了极端厌恶,对争取独立自由、反抗压迫的人民表示了由衷的赞扬,剧中的一个主要人物、出家人塔南乔耶实际上就是甘地的化身。从1922年的9月到第二年的4月,泰戈尔在印度各地进行旅行演讲,所到之处,人们奔走相告,蜂拥来听他的演讲。在这期间,泰戈尔写出了自己的另一部重要剧本《红夹竹桃》。剧本谴责了暴力压迫,号召人民为自由而抗争。

1924年,诗人主要是在国外度过的,其中包括4—5月间对中国的访问。访问中国是他早就有的愿望。泰戈尔访华对当时的中国思想文化界产生了很大影响,也极大地促进了中印两国人民的文化交流,堪称中印文化交流史上的盛举。访华结束后,他又顺道访问了日本,7月下旬从日本回到印度。9月,应秘鲁共和国的邀请,诗人乘船前去参加这个国家庆祝独立100周年的活动，期间因病在布宜诺斯艾利斯上岸静养了一段时间，1925年1月乘船回国。

印度国内的不合作运动浪潮此时已经过去，民族解放斗争运动转入低潮。1924年底，甘地在国大党会上提交了一个所谓"建设性纲领"，作为该党本阶段的一个指导方针，其中包括推广手工纺纱织布、禁止饮酒等。泰戈尔回国后，甘地特地到和平之乡和他讨论不合作运动问题，特别是手工纺车织布问题。泰戈尔并不同意甘地把这种方法当做解决政治问题的唯一特效药，但两人的友谊却是越来越深了。此后不久，泰戈尔在杂志上发表《纺车礼赞》，谈了自己的看法，甘地则发表了《诗人与纺车》一文进行反驳。诗人在给甘地的信里说："纵然你为了自以为真理的东西猛烈攻击我，也丝毫不会动摇我们两人以互相敬爱为基础的关系。"

1926年初，诗人出席了一个全国性的音乐会议，不久又应达卡大学的邀请，在该校集中讲了一段时间的课，随后访问了东孟加拉的几个城市。在创作方面，诗人这一年的主要收获是歌舞剧《舞女的供养》，这是根据佛教故事改编的，对狭隘的种族偏见戕害美好心灵的罪恶进行了抨击。

1926年5月，诗人前往欧洲进行访问。他第一个走访的国家是在墨索里尼法西斯主义统治下的意大利，诗人当时对墨索里尼还认识不清，所以欣然答应了墨索里尼的"热情"邀请。他在意大利受到了隆重的接待。6月7日，诗人到达罗马，出席由市长主持的市民欢迎会。次日，诗人发表了以《艺术之意义》为题的第一次公开演讲。后来他从意大利来到日内瓦，才从罗曼·罗兰那里知道，他在意大利的讲演被政府的报纸任意歪曲，成了法西斯主义的宣传品。诗人这才恍然大悟，立刻写文章严厉谴责意大利政府和法西斯主义，结果意大利政府也把诗人大骂了一通。随后，诗人继续着自己的欧洲之行。在德国，他也受到了热烈欢迎；在布拉格，他观看了用捷克语演出的《邮局》；然后，他经由维也纳到布达佩斯，再取道贝尔格莱德、雅典到达开罗。为了对诗人表示敬意，当时正在开会的埃及议会决定休会，并赠给国际大学一套阿拉伯文书籍。1926年12月，诗人回到印度。

1927年，诗人也是在旅行和创作中度过的。同年2月，他创作的歌舞剧《浓多拉交季节的舞台》在和平之乡上演；3月，他到西印度旅行并主持了一次印度文学会议；夏天到来之后，诗人在避暑地开始创作长篇小说《三代记》；9月，他开始了第九次海外旅行，对新加坡、印度尼西亚、泰国等东南亚国家进行了访问。

1928年初，诗人本准备应牛津大学之邀访问英国，但在半途因病不得不取消这次旅行计划，所幸因此诗人这一年在创作上获得了丰收，长篇小说《交流》和《最终的诗篇》就是在这段时间内完成的。《交流》是作者原计划创作的长篇小说《三代记》的第一部，可惜的是，这部本计划写三部的小说只写了这一部就结束了。小说主要反映的是新兴的资产阶级和旧式地主阶级在价值观念上的尖锐对立。《最终的诗篇》则以孟加拉青年知识分子的生活为题材，表现了一种优美的爱情故事。这一年，诗人还写了两本诗集：《摩福阿》，歌颂了纯洁的爱情；《森林之声》，歌唱花草树木和季节变换。也就是在这一年，已67岁高龄的诗人竟又开始尝试对他来说全新的艺术形式：绘画，而且此后13年间一直坚持不懈。

1929年，诗人继续着自己的世界之旅。3月1日，他前往加拿大，应邀参加该国的国民教育会议，期间美国几所大学也发来邀请信。可当诗人从加拿大乘船到达洛杉矶时，因为护照丢失，他受到了当地官员的百般刁难，诗人非常愤慨。为表抗议，他取消了美国之行，转而去了日本。他在日本停留了一个月左右，期间他多次表达了对日本军国主义的担心。7月，他取道西贡回到印度。

1930年是诗人一生中最后一个海外旅行年。1月，他访问西印度，作了《艺术家的人格》的演讲；3月，他启程赴欧洲；5月，他的个人画展在巴黎开幕；该月下旬，他在牛津大学发表《人类的宗教》的演讲，随后在伯明翰和伦敦先后举办个人画展；7月，他抵达柏林，与爱因斯坦结识，并在当地举办个人画展，随后访问了德国各地。随后，他在日内瓦休养了将近一个月，后应邀赴莫斯科访问，期间写了很多关于苏联的信件，后来以《俄国书简》为名出版。在信中，他说自己在俄国所见到的一切都是奇迹，"没有一个国家可以和他相比"；"如果不来，这一辈子的旅行就要留下一大缺陷了。"他对苏联正在进行的社会主义建设明确表示赞赏，但对苏联国内普遍存在的官僚主义和强迫性的惩罚表示不满。结束苏联之行后，诗人又返回德国，随后去美国访问，在纽约和波士顿作了关于教育的演讲，并举办了个人画展；访美结束后，诗人又到了伦敦，与萧伯纳进行了长时间的交谈。1931年1月，诗人回到印度，结束了这次长达近一年的海外之行。

20世纪20年代末、30年代初，印度的民族解放运动重新高涨起来，在甘地不合作运动的引导下，印度国内的反英斗争成燎原之势。诗人回国后又一次投身于这场火热的民族斗争之中。1932年，甘地又发起第二次不合作运动，结果他和国大党领导人全部被捕。听到这个消息后，诗人要求加尔各答各界人士终止为自己祝寿的准备工作，以示对殖民政府的抗议，并亲自给英国首相拍电报，谴责这种残酷的镇压政策，随后又就此事发表公开声明。然而由于违反了什么所谓的出版法，他的这个声明竟然得不到发表。这个打击彻底动摇了诗人一生的信仰：他在这以前主张"爱一切人"，"饶恕一切人"，现在则旗帜鲜明地表达了对压迫自己民族的敌人的仇恨！这是一个根本的改变，它使诗人晚年生活再一次充满了生命的光辉。

1932年9月，甘地决定在狱中绝食至死。绝食开始那天上午，甘地给泰戈尔写信，希望诗人支持他。在给甘地的信中，诗人说：为了印度统一，牺牲宝贵的生命是值得的。我们悲痛的心怀着尊敬和爱跟着你那崇高的苦行。他立刻动身去监狱探望甘地。后来，英国当局迫于社会压力，表示同意接受甘地的要求。26日，甘地宣布解除绝食，而这时诗人已经在他身边。听到这个消息，诗人就激动地为他唱了一首孟加拉文赞美诗，即《吉檀迦利》第三十九首。

1932年至1933年是泰戈尔社会活动和创作活动都很活跃的一年，他出版了诗集《终了》和《再者》；喜剧《纸牌王国》、短剧《贱民之女》和散文剧《邦肖利》；小说主要有《两姊妹》。

这时，诗人创办的国际大学规模也越来越大，所需资金自然也越来越多。除了将自己的家产和稿酬献出来外，诗人不得不另外想办法。他亲自组织了一个剧团到处巡回演出自己的剧本，这样既可以筹措到资金，也可看看自己剧本的舞台效果。在巡回演出途中，他完成了自己最后一部长篇小说《四个故事》，小说的背景是孟加拉民族解放运动，描写的是爱国者们的英雄行为和恐怖活动，但作者对这些爱国者是持批判和否定态度的。小说出版后受到了爱国人士的严厉批评。

1935年，诗人又出版了两部诗集《最后的演奏》和《路程》。这两部诗集都表达了诗人对以前失去的美好生活的深情回忆。同年年底，他的剧本《秋节》和根据《暗室之王》改编的《看不见的宝物》分别在和平之乡和加尔各答上演，诗人自己也在剧中担任了角色。

1936年，泰戈尔在加尔各答就教育问题发表系列演讲，同时将自己的早期剧本《齐德拉》改编成芭蕾舞剧，演出获得了极大的成功，诗人随后带领剧团到北印度进行巡回演出。当剧团到达德里时，当地自治团体要求举行欢迎大会，但被殖民政府驳回。这时甘地也在这里，眼见老诗人为了筹措办学的资金到处奔波，不禁深受震动，立即赠给国际大学6万卢比，诗人非常感动。剧团返回加尔各答后，诗人继续频繁地参加各种社会活动，同时继续进行戏剧演出，并经常亲自登台演出。也就在这一年，诗人出版了两部诗集《叶状器皿》和《沙摩里》，其中既有抒情诗也有哲理诗，既有对往事的回忆也有对黑暗现实的抗议。

1937年2月，诗人在加尔各答大学毕业典礼上致贺词，这在该大学的历史上是破天荒的，因为这项工作以前都是由英国总督或市长担任的。诗人在贺词中强调了教育应当使用印度自己的民族语言。3月，诗人参加孟加拉作家会议，并发表演说；4月14日，孟加拉新年的第一天，国际大学中国学院举行成立典礼，甘地、尼赫鲁发来贺电，诗人亲自主持，并发表了传诵一时的演讲《中国与印度》，表示要以这个学院的成立为开端，把在"一千八百年前"两国的祖先以"无与伦比的忍耐和牺牲奠好了基础的"中印两国人民的友谊发展下去。同年夏天，诗人在喜马拉雅山的避暑地还写了一本近代科学入门书《宇宙入门》，解释了自然科学研究的最新成果；回到加尔各答后，他又发表演说抗议政府的残酷；9月，诗人为剧本《雨季节》作曲，该剧不久在加尔各答演出，诗人也亲自登台。

这年秋天，已经75岁高龄的诗人在椅子上休息时突然失去知觉，连续昏睡了两天两夜。这次在生死之间的徘徊在诗人的头脑里留下了梦幻一般的经验，这些经验随即化为一系列极其简洁、凝练的诗句，这些诗第二年以《边沿集》为名出版。这一年诗人还出版了其他两部诗集即《戏诗》和《韵画》，其中收入了很多诙谐幽默的作品。

1938年新年刚过，诗人病体初复。夏天，诗人的创作冲动再次来临，于是他立即将剧本《贱民之女》改编成歌舞剧。1938年至1939年间，诗人创作了一系列风格完全不同的诗歌，后来分别收入以下几部诗集：《黄昏的灯火》(1938)、《微笑》(1939)、《天空的灯火》(1939)、《婴儿》(1940)和《木笛》(1940)。

1940年2月，甘地夫妇来和平之乡访问。诗人在欢迎词中说："我把你作为我们自己的人，又属于全人类的人来欢迎。"这年夏天，诗人在一个偏僻的小山村度过了自己的第79个生日，从未读过他的诗的村民为他采来美丽的鲜花。诗人深为这种淳朴的气氛所感动。

第二次世界大战开始后，印度总督擅自宣布印度为参战国，结果引起印度人民的强烈反对；为了安抚民心，印度总督后来又说在战后将尽快给印度自治权。国大党利用这个机会向英国政府施加压力，要求立即成立国民政府，否则将再次发起不合作运动。此时已年迈的诗人也很关注此事的发展。6月15日，他给美国总统罗斯福写信，指出印度独立对全世界都有价值。8月7日，牛津大学授予泰戈尔名誉学位，并在和平之乡举行了特别仪式；10日，诗人在一次演讲中论述了印度史诗《罗摩衍那》的历史价值；9月3日，他在和平之乡主持了最后一次雨季活动。在这期间，诗人创作了最后三篇短篇小说：《星期天》、《最后的故事》、《实验室》，集为一册，以《三个伙伴》为名出版。同时，他还用朴素的语言写了一本回忆录《我的童年》，在这本书的序言里，诗人将它与1911年写的《回忆录》作了比较："这本书中所叙的事情有的也见于我的《回忆录》。可是两者趣味完全不同——这两本书的差异就好象是池塘和瀑布的差异。那本书是故事，这本书只是鸟雀啁啾。"

1940年的秋天与以往的秋天并无二致，依然是五彩缤纷，但这却是诗人的最后一个秋天。9月19日，诗人来到边境小城噶伦堡的儿子家休养。年迈的诗人此时仍然保持着赤子之心。9月25日，诗人坐在椅子上，眺望着远方的秀美景色，情不自禁地写下这样一首诗，以表达自己的快乐心情：

　　天空轻快地拍手，
　　我的欢乐洋溢在色彩和音响之中，

噶伦堡你可知晓?

写完这首诗的第二天,他突然病倒了,完全失去了知觉。9月29日,诗人被送回加尔各答治疗,甘地也派来秘书问候。诗人当时既不能说话,也听不见别人的话,只是不停地流泪。据诗人的儿媳回忆,这是她第一次看到诗人流泪,因为泰戈尔是非常坚强的,无论遇到多大的困难,他都从不流泪。显然,诗人这次好象预感到了什么。

诗人这时已不能用笔写作,但他以顽强的意志力同病魔搏斗。一旦能开口说话,他就自己口述,让别人记录下一首首仍然丰富多彩的诗篇。他仍然相信人类的意志力是"不可征服的",人是能够经受得起"肉体上燃烧的痛苦",人类的未来仍然是光明的,这实际上既是对战胜疾病的信心,也是对印度前途的乐观精神,也是对人类命运的美好祝愿。这些诗后来都收入1940年底出版的诗集《在病床上》。

诗人病情稍一好转,就要求从加尔各答回到自己日夜思念的和平之乡。在这大自然的怀抱中,诗人重新恢复了生命的冲动。他回忆自己走过的道路,在热爱的回忆和冥想中又情不自抑地写下一首首歌颂自然和生命、歌颂祖国和未来、歌颂劳动人民淳朴的心灵和勤劳的双手的诗章,于1941年先后出版了两部诗集《恢复集》和《生辰集》。除此之外,他还抓住最后的生命时光,口授了不少故事、寓言和童谣,其中充满了瑰丽的想象,同年4月以《故事与诗》出版。

1941年4月14日,泰戈尔发表了自己一生中的最后一次讲演。由于诗人这时已经不能开口说话,就由别人代读讲稿,这篇讲稿后来以《文明的危机》为题出版。这篇讲稿总结了作者一生对西方文明从信仰到失望的过程,这是他留给印度人民,也是留给世界人民的一份珍贵的遗书。他在其中说道:"我从前曾相信过,文明的源泉会从欧洲心脏发出。但是,今天,当我就要离开这个世界的时候,那样的信念完全破产了。"但他并未对人类的前途失去信心,他预言:"当洪水消退,用服务和牺牲的精神使气氛焕然一新的时候,人类历史上会出现新的一页。"

5月7日,诗人最后过了一次生日;7月25日,他恋恋不舍地离开了和平之乡,到加尔各答休养;7月30日,诗人躺在了手术台上,临做手术之前,诗人还口述了一首诗。手术还算顺利,但诗人的病情第二天就开始恶化。

8月7日12点13分,诗人逝世,享年81岁。

在诗人的葬礼上,人们唱起了诗人在1939年就已为自己写好的葬歌。在这之后,每年的这一天,这首歌都要在和平之乡、也在整个印度唱起:

> 前面是平静的海洋,
> 放下船去吧,舵手。
> 你们将是永远的伙伴,
> 把他抱在你的膝上吧。
> 在"无穷"的道路上
> 北极星将要放光。
> 自由的付与者,你的饶恕,你的仁慈
> 在这永远的旅程上
> 将要是无穷的财富。
> 让尘世的牵累消灭吧,
> 让广大的宇宙把他抱在臂间,
> 让他在他无畏的心中
> 认识到这伟大的无名作者吧。

上篇

■ 飞鸟翼影：泰戈尔的中国之旅

第一章　新月耀东方

在悠久的历史长河中，中国和印度曾有过丰富多彩的文化交流，白马东渡、佛经东传、唐僧西天取经的故事，在中国都是家喻户晓，妇孺皆知，并浸润着中印两国人民之间的感情，影响着中印两国的文化。

遗憾的是，因各种复杂的政治和社会原因，中印两国的文化交流也并非一帆风顺。特别是进入近代以来，两国人民的交往主要是在政治和经济方面，在文化方面则几乎是一片空白，虽然期间也有印度文学作品被零星翻译、介绍到中国，但两国之间并无正常的文化交流，更谈不上成功或大规模的文化交流。

1924年，泰戈尔抱着沟通两国文化的目的，受邀访问中国，并因此形成中印文化交流史上的一个高潮，也使中断的中印文化交流重新焕发了活力。当时的中国，时事纷乱，思想矛盾层叠交杂，社会和文化环境让人迷茫，甚至可以说使人绝望。在这样的复杂情势下，泰戈尔带来的印度声音，使中国人看到了另一种文化特质与中华文化具有可比性、可互为参照的东方文化，这对急于寻求中国文化出路的中国知识分子来说，无疑具有积极的启迪和建设意义，在中国文化史和世界文化交流史上也同样具有重要的意义。然而，也正由于当时中国这种特殊的政治和文化环境，以及泰戈尔对这种特殊环境的复杂性一无所知，最终使这次千载难逢的中印文化交流活动出现了让人遗憾的不和谐音。既被鲜花的芬芳环绕，也被尖利的荆棘刺得遍体鳞伤的印度诗哲直到黯然离开中国都不明白，自己怀抱着一番善良的诚意而来，却为何得罪了历来好客的中国。但诗人对自己梦中天朝的深情厚谊，却始终未因这次交流的不愉快而有丝毫改变。

泰戈尔访华这一正常的中印文化交流活动在当时及之后的中、印两国引发了各种论争，其中蕴涵的种种文化矛盾、思想人格、社会关系，历史的偶然性与必然性，至今仍促使着人们去寻求答案。

欧美"泰戈尔热"

1912年，对泰戈尔和世界来说，都是不平凡的一年。这一年注定成为东西方文明交汇的一个新起点。印度的泰戈尔，从此成为世界的泰戈尔。

1912初，泰戈尔本计划访欧，但因身体原因，不得不推迟行期，安心休养。在这期间，他把自己用孟加拉语写的诗集《吉檀迦利》翻译成了英文。同年5月，泰戈尔携儿子、儿媳到达伦敦。他首先去拜访了时任伦敦皇家美术学院院长的威廉·罗森斯坦，并把英文的《吉檀迦利》交给了他。后者读后深感震动，认为这是一部伟大的诗作。他将诗转给其他的英国作家和评论家读，大家都有同感。罗森斯坦于是给领导西方文坛的著名诗人叶芝写信，叶芝读后欣喜若狂，认为泰戈尔的诗表达了对永恒真理的神秘追求和莫名的情绪，而且形式清新，仿佛破土而出的灯心草一样透着生命的气息和优美的东方文化氛围，这是西方文学一直在追求却一直求之不得的诗。读过泰戈尔这些诗的英国作家和评论家，不知不觉都成了泰戈尔的崇拜者。罗森斯坦深受鼓舞。7月30日晚，罗森斯坦在自己家里举办了一次泰戈尔诗歌雅集，请叶芝和几位著名诗人朗诵泰戈尔的诗，大获成功。

罗森斯坦相信自己发现了一个伟大的作家，一个不仅属于英属印度，而且属于全世界的诗人。他兴冲冲地找到英国的印度学会，建议该学会出版泰戈尔的这本诗集，而叶芝则同意为之作序。

10月，泰戈尔前往美国，在哈佛大学演讲，批评西方的科学文明使人失去了生命的真意，推崇印度强调个人与世界万物和谐相处的生命哲学。

1912年11月，英文版《吉檀迦利》问世，首印750册。不久，伦敦的乔治·麦克米伦公司出版了普及本。几乎英国所有的报纸都众口一辞，对之褒赏有加。泰戈尔迅即成为西方的热点人物。

正在大英帝国的世界版图内苦苦寻觅1913年诺贝尔文学奖候选人的英国皇家文艺协会负责人T. S. 摩尔如获至宝,向诺贝尔评奖委员会寄出了公函,推荐泰戈尔代表英国竞逐1913年诺贝尔文学奖。

1913年1月,泰戈尔应邀赴美国,先后在芝加哥、罗切斯特、波士顿演讲,出席各种欢迎集会,介绍印度和东方文明,批评西方的物质主义的罪恶。所到之处,他都被鲜花和掌声所包围。

1913年4月,泰戈尔自美国赴伦敦,并发表了一系列的演讲;9月,他自英国返回印度。

与此同时,瑞典诺贝尔评奖委员会的院士们正在竞读《吉檀迦利》,并为其东方色彩和韵律所迷醉。

1913年11月13日,诺贝尔评奖委员会投票,13位委员中,有12人将票投给了泰戈尔。瑞典文学院的评语是:"由于他那至为敏锐、清新与优美的诗;这些诗出之以高超的技巧,并由他自己用英文表达出来,使他那充满诗意的思想业已成为西方文学的一部分。"[①]

虽然泰戈尔获得诺贝尔文学奖本身也代表了西方对东方的偏见,但毕竟"此为东方人第一次在欧洲得荣誉"[②],而且是诺贝尔文学奖。这是亚洲的胜利,是东方的胜利,因此,不仅印度人为此欢呼雀跃,实际上获此消息的亚洲国家也都在为此载歌载舞,与印度比邻而居的中国人自然也为此感到骄傲和自豪。

在获得诺贝尔文学奖之后,欧洲很快出现了盛况空前的"泰戈尔热",报纸、杂志纷纷发表评论文章,赞美泰戈尔及东方文化。泰戈尔的生平、思想、作品,吸引了越来越多欧洲人的关注。《吉檀迦利》成了欧洲最畅销的书,仅在德国就售出了数百万册。英国女王则适时地授予泰戈尔爵士称号,更是锦上添花。然而泰戈尔本人对这些扑面而来的荣耀并不如西方人那样热心。他清醒地意识到:"那些翻译的书成了我访问西方世界的资本。命运使我逐渐在印度以外的世界获得了地位,虽然这并非我的本意。与这荣誉一样,我的责

[①] 陈映真主编:《诺贝尔文学奖全集》(泰戈尔卷),台北远景出版事业公司,1981年,1页。
[②] 《印度诗人泰戈尔即将抵沪》,《申报》,1924年4月12日。

任也越来越重了。"①

1914年，第一次世界大战爆发，西方世界陷入灾难，世界也为之动荡，西方文明受到西方人自身的怀疑。泰戈尔的责任更重了——他要让陷入混乱的世界，尤其是西方社会，重新找到生命的价值，他视之为自己当然的责任。泰戈尔被更频繁地邀请到欧洲各国巡回演讲，他成了世界公民，其不知疲倦的足迹遍布了欧洲、亚洲、美洲、非洲，其中去欧美各国的次数分别是：英国六次，美国五次，加拿大一次，法国一次，德国一次、奥地利一次，意大利一次，瑞士一次，荷兰一次，苏联一次，等等。

在欧洲的演讲中，泰戈尔一次次批评西方重利轻义、重物质轻精神，并介绍重精神与和谐的东方文明。所到之处，都是一致称颂声。鲜花簇拥着他，如雷的掌声环绕着他。1920年随同他访问欧洲的儿子记下了这样一个个热烈场面："一战灾难的阴影在欧洲人记忆里萦绕不散，西方文明的根基受到剧烈冲击。他们绝望的目光转向东方，期盼着能找到一线光，指引他们重获生活意义。父亲恰逢其时，且被视为天赐。……父亲处处受到爱戴、敬仰，其情景真让人吃惊。在中欧和北欧，他所经之处，都被奉为圣地。在熙熙攘攘的会场和拥挤的火车站，人们推推搡搡，只是为了触摸一下他的长袍。"泰戈尔被欧洲人视为先知、圣人，维也纳人为了聆听泰戈尔的声音，则"宁愿饿一星期，将节省下来的钱给诗人作酬金"。② 德国人则认为，当时世界上能够代表东方文化的只有两个人，一个是中国的辜鸿铭，一个就是泰戈尔。在泰戈尔60岁生日时，为表示对泰戈尔及东方文明的敬意，德国作家托马斯·曼与其他德国学者一道，赠送给国际大学一批德国经典著作，作为寿礼。另外，英国作家威尔斯，法国作家罗曼·罗兰、纪德，德国物理学家爱因斯坦等也都与泰戈尔建立了深厚的友谊。苏联人民也热诚欢迎诗人，并愿意无私地援助印度人民。③

然而，一向痛恨暴力的泰戈尔慢慢发现欧洲人欢迎自己并非意味着他们

---

① 刘安武等主编：《泰戈尔全集》（第21卷），石家庄：河北教育出版社，2000年，130页。
② Rathindranath Tagore: on the Edges of Time, Visva-Bharati, Calcutta, 1981年，第109—110, 133页。
③ 刘安武等主编：《泰戈尔全集》（第20卷），石家庄：河北教育出版社，2000年，397页。

会接受自己的主张改变他们自己，他们只是因为战争造成的苦难而迫切需要找到一种新的精神寄托，而不是要彻底改变自己的文化，并且文化也并不是容易改变的。于是，他逐渐对欧洲感到了失望。而此时美国和日本对战争的态度引起了诗人的注意，他转而把拯救世界的希望寄托在美国和日本，并对这两个国家进行了多次访问，发表演讲，欧洲的泰戈尔热也随之从欧洲转到了日本和美国。泰戈尔在美国的演讲一直很受欢迎。1920年11月22日，一家纽约报纸这样报道泰戈尔在美国演讲《诗人的宗教》时的盛况："有多少听众为了听这位东方著名作家的演讲，蜂拥而至，这种情况在这演讲厅里还是破天荒第一遭。由于过分拥挤，几百名听众不得不失望而归。"① 美国总统胡佛接待过他，美国学者还专门成立了泰戈尔学会。

　　泰戈尔的世界文化之旅也吸引了中国人的目光，一些中国人的视线随着诗人的足迹，漂洋过海，观其行，译其言。1916年12月10日，《东方杂志》发表胡学愚的文章《印度名人台峨尔氏在日本之演说》，称泰戈尔"为印度著名诗人及哲学家"，"其文章学说，颇为欧西人士所推重。本年七月，由美至日，扶桑人士，款洽备至。"作者还感叹泰戈尔在东京帝国大学演讲时"听者万人"的盛况。文章详细介绍了泰戈尔这次演说的基本观点：亚洲各国正沉沉昏睡，"濒于危亡而不自觉"，日本"独能奋然兴起努力先鞭"。而这一点，恰也是当时的中国人，心羡日本之处。而胡愈之在注意到泰戈尔在西方受欢迎的景象的同时，也分析了文化方面的原因："自从上次世界大战（一战）之后，欧洲人对于自己的文化，很有些怀疑；醉心于东方文化的着实不少；而印度哲学的研究，更是盛极一时。几个月前，印度大诗人大哲学家泰戈尔到瑞士、德意志去游历讲演，到处都受盛大的欢迎，听讲的人盈千累万。战后欧洲人的渴慕东方文化，就此便不难想见了。"②

　　众所周知，中国新文化运动的两个主要影响源就是欧美和日本，在这两个源头处兴起的泰戈尔热自然会潜移默化地影响到当时身在国内或国外的敏感的中国知识分子。

---

① K.克里巴拉尼：《泰戈尔传》，倪培耕译，漓江出版社，1984年，352页。
② 愈之：《台莪尔与东西文化之批判》，《东方杂志》，1921年9月10日，第18卷117号。

"遥寄"诗人表深情

　　1913 年 10 月 1 日,《东方杂志》(第 10 卷第 4 号)发表了钱智修的文章《台莪尔之人生观》,全文约 3000 字,并附有一幅泰戈尔的像。这是中国最早介绍泰戈尔的生平和思想的文章,可能也是中国人第一次看到泰戈尔的容貌。作者显然对泰戈尔的基本哲学思想比较了解,他称泰戈尔为"预言家",说泰戈尔思想的基本核心是认为"人类之趋向,由恶而驯至于善而已";泰戈尔主张人们应该过一种"献身于理想、献身于国家、献身于人类之福利者"的生活,"台氏所谓善之生活,即人类全体之生活者";泰戈尔"属于那种明知快乐而避之者,明知苦痛而求之者",他认为,只有这样,人的生活才能获得较高的价值。文章盛赞泰戈尔在生活和创作上那种永不停息的探索精神,并简单介绍了泰戈尔关于痛苦、快乐、爱情的看法。让人欣慰的是,中国这第一篇介绍泰戈尔的文章,实际上远远比后来的一些盲目赞扬或批评的文章更全面。

　　1915 年 9 月 15 日,《青年杂志》(第 1 卷第 1 号)创刊号的首篇文章是陈独秀撰写的《敬告青年》,其中将泰戈尔与托尔斯泰相提并论,以劝诫中国青年在世界竞争中要进取而非退隐:"人之生也,应战胜恶社会,而不可为恶社会所征服;应超出恶社会,进冒险苦斗之兵,而不可逃遁恶社会,作退避安闲之想。呜呼!欧罗巴铁骑,入汝室矣;将高卧白云何处也?吾愿青年之为孔墨,而不愿其为巢由;吾愿青年之为托尔斯泰与达噶尔(R. Tagore,印度隐遁诗人),不若其为哥伦布与安重根!"虽然陈独秀否定了泰戈尔的人生态度,但显然他也认识到泰戈尔在文学上的价值。

　　中国人第一次读到泰戈尔的作品,要归功于陈独秀。1915 年 10 月 15 日,《青年杂志》(第 1 卷第 2 号)上发表了陈独秀用文言翻译的泰戈尔的四首诗,选自诗集《吉檀迦利》,以《赞歌》为题,中有"深夜群动息,吾亦百虑消";"语发真理源,奋臂赴完好";"挈临自在天,使我长皎皎"等译句。虽然译文与原文不完全对应,但泰戈尔诗的意境,也大致渲染出来了。陈独秀在注解中还这样介绍泰戈尔:"达噶尔,印度当代之诗人,提倡东洋之精神文明者也。曾受 Nobel Peace Prize(应为文学奖—作者)。驰名欧洲。印度青年尊为先觉。其诗富于宗教哲学之理想。"联系到陈独秀后来对泰戈尔的激烈批判,他对泰戈尔这样客观的介绍尤其难能可贵。

1916年2月20日,梁启超主编的《大中华》杂志(第2卷第2期)发表(欧阳)仲涛的文章《介绍太阿儿》,并附有"太阿儿手札"一幅,"太阿儿最近写真"一幅。同年,《大中华》(第2卷第8期)还刊出逐微所译《印度大思想家太阿儿自传》。《大中华》杂志以介绍西方时政为主,以打开国人视野,增强国民世界智识为目的,对泰戈尔的介绍和研究,也不例外。

1917年,《清华周刊》(4月26日,5月24日、31日,第106、110、111期)分三期连载《印度诗人塔果尔传》,署名成 。文章将泰戈尔一生分三个阶段,即"幼年时期"、"办学时期"、"学说"。文章介绍了泰戈尔关于东西方文明的观点:"一言以蔽之,西洋文化为都市文化,东洋文化为森林文化。西洋之格致,仅及于物质形下之格致也,以此征服天然界,不綦难哉。东洋之格致,直将吾心灵扦外物,外物不必皆为有形之物。"文章也指出了泰戈尔以印度文明代表东方文明。但作者认为,最古老的东亚哲学,"莫古于易,今之通儒。"中国传统文化与印度文化并不相悖:"咸谓易理与佛经多相通。"文章持论客观,对中国传统文化与印度文化的比较,也中肯有据。

泰戈尔进入国人视野,也与国人对"文人英雄"的期待有关。1918年夏,宋春舫在《国运与文学》(《清华周刊·第四次临时增刊》,第4期)中将泰戈尔的作品与"国运"相联系:"对于唤起人民爱国之天良,而慰其琐尾流离之困;对于世界使吾人油然而生民胞物与之心,而祝其有恢复自由之一日也。"他希望中国也出现泰戈尔这样能以文学拯救国运与衰颓之势的作家。

在当时的中国知识分子中,比较系统地阅读泰戈尔作品的是时在日本的郭沫若:"最先对泰戈尔接近的,在中国恐怕我是第一个。"① 1914年,在国内痛感"久欲奋飞万里游,茫茫大愿总难售"②的郭沫若东渡日本学医,而

---

① 郭沫若:《诗作谈》,《郭沫若研究资料》(上),王训昭等编,北京:中国社会科学出版社,1986年,264页。
② 郭沫若:《寄先夫愚》,《郭沫若少年诗稿》,成都:四川人民出版社,1979年,95页。

在此期间，日本正逐渐兴起泰戈尔热，泰戈尔的作品得以广泛翻译介绍，日本学界热烈欢迎泰戈尔赴日演讲，普通民众也报以崇拜心理。郭沫若借此机缘，接触到了泰戈尔的英文诗，并滋润了内心文学的种子萌动、发芽。

"一九一五年的春间，我第一次读到泰戈尔的《新月集》……"① 有一天，与他同住的吴鹿苹从学校里带来几页油印的英文诗，他接过来一看，"那是没有韵脚的，而多是两节，或三节对仗的诗，那清新和平易径直使我吃惊，使我一跃便年轻了二十年！"这些是泰戈尔《新月集》里的几首诗，包括《岸上》（On the Seashore）、《睡眠的偷儿》（Sleep-Stealer）、《Baby's Way》（《婴儿的路》）、《Clouds and Waves》（《云与波》）等。泰戈尔的这些儿童诗为何能吸引之前一直沉醉于唐诗宋词的郭沫若？郭沫若的回答是："第一是诗的容易懂；第二是诗的散文式；第三是诗的清新隽永。"② 此时郭沫若虽已是青春勃发的年龄，但读外语诗，确是刚起步，因此，读到这些易懂的儿童诗，也就有了儿童般的欣喜，而且欲罢不能，一下子就被这些清新平易的诗迷住了。他随后就把泰戈尔的《新月集》、《园丁集》、《吉檀迦利》、《爱人的赠品》、译诗《伽比尔百吟》、戏剧《暗室之王》，"都如饥似渴地买来读了，简直成了泰戈尔的崇拜者"，"在他的诗里面我感受着诗美以上的欢悦"。③ "真好像探得了我'生命的生命'，探得了我'生命的泉水'一样。"他读得如痴如醉："每天学校一下课后，便跑到一间很幽暗的阅书室里去，坐在空隅，面壁捧书而默诵，时而流着感谢的眼泪而暗记，一种恬静的悲调荡漾在我的身之内外。我享受着涅槃的快乐。"④ 他还尝试着把这些诗翻译出来，并模仿着写诗。他诗歌创作的第一阶段的作品，基本上可以说是"泰戈尔式的。"⑤ 也可以说，正是泰戈尔清新平易的诗，使当时正苦苦寻找中国诗歌出路的郭沫若看到了希望，刺激了他诗的觉醒。也使处于爱情失意、苦闷的郭沫若重新找

---

① 郭沫若：《兔进文艺的新潮》，王锦厚等编：《郭沫若佚文集》下册，成都：四川大学出版社，1988年，93页。
② 郭沫若：《太戈尔来华的我见》，《创造周报》，1923年10月14日，第23号。
③ 郭沫若：《我的作诗的经过》文学编，第16卷，北京：人民文学出版社，1990年，212页。
④ 郭沫若：《太戈尔来华的我见》，《创造周报》，1923年10月14日，第23号。
⑤ 郭沫若：《创造十年》，《郭沫若全集》文学编，第12卷，北京：人民文学出版社，1992年，76页。

回了精神的平静。

郭沫若除了欣赏泰戈尔的诗，也激赏泰戈尔教育先行者的功绩。他将泰戈尔与18世纪反封建教育的卢梭和19世纪瑞士民主主义教育家裴斯泰洛齐并举：

不安本分的野蛮人，教人"返自然"的卢梭呀！
不修边幅的无赖汉，善与恶疾儿童共寝的丕时大罗启呀！
不受约束的亡国奴，私建自然学园的泰戈尔呀！
西北南东去来今，
一切教育革命的匪徒们呀！
万岁！万岁！万岁！①

当然，郭沫若这种身在异乡的中国知识分子对泰戈尔的这些零星介绍和个人好感，并不能说明中国知识分子对泰戈尔有多深的了解和认识。实际上，此时国内对泰戈尔的态度是总体冷漠，雾里看花。郭沫若对此有切身体会。1917年年底，生活窘迫的他为了生计，从《新月集》、《园丁集》和《吉檀迦利》中选译了一些诗，汇成一册，题为《太戈尔诗选》，准备交给国内的出版社出版，结果商务印书馆、中华书局都不接受，使郭沫若还因此觉得"和太戈尔的精神的联络从此便遭了莫大的打击"，觉得泰戈尔"是一个贵族的圣人"，自己只不过是一个"平庸的贱子，他住的是一个世界，我住的是一个世界。以我这样的人妖想侵入他的世界里去要算是僭分了。"②

郭沫若的经历说明，这一时期国内对泰戈尔的兴趣主要还局限于个人的兴趣，只有少数有机会接触到泰戈尔作品的知识分子因欣赏其诗而对其人产生好感，并因个人的文学趣味而接受其作品和思想的影响，如冰心不但翻译了泰戈尔《吉檀迦利》、《园丁集》中的一些诗发表，还模仿着创作了《繁星》、《春水》这样的泰戈尔式的诗集，并且充满深情地"遥寄"泰戈尔说：

---

① 郭沫若：《匪徒颂》，1921年8月。
② 郭沫若：《太戈尔来华的我见》，《创造周报》，1923年10月14日，第23号。

"泰戈尔！谢谢你以快美的诗情，救治我天赋的悲感，谢谢你以超卓的哲理，慰籍我心灵的寂寞。"① 郑振铎也是中国较早的泰戈尔崇拜者，他倾心泰戈尔作品的精美优雅，并且比较系统地把泰戈尔的作品翻译介绍到中国，如《新月集》中的一些诗。王统照也在这一时期开始注意到泰戈尔，也翻译了泰戈尔的一些作品。但此时国内对泰戈尔的翻译介绍犹如散落的火星，或隐或现于报纸杂志，还谈不上产生多大影响。

世界诗人

　　国内真正的"泰戈尔热"是从20年代开始的，而这股热潮的出现，源自对欧洲"泰戈尔热"的介绍——在当时，西方的任何文化热点，如果能传到中国，都会迅速在中国也形成一种热点，并且有过之而恐不及。政治上如此，军事上如此，文化上亦如此。

　　从1921年起，中国人开始关注泰戈尔国际文化之旅的行踪，他的作品也开始越来越多地出现在中国的报纸、杂志上，中国的"泰戈尔研究"开始起步——一开始主要关注其思想和人格。

　　1921年3月10日，《小说月报》第12卷3号"海外文坛消息栏"发表沈雁冰的短文"印度文家太戈尔的行踪"，介绍泰戈尔1920年在美国的活动情况："印度文学家太戈尔亦是去年到纽约的，纽约文人曾以科学艺术协会（The Society of Art and Science）的名义宴请太戈尔，太戈尔打算在东美各大城镇游历演讲后，再到西美。"泰戈尔这次到美国演讲，是为了募捐以建国际大学，该大学将"把东方文明，聚在一处来研究。"因为西方文明之所以强盛，是因为其团结，力量集中，而"东方诸国，却如一盘散沙，不互相研究，不互相团结，"结果导致一天衰败一天，甚至关于东方文明的问题，还要受西方人的影响。② 当然，美国之行的泰戈尔在演讲中对西方文明的批评也毫不客

---

① 冰心：《遥寄印度诗人泰戈尔》，《燕大季刊》，第1卷第3期。
② 冯友兰：《与印度泰谷尔谈话》，《新潮》第3卷第1号，1921年10月1日。

气,对东方文明的介绍,则是不遗余力的。

国内对泰戈尔欧美之行中的德国之旅了解得最全面,这得益于一批留学德国的中国青年,其中代表是王光祈,魏嗣銮,俞颂华。王光祈和魏嗣銮都是"少年中国学会"和"工读互助团"的成员,王光祈曾参与过火烧赵家楼的示威,他1920年赴德国研习政治经济学,同时兼有北京《晨报》、上海《申报》、《时事新报》特约通信记者身份;魏嗣銮时在哥廷根大学学习数学;俞颂华是《时事新报》和北京《晨报》驻德特派员。他们于1921年2月15日成立了"中德文化研究会",研究德国之强与中国之弱的根源。泰戈尔作为东方文化的代表在德国演讲,引起他们极大的兴趣,并向国内发回了一系列介绍文章。

1921年8月4日,王光祈在《申报》发表《太戈尔之山林讲学》,记述了泰戈尔在德国"柏林、打模时塔(Darmstadt)、佛兰克(Frankfim))"三大城市的三次演说盛况。泰戈尔此次赴欧洲,一是按惯例到欧洲答谢自己一战前获得诺贝尔文学奖;二是借此传播东方文化思想。在泰戈尔此次来欧洲之前,欧洲就已经掀起了一股东方文化热,一些战后对西方文化持批评态度的西方学者纷纷举办"东方文化讲演会",甚至有一个德国人对宗白华说:"君等现在来德留学,吾等不日亦将赴中国留学。"文中谈到德国学者"纷纷专车前往各城听其演讲,其一种欢迎东方学者之狂热,远在吾国欢迎西方学者杜威罗素以上,此亦战后东西文化对流作用之一种表现也。"泰戈尔此次在德国的演讲围绕"东西方文明问题",且对西方文明批评甚厉。他在演讲中说:欧洲人是一种有系统有组织之自私民族,只有外部的物质生活,而无内部的精神生活,而且妄自尊大,欲以自己之西方物质思想,征服东方精神生活,致使中国印度最高之文化,皆受西方物质武力之压迫,务使东方文化与西方文明所有相异之点,皆完全消失,统一于西方物质文明之下,然后快意,此实为欧洲人共同所造之罪恶。"他希望青年人把这些罪恶统统忘掉,而致力于建设一个新的世界。泰戈尔第二次谈的是世界和平问题,他说:欧洲人因欲满足物质欲望,故以武力为后盾,尽力抢劫,此实为一种占有本能之冲动。自大战以来,世人主张维持世界和平……欲世界和平,当首先改良占有之本能。欧洲的社会组织都是建立在外部强力的基础之上,而非建立在内心爱力之上,所以他认为欧洲的社会组织极不稳固，对于欧洲文化甚为悲观。作者还总结了泰戈尔此次德国之行所要宣扬的基本主题，即东方精神文明优于西方物质文明："反对用一种外面的强力，以统一各民族，而主张用内心的爱力，以谋各个人间各民族间之互相了解，保存各个人各民族之固有特性。"文章同时也介绍了德国、法国学界对于泰戈尔的不同态度，以及泰戈尔受到欧洲一部分学者欢迎的主要原因："战后德国学者对于西洋文化颇多怀疑"；"太戈尔既系诅咒西方物质文明拥护东方精神文化者，故此时来德，正合德人口味，其受热烈之欢迎，亦不足为怪。惟同时又有一部分学者，见德人将太戈尔奉为神圣因而激起反感，乃痛诋太戈尔系一个滑头，并谓一般德人委弃国粹，甘受他人愚弄，引为世道人心忧。"泰戈尔在德国的遭遇，也是东方文化在西方的遭遇，也是泰戈尔后来中国之旅的德国版预演。中西文化的交流，即使是现在，也大多是这样的境遇。

1921年6月7日夜，魏嗣銮与宗白华去达尔模城听泰戈尔演讲，到时已是8日凌晨三点。泰戈尔这天演讲的题目是《东西问题》。在8日的日记中，魏嗣銮如此评价："觉太戈尔之演说，虽无新意，然其痛诋欧洲人民之生活与思想，实可为东方人出气，此其气魄，殊有足惊者也。德国思想界，有两大潮流，一为新派，一为旧派，所谓新派，大都出自言哲学美术与诗学者，彼辈自欧战后，大感欧战文化之不足，而思采纳东方文化，以济其穷，于是言孔子释迦哲学者，皆大为社会所尊重……所谓旧派者，仍尊崇自然科学万能，不为时潮所动摇。……此两大潮流中，新派极占势力，所谓旧派者，极无声息。此种现象，与吾国适反。我国言新者，大都以驳斥孔子为能，而在德国，则深以能知孔子哲学为幸，甚至以辜鸿铭为欧洲之救星。可见天下学问，其价值极为相对，合乎当时之人心则其价值便高，反乎当时之人心，其价值便低，今日国内盛称之杜威罗素，安知几年后，其学问不为人所吐弃。而奉之者，俨如上帝，此亦未免太过矣。"[①] 魏文既概括了泰戈尔演讲在德国受到欢迎的社会和文化原因，并对比国内思想文化界一窝蜂欢迎西方思想家的风气，预见性地提出了人们在文化热潮下对思想学术本身的淡漠，以及泰戈尔以后

---

① 魏嗣銮：《旅德日记》，《少年中国》，第3卷第4号，1921年11月。

在中国的遭遇。他是最早向国人介绍爱因斯坦相对论的学者之一，这里对文化价值相对论的阐述，也是基于其对相对论的理解，两者是相通的。

1921年8月10日，《东方杂志》（第18卷15号）发表俞颂华的文章《德国欢迎印哲台莪尔的盛况》。俞颂华称赞德国国民的优点之一就是：泰戈尔在德国极力表扬东方文化之特质，并指责西方文明的弱点，而备受德人之欢迎。文章比较详细地记述了泰戈尔在德国的三次演讲的内容，与王光祈一文恰为互补。文中特意记录了泰戈尔在谈到中国时所说的一段话："中国有最古的历史，优美的文化，爱和平的民众，可惜也受了西方帝国主义的荼毒，很难得到充分自由自发的机会。"他还希望东西方应该互相尊重，取长补短，共同促进世界朝着博爱和平的道路上发展。

中国知识分子对泰戈尔的这些早期认识，勿庸讳言，主要关注的是作为思想家和社会改革家的泰戈尔，而不是作为文学家的泰戈尔，如俞颂华的文章就把泰戈尔与罗素、托尔斯泰、克鲁泡特金相提并论，这都是国内救亡图存的现实需要所决定的。

初现研究高潮

从1920年起，国内对泰戈尔作品的介绍逐渐多起来。同年2月和3月的《少年中国》（第1卷第8、9期）发表了黄仲苏所译的《泰戈尔的诗十七首》和《太戈尔传》（第9期），译者称泰戈尔是"多情的诗人"："他爱他的祖国印度，他醉心于东方的文明，他看自然界的花草虫鸟日月星辰风雨山水等等如同是不能描写的，纯洁的、隽妙的美之无穷表示，世间惟有这种美，可以引起我们人类对于宇宙诚挚而雄厚的爱情，因为太戈尔能观察了解宇宙，并能用音韵描写万象，所以他便成了宇宙的情人，同时也成了宇宙的诗人。"黄仲苏本人是文人，所以对文人泰戈尔，有一种感同身受的认识。

1921年1月10日、4月10日，《小说月报》（第12卷1号、4号）发表了郑振铎译的《杂译太戈尔的诗》，其中4号还有许地山译的泰戈尔的小说

《在加尔各答途中》，并附跋；而5号上则发表了瞿世英翻译的泰戈尔的剧本《齐德拉》；1921年4月17日，《民国日报·觉悟》也刊出《译太戈尔园丁集第二十三首、二十四首》，译者为太白。

对泰戈尔的研究，这一时期比较重要的有瞿世英、郑振铎在《时事新报·学灯》（1921年4月14、15日，4月19—21日）和《晨报》（4月1日至3日）上发表的关于泰戈尔的通信；其他还有冯友兰的《与印度泰谷尔谈话》（《新潮》1921年10月1日，第3卷1号）；胡愈之的《台莪尔与东西文化之批判》（《东方杂志》，1921年9月10日，第18卷17号）；梁漱溟在《东西方文化及其哲学》（上海商务印书馆，1922年1月）一书中的相关论述和瞿世英的《演完太戈尔的〈齐德拉〉之后》（《戏剧》第1卷6期，1921年10月30日）。而在1922年2月10日《小说月报》（第13卷2号）上的"文学家研究"栏里，则出了一个关于泰戈尔的小专号，内收文有：《太戈尔传》（郑振铎）、《太戈尔对于印度和世界的使命》（张闻天）、《太戈尔的艺术观》（郑振铎）、《太戈尔的妇女观》（张闻天）、《太戈尔的"诗与哲学观"》（张闻天）、《太戈尔的人生观和世界观》（瞿世英），并附有插图"太戈尔的最近小影及其手迹"，形成了泰戈尔来华前一个翻译介绍的小高潮。

1921年初，郑振铎与许地山、瞿世英等在文学研究会内组织了一个"太戈尔研究会"，这是中国最早一个专门研究一个文学家的学会。

早期这些关于泰戈尔及其作品的介绍和研究，基本上从各个方面介绍了泰戈尔的基本思想、人格和艺术特色。泰戈尔宣扬东方文明优于西方文明，他的爱国主义精神以及敢于打破印度狭隘的宗教传统，积极肯定现世生活的态度，以及他那些清新宜人，歌颂大自然的诗歌、小说，都令中国人为之倾倒。加上中印两国都属于被西方殖民主义迫害甚苦的民族，这就很容易使中国国内的一些知识分子在感情上逐渐倾向于这位异域的诗哲。但这种倾向本身就是有倾向性的，中国的知识分子或政治势力关注泰戈尔的更多的是他的人格以及提出的解决世界危机的办法，即使对他的诗歌、小说的介绍，也侧重于他的这些作品中所表现出来的诗人的人格力量，这就如郑振铎在介绍泰戈尔的艺术观时所说的："在太戈尔看来，艺术的美不过是工具，而不是艺术的最完全的最显著的特征。它不过用来为更有力的表现我们的人格的工具而已。"① 虽然也有介绍者注意到泰戈尔作为文学家的地位和价值,只不过相对于其人生观与世界观,泰戈尔的文学似乎与中国的现实需要离得更远些。

两种文化态度

值得注意的是,在早期对泰戈尔的这些翻译介绍中,已经形成了对待泰戈尔思想文化观的两种不同态度,虽然这两种态度的差别不像泰戈尔到中国后所引起的冲突那么激烈和尖锐对立,但可以说已经代表了国内两种主要的文化力量的冲突,不过这时的冲突还主要停留在文化认识上,不像后来那样带有太多的政治色彩。

全面、客观介绍泰戈尔的文章,这一时期主要有黄仲苏和郑振铎分别所写的《太戈尔传》。两篇传记详细梳理了泰戈尔人生的各个阶段以及思想和文学观的形成过程及特点;其中黄仲苏一文重点介绍了泰戈尔所创办的国际大学,尤其激赏其在亡国的不自由情势下,却使学校坚持了自由精神,"充满了互助、相爱、节俭、纯洁和自由。"②

郑振铎的《太戈尔传》开篇是泰戈尔《新月集》中的一首诗"孩提之天使",因为"许多批评家都说,诗人是'人类的儿童',因为他们都是天真的,和善的。在现代的许多诗人中,太戈尔更是一个'孩提的天使。他的诗正如这个天使烂熳的天使的脸,看着他,就知道一切事的意义,就感得和平,感得安慰,并且知道相爱着了。"文章全面介绍了泰戈尔的生活和创作,对泰戈尔艺术观的介绍则抓住了泰戈尔艺术思想的核心。

另一个热心的介绍者张闻天较偏重于介绍泰戈尔对东方文明的赞扬,并称泰戈尔对印度和世界都负有解救的责任。他称赞泰戈尔是"印度精灵的结晶,他所喊出来的就是印度人的内心里所要喊出来的,印度人的悲哀和快乐,

---

① 郑振铎:《太戈尔的艺术观》,《小说月报》第13卷2号,1922年2月10日。
② 黄玄:《太戈尔传》,《少年中国》,1920年3月15日,第1卷9期。

希望和失意，怀疑和信仰，都在他的书里可以找到，印度人精神的饥饿与不安，都要他去拿他的诗和音乐去安慰去抚摸。泰戈尔是古印度人的儿子，今印度人的母亲！"他从文学形式、社会思想、宗教、艺术的功用等方面对泰戈尔作了较为全面的介绍，其中特别应该引起注意的是他在介绍泰戈尔关于东西方文明的关系时所说的几句话："但是我们不要误会太戈尔只知东方的好处而不知西方也有好处……他以为西方文明的缺点即在于重视物质过于精神的，政治过于宗教的，权力心过于和平心的。"在张闻天看来，泰戈尔并非全盘否定西方文明，而只是强调西方人只看到了物质的一面而忽视了精神的一面，这是方法上的失败，西方文明因此是死板的、机械的，而缺乏精神上的灵气，现在所要做的就是弥补这方面的不足，这样才能变成一种健全的文明，泰戈尔就是自觉地承担了把注重爱与美的东方文明传输到西方去的使命。① 与后来一些中国知识分子一提到泰戈尔主张东方文明就想到他排斥西方文明的偏颇认识相比，这种分析和评价是相当客观、准确的。

梁漱溟则从印度文化史与哲学的角度解释了泰戈尔受到西方人欢迎的原因："他（指泰戈尔）的本领就在恰好投合现在西洋人的要求。西洋人精神上受理智的创伤痛苦真不得了，他能拿直觉来拯救他们。若照他的哲学原本于婆罗门，和西洋人往时的斯宾诺莎相仿，很不配在西洋现时出风头。他的妙处，就在不形之于理智的文字而拿直觉的文学表达出来；所以他不讲论什么哲学而只是作诗。他拿他那种特别精神的人格将其哲学观念都充满精神，注入情感，表在艺术；使人读了之后，非常有趣味，觉得世界真是好的，满宇宙高尚、优美、温和的空气；随着他而变了自己的心理，如同听了音乐一般。""他独一无二的只是个'爱'；这自然恰好是西洋人的对症药。西洋人的病苦原在生机斫丧的太不堪，而'爱'是引逗生机的培养生机的圣药。西洋人的宇宙和人生断裂隔阂、矛盾冲突、无情无趣、疲殆垂绝，他实在有把他融合昭苏的力量。"梁先生的结论更是与众不同，一般人都把泰戈尔看做是印度文明的代表，但他不这样看："原来的婆罗门教似并没有这样子，他大约受些西洋生命派哲学的影响；所以他这路子，不是印度人从来所有的，不是

---

① 张闻天：《太戈尔对于印度和世界的使命》，《小说月报》第13卷2号，1922年2月10日。

西洋人从来所有的；虽其形迹上与中国哲学无关联，然而我们却要说他是属于中国的，是隶属于孔家路子之下的。"① 他还批评了国内一些介绍印度文化的学者，如康有为、梁启超等因为泰戈尔在西方受到欢迎就随声附和的不公正态度。

冯友兰看到了梁漱溟在《北京大学日刊》上刊登的《东西洋文明及其哲学》演讲稿的绪论，很感兴趣，但很可惜自己一直未能看到演讲的全文。1920年11月30日，趁泰戈尔在纽约演讲之机，他就写信给泰戈尔，希望能去其住所拜访。泰戈尔见是一个中国人的来信，就欣然接受。

泰戈尔一见到冯友兰就表示："中国是几千年的文明国家，为我素所敬爱。我从前到日本没到中国，至今以为遗憾。""然而我终究必要到中国去一次的。"冯友兰表示，中国人目前的求知欲很强，一定会热情欢迎泰戈尔访问中国。但同时提出，中国的古代文明"很不适时"，所以中国正在着力于改造旧文化，以适应新世界。泰戈尔表示赞成，并表示东方国家要学会用自己的眼光来研究自己的文明，哪怕是研究自己错在哪里。两人还就东西方文明各自的特点进行了交流，并相信东西文明将来一定可以相互调和。这时冯友兰问道："但现在两相冲突之际，我们东方，应该怎么改变，以求适应？"泰戈尔毫不犹豫地回答说："现在西方对我们是取攻势，我们也应该取攻势。我只有一句话劝中国：'快学科学！'东方所缺而急需的，就是科学。现在中国派许多留学生到西洋，应该好好的学科学。这事并不甚难。中国历来出过许多大发明家，这种伟大民族，我十分相信，他能学科学，并且发明科学的，东方民族决不会灭亡，不必害怕。"冯友兰还将泰戈尔的主张与中国从前出现的"中学为体，西学为用"做了对比，认为两者有很大不同："中国旧说，是把中学当个棹子，西学当个椅子，要想以棹子为体，椅子为用，这自然是不但行不通，而且说不通了，"而泰戈尔的意思是说真理只有一个，不过它有两方面，东方讲静的方面多一点，西方讲动的方面多一点，换句话说，泰戈尔讲的是一元论，中国旧说是二元论。作者最后还借题发挥，对中国目前那些只知道空谈西方理论，而不真正寻找解决问题的办法的空谈家进行了讽刺，并

---

① 梁漱溟：《东西方文化及其哲学》，上海：上海人民出版社，2006年，176页。

且提出要学习西方的精神,首先就要研究事实,发明真理,只有这样,才能不辜负泰戈尔对中国的厚望。①

胡愈之的长文《台莪尔与东西文化之批判》重点介绍了欧洲反对泰戈尔的学者的观点:东西文化根本不可能调和,而且东方文化在根本上没有存在的价值。这一派的主要代表是瑞士的一位哲学教授赫尔褒兹。作者引用这位教授的话说:泰戈尔在自己的著作和谈话中多次说西方文化已经衰败,说只有输入东方文明,才能拯救西方,而实际上,如果西方真的采用了东方文化,不但不能拯救西方,反而会使西方处于更大的危险之中。这位教授不无讽刺地说:泰戈尔这只"东方之鸟",向欧洲人唱着"神秘之歌,用了鲜血,用了纯粹认识去诱惑我们,可怜我们竟信以为真!其实,这一般的玄想家,都是骗人的呢!"文章虽然没有明确表达作者自己的观点,但从字里行间我们不难意会到作者对西方一窝蜂似地欢迎泰戈尔的不满。

喜从天降

中国作为东方文化的一个中心,早就引起了泰戈尔的关注。就像他后来所说的:"(我)年轻时便揣想中国是如何的景象,那是我念天方夜谭时想象的中国,此后那富丽的天朝竟变了我的故乡。"② 对这块心仪已久的土地,泰戈尔一直想有机会亲自来看一看。就是在这种愿望的驱动下,1923 年 4 月,他派自己的助手英国人恩厚之来中国联系访华事宜。

早在 1920 年,时任北京大学校长的蔡元培就向泰戈尔发出过访华邀请,但因为泰戈尔当时为了筹措成立国际大学的相关费用,正在欧洲各地巡回演讲筹款,无法成行。

因为有这样一个前缘,以及北京大学的国际声望,恩厚之首先找到北京大学相关部门,北京大学表示欢迎,但"那时北京大学因为种种的困难不能

---

① 冯友兰:《与印度泰谷尔谈话》,《新潮》,1921 年 10 月 1 日,第 3 卷第 1 号。
② 泰戈尔:《告别辞》,《小说月报》第 15 卷 8 号,1924 年 8 月 10 日。

担任招待泰戈尔的事。"① 恩厚之正一筹莫展时，在一次招待他的聚会上，他遇到了徐志摩，闲谈中透露出泰戈尔有意访华，徐志摩闻之欣喜不已，因为虽然之前他对泰戈尔其人其作并不太了解，但他知道，泰戈尔作为亚洲第一位诺贝尔文学奖获得者，若能到中国访问，对中国的知识界，肯定会产生积极的推动作用。于是他马上带着恩厚之找到当时很有影响，也很有背景，更重要的是曾接待过杜威、罗素访华的讲学社接洽。听说名闻世界的诗人自己愿意到中国来，而且只要讲学社承担旅费，其他在华一切费用完全由泰戈尔自己承担，这和刚刚访问过中国的杜威等外国学者明显不同：后者在华的一切费用完全由中方承担。这不是喜从天降么？讲学社立即同意承担接待任务，并且马上给泰戈尔寄去了旅费，盼望他8月份能来，并随即又发出一封热情洋溢的邀请信，希望他能惠顾中国讲学。

讲学社的使命

"五四"新文化运动以来，梁启超辞去北洋政府行政职务，回归文化领域。但目睹"五四"新文化思潮驳杂混乱，传统文化日渐式微，中国向何处去？梁启超忧心如焚。为求其解，1918底，梁启超和蒋百里、张君劢等一行6人赴欧考察，留心欧洲文化界的发展动向，结交欧洲学者，如柏格森、沃铿。在与西方学者的交流中，梁启超意识到，要提高中国思想文化与世界对话的水平，最好的方式可能是请西方学者来华讲学，为中国学者现身说法。他在欧洲就面请柏格森和沃铿来华讲学，两者虽都答应，但都因故未果。1920年9月5日，以罗素访华为契机，讲学社正式成立，梁启超亲自拟定了详细的规约，雄心勃勃地表示："我们对于中国的文化运动，向来主张'绝对的无限制尽量输入'"。他形象地将讲学社比作一个大商店："只要是有价值的学说，我们不分门户，都要把他介绍进来。好像我们开一个大商店，只要是好货，都要办进，凭各人喜欢买那样就买那样。""我们要大开门户，把现在

---

① 胡适语，见《泰戈尔在京最后之演讲》，《晨报》，1924年5月13日。

有价值的学说都要欢迎,都要灌输。""将现代高尚精辟之学说,介绍于国中,使国民发扬健实。"①

作为一个学术性的、民间的、但与政治又有千丝万缕关系的团体,讲学社的成员身份复杂,但都可称为当时中国思想、文化、政治界的名流,虽然他们的思想主张差别很大,有主张玄学的,也有主张科学的,有西化派,也有传统文化派,但在欢迎外国学者来华讲学一事上,讲学社成员的态度却是一致的。就这样,以梁启超为中心,林长民、蒋百里、徐志摩等鼎力支持,使得讲学社在仅存的四、五年时间内,就成功邀请到杜威、罗素、杜里舒、泰戈尔来华演讲,在中国掀起一阵阵西方文化热。泰戈尔作为一个著名诗人和爱国者,作为东方第一位诺贝尔文学奖获得者,他们都深为钦慕。现在泰戈尔主动表示要来华访问,恰是讲学社求之不得的事,他们甚至有点受宠若惊。另外,文学研究会、新月社等文学团体也愿意参与接待工作。

文化界的热情

泰戈尔欣然接受了讲学社的邀请,并随即发来一封电报,说将于10月来华。

可以想像,泰戈尔,这个已名满全球的印度哲人就要来中国讲学了,中国的思想文化界会受到怎样的震动,会被怎么兴奋的情绪鼓动着!久处"五四"新文化运动落潮后的失落与期盼中的中国思想文化界为此又开始躁动起来;各种文化团体和一些重要的政治或文化人物纷纷对此作出反应,当时的热闹情景恰如徐志摩1923年12月27日给泰戈尔的信中所说:"我们已准备停当以俟尊驾莅临。这里几乎所有具影响力的杂志都登载有关你的文章,也有出特刊介绍的。你的英文著作已大部分译成中文,有的还有一种以上的译本。无论是东方的还是西方的作家,从来没有一个象你这样在我们这个年轻的国家的人心中,引起那么广泛真挚的兴趣。也没有几个作家(连我们的古

---

① 《讲学社欢迎罗素之盛况》,《晨报》,1920年11月10日。

代圣贤也不例外）象你这样把生气勃勃和浩瀚无边的鼓舞力量赐给我们。"①这些话当然难免夸张，但在某种程度上却能说明泰戈尔来华的消息在中国思想文化界引起的轰动。

泰戈尔答应来华的时间是1923年10月，后因种种原因，延至1924年4月。中国文化界恰能利用这段时间，给这位不同寻常的客人准备了更充分的礼物。

最先做出反应的是敏感的报刊杂志：《东方杂志》（1923年7月25日，第20卷14号），《小说月报》（1923年9月10日、10月10日，第14卷9、10号），北京佛化新青年会的《佛化新青年》（1924年5月，第2卷2号）都出了"泰戈尔专号"；《小说月报》第15卷4号在"诗人拜伦的百年祭"专号内还特地编辑了"欢迎太戈尔先生"临时增刊；《中国青年》（1924年4月18日，第27期）出了"太戈尔特号"；其他一些杂志如《民铎》、《时事新报·学灯》、《晨报副刊》、《创造周报》、《文学周报》、《民国日报·觉悟》、《向导》等也都发表了泰戈尔的作品及有关介绍和研究文章。

《东方杂志》的"太戈尔专号"包括介绍文章和翻译的泰戈尔作品。该期封面印有泰戈尔像，封二有泰戈尔的手迹及"太戈尔对于大自然的默化"图一幅；发表的研究论文有《太戈尔学说概观》（王希和），翻译的泰戈尔的作品有《海上通信》、《叶子园》、《喀布尔人》、《隐士》。王希和的文章洋洋洒洒近两万字，他开宗明义说自己文章的目的就是"当国内研究者的导言"。文章从泰戈尔的哲学思想、教育思想、艺术观等方面介绍了泰戈尔学说的主要方面，最后总结说："太戈尔的哲学特点是在于人与宇宙的和谐，换言之，即求精神生活。所以他在教育和艺术两方面都主张人类的精神应由物质里解放出来，以达于无限。其次就在他提倡爱与牺牲，及活动，以此三者是人生之正路，入于无限所必经的。"这篇文章比较完整地勾勒了泰戈尔的基本思想。

《小说月报》的"太戈尔号"规模更为可观。在9月10号的专号里，卷头语包括泰戈尔《飞鸟集》中的诗句，"夏芝《吉檀迦利》序"中的摘句，

---

① 孙宜学编：《泰戈尔在中国》，南昌：江西高校出版社，2009年，第81页。

泰戈尔《新月集》中的诗句；插图共有六幅，包括"太戈尔像"、"中年时的太戈尔"、"幼年时的太戈尔对他父亲唱诗"、"太戈尔手迹"、"在美国时代的太戈尔；"发表的有关研究和介绍文章包括《欢迎太戈尔》（郑振铎）、《泰山日出》（徐志摩）、《太戈尔传》（郑振铎）、《太戈尔来华》（徐志摩）、《太戈尔的思想与其诗歌的表象》（王统照）、《给我力量》（周越然）、《关于太戈尔研究的四部书》（西谛）、《太戈尔重要著作介绍》（徐调孚）以及翻译的日本有关泰戈尔研究的四篇文章：《太戈尔和托尔斯泰》、《太戈尔的戏剧和舞台》、《太戈尔和音乐教育》、《夏芝的太戈尔观》；翻译的泰戈尔的作品则有《诗人的宗教》、《新月集》选译、《吉檀迦利》选译、《隐谜》、《幻想》、《拉加和拉妮》、《我的美邻》、《园丁集》选译、《卖果人》、《马丽妮》等。在这个专号内还登载了一则消息"文学研究会出版的关于太戈尔的书"，包括已出或将出的泰戈尔的作品六部：《春之循环》（瞿世英译）、《飞鸟集》（郑振铎译）、《新月集》（郑振铎译）、《邮局及其他》（瞿世英、邓演存译）、《吉檀迦利》（郑振铎译）、《园丁集》（郑振铎译）。在10月的专号内，主要发表的是翻译的泰戈尔的作品，卷头语是泰戈尔"跟随光明"一文里的句子，插图也有六幅："五十岁时的太戈尔"、"太戈尔的祖父"、"太戈尔的父亲"、"太戈尔和他的儿子及儿媳"、"到日本时的太戈尔"、"太戈尔的和平之院"；翻译的泰戈尔的作品则有《西方的国家主义》、《园丁集》、《牺牲》、《采果集》等。这些翻译介绍，不但使中国的知识分子对泰戈尔的基本哲学和文学思想有了大致的了解，而且也可以对泰戈尔的家庭背景和基本生活情况有了直觉的印象，使人未见其人已好像闻其声，睹其容，仰其行，为泰戈尔来华做了很好的舆论和气氛上的渲染和铺垫。

唯泰戈尔是谈

　　国内的这些翻译、介绍文章真诚地表达了对泰戈尔的景仰之情，在泰戈尔已经在全世界造成的耀眼光环的照耀下，中国的这些热情的崇拜者们也自觉或不自觉地受到感染，不吝把自己所能想到的最美的词汇献给这位就要到中国来的诗人,其中的代表可以徐志摩和郑振铎为主。

徐志摩此时俨然是泰戈尔的中国使者,他多次给泰戈尔写信,也写了很多文章,表达对泰戈尔的无法言表的仰慕崇拜之意。他把泰戈尔与泰山日出相提并论,称他是以自己的光芒普照世界的巨人。诗人以浪漫主义情怀激情渲染了泰戈尔这位东方巨人光临世界时的壮观景象:"一方的异彩,揭去了满天的睡意,唤醒了四隅的明霞——光明的神驹在热奋地驰骋……歌唱呀,赞美呀,这是东方之复活,这是光明的胜利。"① 他还猜想到中国青年祈盼诗哲的激动心情:"现在他快到中国来了,在他青年的崇拜者听了,不消说,当然是最可喜的消息,他们不仅天天竖耳企踵的在盼望,就是他们梦里的颜色,我猜想一定多增了几分妩媚。"为什么要如此热烈地欢迎泰戈尔呢?因为作为东方人而能获得世界普遍赞扬的泰戈尔,不是出在"国富兵强"的日本,也不是出在政权独立的中国,而是出于亡国民族之印度,这足以让中国人振奋和增加信心。徐志摩还补充说:"我们所以加倍的欢迎太戈尔来华,因为他那高超和谐的人格,可以给我们不可计量的慰安,可以开发我们原来瘀塞的心灵源泉,可以指示我们努力的方向与标准,可以纠正现代狂放姿纵的反常行为,可以摩挚我们想见古人的忧心,可以消平我们过渡时期张皇的意义,可以使我们扩大同情与爱心,可以引导我们入完全的梦境。"②

郑振铎则不但写了《太戈尔传》、《欢迎太戈尔》这样情感毫无保留的文章表达对泰戈尔的热爱,也翻译了很多泰戈尔的作品。在他的想象中,当泰戈尔乘船到达中国的时候,中国人一定会张开双臂拥抱他;当他由挂满了青翠的松枝的门口,走到铺满了新从枝头撷下的美丽的花的讲坛上。当他振着他沉着而美丽的语声,作恳挚的讲演时,"我们一定会狂拍着两掌,坐着、立着,甚至于站到窗台上,或立在窗外,带着热忱与敬意,在那里倾听,心里注满了新的愉快与新的激动。"作者似乎不知道怎样表达自己对泰戈尔的崇拜之情,他只是把世界上各种最美的语言都倾泻到这位还没到中国的诗人身上。他说:"世界上使我们值得去欢迎的恐怕还不到几十个人,太戈尔便是这值得

---

① 徐志摩:《泰山日出》,《小说月报》第14卷9号,1923年9月10日。
② 徐志摩:《太戈尔来华》,《小说月报》第14卷9号,1923年9月10日。

欢迎的极少数的人中的最应该使我们带着热烈的心情去欢迎的一个人。他是给我们爱与光与安慰与幸福的，是提了灯指导我们在黑暗的旅路中向前走的，是我们一个最友爱的兄弟，一个灵魂上的最密切的伴侣；"他称赞泰戈尔在目前西方乃至全世界都被仇恨的情绪控制着时，却给人们建造了一座诗的灵的乐园，一座容纳了一切阶级，一切人类，人人幸福平等的乐园；"他的伟大是无处不在的。"即使这样，作者在最后仍然不无遗憾地表示自己实在没有能力表达出对泰戈尔的"崇拜与恋慕"。①

上海、北京的报纸则以《申报》与《晨报》为中心，纷纷报道泰戈尔来华的消息，追踪诗人在国外的行踪，并为文学、文化界欢迎泰戈尔的这股热烈气氛"煽风点火"，"推波助澜"，一时间真是"唯泰戈尔是谈"。如《申报》在报道泰戈尔即将来华的消息时也不忘随时随处赞扬他，说他"非遁世厌世的人，乃为入世爱世的人，与印度古代圣人，绝对不同"；称赞他"欲以教育提高印度妇女程度，而又主张国家主义，作爱国歌，以励国人，然绝不蓄愤怒嫉妒，厌憎世界之意"。②

实际上，不但中国的报纸杂志已经营造了一种热烈欢迎泰戈尔的气氛，在具体的接待工作方面，讲学社等机构也已经作了最好的安排，如徐志摩就亲自在北京城西租了一间房子，并计划装上暖气，准备给泰戈尔来华后居住。讲学社还决定委托徐志摩担任泰戈尔在华演讲时的翻译，王统照为讲演录的编辑，并由两人专门负责照料和陪同泰戈尔在华的一切活动。这些精心的安排足以说明了中国学者对泰戈尔来华所抱的诚意。徐志摩得此使命，兴奋不已，并迫不及待地写信告诉泰戈尔："我已答应了讲学社，在你逗留中国期间充任你的旅伴和翻译。我认为这是一个莫大的殊荣。虽然自知力薄能渺，但我却因有幸获此良机，得以随侍世上一位伟大无比的人物而难禁内心的欢欣雀跃。"（1923年7月26日信）徐志摩的这种心情，在当时准备欢迎泰戈尔的中国知识分子中是很有代表性的。

---

① 郑振铎：《欢迎太戈尔》，《小说月报》第14卷9号，1923年9月10日。
② 《印度诗人太戈尔即将抵沪》，《申报》，1924年4月12日。

好事自古多磨

　　泰戈尔本人也非常重视这次访华，尽管讲学社邀请的是他个人，但他希望国际大学能让他以国际大学的代表身份赴华，并为此组成了一个学术访问团，其中包括国际大学梵文学者克提·莫亨·沈教授，他研究梵学已经30多年，泰戈尔知道自己从印度去中国后，一定会有中国人向自己讨教佛教方面的问题，而自己又不专长于此，所以带他一起来；国际大学艺术学院院长、画家兰达尔·鲍斯，泰戈尔作品中的插图，大多出自他手；国际大学乡村建设指导、泰戈尔的助手恩厚之；加尔各答大学历史学家卡里达斯·诺格教授，他曾留学巴黎，获得博士学位，泰戈尔希望他到中国搜集有关中印文化交流方面的古籍；还有美国社会工作者葛玲女士，共6人。

　　泰戈尔原计划1923年10月访华，但他却想早一点到中国，所以很早就已在安排行期，不料在当年7、8月间，他却在加尔各答生了病。无奈，7月11日，他亲笔给讲学社的蒋百里写了一封信，他在信里首先感谢讲学社盛情相邀自己到华游历，然后解释了自己因身体欠佳，自己和儿子都得了"骨痛热病"，不得不推迟行期，但若无意外，10月将如期来华。他在信里说："我久愿到中国来，在此时你的邀请我极欢慰，这对于我自己是有利益的。但在八月下旬我一定不能够离开印度，我若预备动身时，我要即刻电告于你。"① 他还希望自己这次来还能带上自己的儿子和其他几个成员。

　　接到泰戈尔的信后，7月26日，徐志摩代表中国的欢迎者给泰戈尔写了一封回信，对泰戈尔的推迟表示理解。他在信中说："你准备十月来华，我们快乐极了。这次改期对我们十分合适，因为学校在十月左右都会开课了。唯一不妥的是天气。北京的冬天和印度的很有差别，虽然同样的令人愉快。你来时当然要带备全副冬装才好。"这封信是从南开大学寄出的。

　　9月4日，泰戈尔的回信从加尔各答寄出，信是寄到天津的。不巧的是，

---

① 《太戈尔的来函》，《晨报·文学旬刊》，1923年10月1日。

泰戈尔：中国之旅

徐志摩此时已经到了杭州，结果信从天津转到北京，又从北京转到硖石，最后才转到杭州，等徐志摩接到泰戈尔的回信，已经是10月底了。看完信，徐志摩不禁感到有点失望，因为泰戈尔在信中说："本当就道，但念转瞬寒冬，不如竟待春回时节，再来中国，"初定明年二月中或二月底动身到中国来。这一耽搁虽然令已激情满溢的徐志摩更觉失望，但他和其他欢迎者很表理解，因为泰戈尔毕竟已经是60多岁的老人了，而且他们也都知道他的身体近来一直不大好，夏天又病过一次。另外，泰戈尔推迟来华，对中国的接待者来说也是好事，可借此准备得充分一些，因为泰戈尔此次来华不像之前来华的杜威、罗素那样，日常起居有太太陪伴，他在华的一切生活，都要由中国的接待者负责，这实在是一个很大的责任。所以，对负责照顾他在华生活的接待者来说，泰戈尔这次又不能如约前来，虽使他们感到失望，但内心的确又有点欣喜，因为印度人本不习惯冬天，泰戈尔的延期，恰好错过冬天，这对双方来说也算是两全其美的好事。准备接待泰戈尔的中国人中，也有刚接待过罗素的，他们都不会忘记，罗素在中国时曾生了一场大病，连遗嘱都准备好了，把接待者们吓出了一身冷汗。

泰戈尔在信中说，他将利用这段延期的时间好好准备到华后的讲演，这也让接待者们感到欣慰；另外，这也可让中国的文化界有更充分的准备时间，去"研究他的作品，了解他的思想，领会他的艺术"。泰戈尔到中国不是来旅游的，而是来文化交流的，且路途遥远，一路艰辛，所以，光高喊什么空洞的欢迎的口号，是对不起不远万里来中国传达爱的福音的这位老人的，欢迎者还必须拿出实实在在的研究果实；另外，有了这样一个绝好的机会，欢迎者还可以通过精心的研究和领会，从他的"伟大，和谐，美的人格里得到古印度与今印度文化的灵感，同时也使他从我们青年的身上，得到一个伟大民族觉悟了的精神与发展的方向"，这才"不负他爱敬我们的至诚，他不惜高年跋涉的一番盛意。"①

事实也的确如此。就是在这段时间内，《小说月报》1923年9月10号公布的"文学研究会"将出的泰戈尔的六部书也出版了，包括瞿世英译的《春

---

① 徐志摩：《太戈尔来华的确期》，《小说月报》第14卷10号，1923年10月10日。

之循环》、《邮局及其他》，郑振铎译的《飞鸟集》、《新月集》、《吉檀迦利》、《园丁集》。有了这些实实在在的译本，中国也确实有了迎接泰戈尔的厚重礼物。

1924年2月初，恩厚之从印度给徐志摩发来电报，说泰戈尔将在同年春天动身来华，问中国方面的接待工作准备得怎么样了。徐志摩立即回电，表示欢迎，随后又回了一封信。3月7日，徐志摩接到恩厚之2月28日从印度孟买写来的回信，说泰戈尔见到徐志摩的来信后"高兴得不得了"，马上让恩厚之去订3月中旬的船票。恩厚之还交代了泰戈尔来华后的大致安排："他的计划是一到上海，就去北京（约四月底），也许南京等处稍为停逗，因为他要先把南君（随泰戈尔同来的一位印度学者，泰戈尔的学生）安置在北京，让他接近相当的中国学者……然后我们出去游历，最好是上溯扬子江，一直到四川，因为他最企慕那边的风色。"[①]

东行漫记

1924年3月21日，泰戈尔一行乘轮船离开加尔各答，开始了漫漫中国行。临行前，加尔各答的友人和民众为他举行欢送会，并一起到码头为他送行，希望他能把印度人民的深情厚意传达给中国人民。

泰戈尔一行沿途受到了各国人民的热烈欢迎。3月24日，他们途经缅甸仰光时，就受到缅甸各团体的热烈欢迎。当天下午5点，泰戈尔受邀在仰光演讲，其中谈到自己的中国之行时说："我之所以应中国北大（此或为泰戈尔之误，或为报道此事的《文学周报》记者之误，因为邀请泰戈尔的是讲学社——作者）之请者，无非欲将爱的消息传出。当我在欧洲时，常向人宣传在爱与和平上联合。我的理想的爱，是为我的祖国捐躯，亦我乐为之事……在我未死之前，我盼望诸位将爱与和平的消息传出。"26日下午，旅居缅甸的华侨在当地的华侨中学开欢迎会，欢迎泰戈尔一行，泰戈尔亦发表演讲，

[①] 徐志摩：《泰谷尔来信》，《晨报副刊》，1924年3月7日。

他在演讲中对中国充满期待，他说自己曾在西方各国游历演讲，受到很多欢迎，但"在我所得着的各种欢迎中，我觉中国人之欢迎中，不但与西方人之只欢迎演讲，亦将欢迎我做朋友"。华侨代表在欢迎辞中则深望他此次赴华"将成一大海灯光，引导中华及其人民于和平及亲善之道。"①

4月2日，泰戈尔一行从新加坡乘日本客轮启程，在马来西亚稍做停留，受到当地印度人的热烈欢迎；8日晨，船到香港，泰戈尔一行登岸入住酒店；此时孙中山人在广州，本拟前去香港与泰戈尔会面，但因病无法成行，他特地从广州派专使去见泰戈尔，并带去一封亲笔邀请信："我极为希望在你抵华时，能获得亲自迎接你的特殊荣幸，向学者表示敬意乃是我们的古老风尚，但我将欢迎的你，不仅是一个曾为印度文学增添光辉的作家，而且还是一个在辛勤耕耘的土地上播下了人类未来福利和精神成就的种子的杰出劳动者。"②

孙中山在信中邀请泰戈尔到广州与他会面，泰戈尔也很想与中国这位伟大的革命先行者会面，可惜的是，轮船在香港停留的时间很短，双方的愿望无法实现。但泰戈尔让来使转告孙中山，说他在访问北京之后将去广州与孙中山一叙，将就解决中国时局问题，与孙中山共同研究，预计本年6月，可实现广州之行。后来，泰戈尔在上海访问期间，孙中山又电邀泰戈尔到广州演讲，泰戈尔也回电说5月下旬或6月初将去广州，但因种种原因，这两个历史伟人最终未能见面，在中印文化交流史上，都留下了深深的遗憾。

---

① 《太戈尔过缅甸时的演说》，《文学周报》第118期，1924年4月21日。
② [印] 海曼斯·比斯瓦斯《泰戈尔与中国》，《人民日报》，1958年5月8日。

第二章 上海：诗人的声音

沪上印度风

1924年4月10日，《申报》报道：印度诗人泰戈尔已从新加坡出发，"预计十二日抵埠"。

4月11日，《申报》再次提醒：印度诗人泰戈尔明晨抵沪。消息来源，则是上海江西路九号公兴洋行的印度人维开其（F. Viccajee），而维开其则是接到香港朋友的电话，说泰戈尔已乘热田丸号从香港出发，将准时于4月12日抵沪，希望维开其前去迎接。"但维开其君渴愿知悉本埠中外各团体各界士女对于泰谷尔氏拟用如何欢迎方法之秩序，例如往迎者何人，寄宿何处，宴会及演讲时间之支配。时间已迫，亟须商妥"。所以，维开其公布了自己的电话号码，并在当天下午2点至6点在洋行静候电话，若有商榷，"维开其君极愿趋访面谈"。记者猜测："想文学研究会及实验剧社等各方面均将与维开其君接洽耳。"这篇报道的价值，在于将已名满沪上的泰戈尔与一位普通外国人联系起来，说明当时泰戈尔要来沪的消息，已引起各种社会人士和团体的关注，而不仅仅是文学研究会这样的大团体；关注者也非徐志摩这样的社会名流。

徐志摩、王统照等人4月10日已从北京先来到上海。参加欢迎的社会团体则有文学研究会、上海青年会、中华教育改进社、江苏省教育会、中华职业教育社等。为便于协调，各团体委托世界教育会亚洲部办理相关欢迎事宜，并协商设立了"组织委员会",郭秉文、殷芝龄、刘湛恩三人为委员,负责具体接待事务。欢迎者还预定下静安寺路的沧州旅馆作为泰戈尔在上海期间的寓所。可以说,在泰戈尔抵沪前,上海的迎接者已精心做好了一切接待准备工作。

11日下午1点,为让更多的人了解泰戈尔,徐志摩在上海自治学院还专门作了一次讲演,介绍泰戈尔的基本学说。12日,上海的《申报》刊出"印度诗人太戈尔即将抵沪",介绍了上海准备接待泰戈尔的团体和准备情况,以及泰戈尔的家庭和生平,还配有一幅泰戈尔的肖像。北京的《晨报》刊出"太戈尔今日可到沪",其他如《小说月报》、《大公报》等也争相对泰戈尔即将抵达的消息做了报道,大有"山雨欲来风满楼"的热烈紧张气氛。

4月的上海,早晨春寒料峭,薄雾轻浮。在汇山码头,徐志摩、瞿菊农、张君劢、郑振铎等人已早早地等在那里;文学研究会、上海青年会、江苏省教育会以及《时事新报》等团体和报社也都派代表来迎接,另外还有一些日本记者和在上海的印度人代表。

1924年4月12日,泰戈尔一行如期乘热田丸号抵达上海。客轮正常抵达的时间是11点后,趁涨潮时进上海杨树浦的汇山码头停泊。但因4月11日吴淞口外大雾弥漫,来沪船只多受阻延滞,一直到12日上午10时,泰戈尔乘坐的船才从黄浦江中缓缓驰来。

近了,近了,船上的人影已经隐约可见。

"那不是泰戈尔吗?"徐志摩突然激动地指着渐行渐近的轮船大叫起来,"看,那不是泰戈尔吗?戴着红帽,有银白色胡子的那个?""在哪里?在哪里?"码头上的人们也都激动起来。船离码头越来越近了,岸上的人们终于清清楚楚地看到了在第一层甲板上站着的那个和蔼慈祥的老人了。他们都脱帽向这个心仪的哲人行礼;印度人则站成一排,合唱着一首欢迎的歌。

泰戈尔此时正和同行者一起靠在栏杆上,凝望着眼帘中出现的渐渐清晰的上海风景。当看见岸上欢迎的人群时,老诗人微微欠身,俯首合掌还礼。

船终于停靠在岸,还没停稳,欢迎者就已迫不及待地一拥而上,把泰戈尔围在了中心。大家簇拥着泰戈尔走到面江的甲板上,印度人给他带上了花环,请他坐在中间的椅子上。泰戈尔严肃诚恳的态度,慈祥和易的容貌,质朴而有古意的衣服，立刻把欢迎者吸引住了。《申报》、《民国日报》、《大公报》等报纸的记者们开始提问，泰戈尔则用一种舒缓、低沉但却美妙如音乐般的声音回答着记者们的提问，边回答边不时把眼镜拿下来放在眼前，有时又微微笑着，说出一些很有趣的话，让听者也都不由自主地跟着笑起来。泰戈尔对东方通讯社的记者说，他此次来华讲演，目的在于恢复亚洲文化，因为现在亚洲的青年人比较欢迎欧美文化，然而自第一次世界大战以来，欧洲文明已经破产了，要想拯救人类，就必须复活东方文明，要在这面旗帜下，把日本、印度和中国团结起来，所以这次在中国游历之后，他还准备再到日本。[1] 这时，文学研究会的代表请他拍张照片作为他登上中国的纪念，他微笑着从椅子上站起来，要把脖子上的花环拿下来，但几个印度人连忙阻止他说："现在先不忙拿下来。"泰戈尔笑着说："这样我就是一个新娘子了！"他的话把大家都逗笑了。随后，他和欢迎者一起来到早就设好的一个摄影的地方，先和大家合照了一张，然后又单独照了一张，随后就在大家的簇拥下走下船，第一次踏上了中国的土地。岸上早有汽车在等着，泰戈尔一行分乘汽车，驶向沧州旅馆，入住23号、24号房。[2]

刚到沧州旅馆，还未来得及休息，前来拜访的人就络绎不绝了。"沧州权作宅，客来何频频"。[3] 但泰戈尔刚经过长途旅行，且最近身体一直不太好，实在太疲倦。他的随行者和中国的接待者也都知道诗人不愿意过多应酬，不喜多见客人，就婉拒了访客，即使是印度人也不例外。

上海的温情驱散了初春的寒意，处处皆可感受到上海对诗人的热情。就在泰戈尔抵达上海的当天，《申报》4月12日、13日连续刊出商务印书馆发布的一则广告："欢迎太戈尔"，广告词很"专业"："我们盼望好久的印度大诗人兼哲学家泰戈尔氏已经来沪了！我们于欢迎之余，对于他的思想和著作，要有一番研究才是，那么下列各书，都是我们亟应阅读的了。"这些书刊包括：《塔果尔及其森林哲学》（冯飞译）、《新月集》（郑振铎译）、《飞鸟集》（郑振铎译）、《泰戈尔戏曲集》（瞿世英译）、《谦屈拉》（吴致觉译）、《春之

---

[1] 《太戈尔昨抵沪》，《晨报》1924年4月13日。
[2] 《太戈尔到华的第一次记事》，《小说月报》，第15卷4号，1924年4月10日。
[3] 王警涛：《为太戈尔游华吟》，《申报》，1924年4月15日。

循环》(瞿世英译)、《小说月报·泰戈尔号》。其中在13日还同时刊出了泰东图书局的广告"泰谷尔",广告词为:"印度大诗人兼哲学家泰谷尔氏,今已来沪了!他的思想和艺术,早为一般学子所颂拜而赞美的,下列各书,便是他的生平杰作!"这些书包括《新月集》(王独清译)、《泰谷尔小说》(王靖译)、《家庭与世界》(张墨池译)。另外,上海的民智书局也出版了泰戈尔的《人格》一书。泰戈尔抵沪的消息传播后,其中文译作的销路亦为之骤增。

当天下午5点,在徐志摩等人的陪同下,泰戈尔一行游览了上海的龙华古寺,观赏了正在盛开的桃花。但此时的龙华古寺已被军人占领,暴力的气氛与它本应有的庄严肃穆恰恰构成了一种很具讽刺性的对比的画面。"浊道留伟迹,白发与红桃。"① 泰戈尔慕名来看文化,却看到了与文化格格不入的暴力的象征,加上古寺年久失修,已经败落不堪,在诗人眼里俨然就是当时中国的缩影,使他感觉非常不愉快。

当天晚上8点,泰戈尔在青年会的殉道堂演讲,这是他到中国后的第一次公开演讲,但安排者考虑到泰戈尔的身体状况和旅行的劳累,这次演讲实际上只是一次礼节性的宾主聚谈。演讲后,泰戈尔在沧州旅馆与徐志摩、瞿世英、张君劢等人小酌,相谈甚欢,至9时半大家才依依而别。

"欢喜的日子"

13日,《申报》发表"印度诗人太戈尔昨已到沪",对来访的印度客人和中国的迎接情况做了介绍,并配有泰戈尔戴着花环在船上拍的照片以及与欢迎者的合影。

13日上午10时,泰戈尔携徐志摩等游览有"海上大观园"之称的哈同花园。接待者精心安排泰戈尔此行,是大有深意的。

哈同花园是当时上海最大的私家花园,布局以《红楼梦》中大观园为蓝本,为犹太商人哈同所建,位于原静安寺路(今南京西路),园内山石池水,

---

① 王警涛:《为太戈尔游华吟》,《申报》,1924年4月15日

舸舫亭阁、奇花异草，触目所及，皆为胜景，而且每处景点，皆有名人雅士留墨点缀，加上整园的设计中西合璧，堪称小型世界建筑博览园。其中的藏书楼，还存有很多佛教经典。徜徉于这市内桃源，泰戈尔赞不绝口，若非下午还有活动，真不忍离去。

下午1时，上海锡克教派的（Sikhs）印度人在闸北一家寺院中开会欢迎泰戈尔一行。

下午2时，上海自治学院、讲学社、中国公学、文学研究会等团体在慕尔鸣路（今茂名北路）37号张君劢家草坪，专为欢迎泰戈尔准备了一次茶话会。参加者有江亢虎、徐志摩、张君劢、郑振铎、殷芝龄、张东荪、黄柏樵、朱经农、陆鼎揆等百余人。

茶话会的气氛庄严而热烈。

草坪上用桃树枝、柳树枝围成一个半圆形，中间放置着专为泰戈尔准备的红绒沙发。沙发后面，排列着许多高大的盆花，就像一道屏障，环绕着中间的沙发。因会场只安排了百余人的席位，很多欢迎者早早就陆续来到了会场等候，很快座位就坐满了，后来者就只能席地坐在草地上。

因泰戈尔一行参加印度人的欢迎会时间过久，直到下午4时零5分，他们才在徐志摩的陪同下到场。

听到汽车鸣笛，欢迎者都起立以示欢迎。当身穿褐色衣服，带着棕色布帽、银须飘飘的老诗人从汽车里走下来的时候，大家热烈鼓起掌来，而泰戈尔则合掌表示感谢。

茶话会首先由张君劢用英语致欢迎词。他表示，中国人久盼泰戈尔来华，今日终于如愿。中国目前急需政治教育方面的人才，希望泰戈尔这次来华，能帮助中国培养这方面的人才，并能促进中印两国的友谊。

张君劢讲毕，泰戈尔微笑着站起来，先答谢主人的盛情邀请，随后发表了自己到中国后的第一次正式公开谈话。

泰戈尔满怀激情地说："今天是我的欢喜的日子，我多多感谢你们把我从遥远的印度请到你们的国家，这真是我难得的福气。""我记得千年前那一天印度献给你们它的情爱，契结了不朽的友谊，这层亲族的关系，我盼望还是在着，在东方民族的心灵里深深的隐着。在这千年内我们往来的道上也许满长了蔓草，但我们却不难发现往来的踪迹。我们共同的事业就在祛除我们胸隔间壅积着的杂欲，再来沟通这名贵的情感交流。"他还表示，自己到过世界上的很多国家，在文化交流方面从无民族之分，都抱着诚意，互相切磋，"择善而从"。他赞扬中华民族的辉煌历史，并相信中国将有一个伟大的将来。

泰戈尔讲毕，合掌致谢。然后由徐志摩略译其演讲大意，同时向听众们一一介绍了随泰戈尔一同前来的印度客人。然后还说明了泰戈尔此次来华的原因，以及其演说不取报酬等。最后宾主同品茶点，直到6时30分才结束。①

泰戈尔在中国的第一次公开演讲，明确表明自己这次是为了寻求恢复和加强中印两国人民之间的友谊而来的，在以后的讲演和谈话中，他也一再强调这一点。

泛舟西湖

14日早晨，在徐志摩、瞿菊农陪同下，泰戈尔一行乘快车，由上海火车北站出发去杭州。张君劢、张东逊、郭秉文、朱经农及沪上报社记者十余人到站送行。

在杭州火车站，教育界代表多人早早到站迎接，其中有浙江省教育厅厅长张宗祥委派的通俗教育讲演所所长尹志仁，省教育会副会长李杰，青年会代表美国人狄耐尔和姚韶闻等。

12点，泰戈尔乘坐的火车到站了。李杰登车，与泰戈尔略谈，12时40分左右，李杰陪同泰戈尔一起走下火车。泰戈尔面带微笑，与站上的迎接者一一握手后，一行人分乘汽车去新落成的湖滨路西湖饭店下榻，分别入住82、85、88号房。为保证泰戈尔一行的安全，"闻军民两长，对于太氏来杭，已饬属妥为保护。"浙江省中等以上学校的校长们，亦先后至泰戈尔寓所访问。②

15、16两日，泰戈尔一行在浙江省教育会的相关人士陪同下，畅游了西

---

① 泰戈尔：《在上海的第一次谈话》，《小说月报》，第15卷8号，1924年8月10日。
② 《太戈尔在杭讲演预志》，《申报》，1924年4月15日。

湖周边的各大名胜古迹。"轻舟荡漾在西湖中，凭着船沿，悠然望见山顶的尖塔，"他感觉自己就像"中国画中的隐士，感到一种悠游的欢乐。"他还深感遗憾地说："西湖山水秀丽，可惜不能在山麓觅一间小室，欣赏朝夕不同的湖光和山色。"①

4月15日，泰戈尔一行参观了杭州灵隐寺，梅兰芳等陪同。在飞来峰下，随行人员给他讲了关于飞来峰的一个传说，说是1600多年前，印度僧人慧理来到杭州，看到此峰惊奇地说："此乃天竺国灵鹫山之小岭，不知何以飞来？"众人惊异不已，因称之为飞来峰。泰戈尔听得津津有味。飞来峰上遍布五代以来的佛教石窟造像，多达三百多尊。当看到其中两尊来自印度的佛教大师的雕像时，泰戈尔触景生情，深有感触地说："我想这两个大师，初来的时候，见到这样湖山，也感想到自然界是到处一样，但是他的本意，不是来赏玩湖山，是传导相互的爱，因此印度文化有很多到中国了，如同中国几个大师到印度去。"他说自己这次来也要象历史上的这两位大师一样，要把爱的精神传播到中国，以促进世界的和平。他还告诉身边的中国人，在当前，中印两国人民更应该共同努力，把一切污秽的历史和痕迹都排除净尽，去找出一条中印交通的运河。这运河的交通，是沟通人类的爱，而没有别的利益关系。② 听者闻之无不动容。

泰戈尔的到来，在杭州社会各界引起了很大的轰动。有"天下第一名社"之盛誉的西泠印社，也盛邀诗人参观该社，泰戈尔欣然应允，因为他来中国的一个主要目的，就是加深中印两国之间的艺术交流，还为此特意邀请印度艺术家同行。

西泠印社创立于清光绪三十年（1904），以"保存金石、研究印学，兼及书画"为宗旨，是蜚声海内外的学术团体，成员主要由画家和诗人组成。该社坐落于西湖景区孤山南麓，南至白堤，西近西泠桥，北邻里西湖，社址内包括多处明清古建筑遗址，摩崖题刻处处可见。

泰戈尔受到西泠印社的热烈欢迎和接待，并在印社接待人员的陪同下饶

---

① 魏凤江：《我的老师泰戈尔》，贵阳：贵州人民出版社，1986年，28页。
② 《印度诗哲与飞来峰上之雕刻》，《晨报》，1924年4月22日。

চীনে রবীন্দ্রনাথ | 泰戈尔：中国之旅

有兴趣地参观了该社，欣赏到多幅布局宏伟、笔力雄健的山水画和缜密富丽、栩栩如生的花鸟画。他一边参观，一边赞不绝口，为中国艺术的奇妙精美折服。后来事隔多年，他在回忆自己的中国之行时，仍清楚地记得西湖边上的这次雅集，对中国艺术的独特之美仍然赞不绝口，并据此对印度的绘画艺术，提出了很多改革的设想。

在杭州期间，泰戈尔还经人介绍与陈三立见了一面，并合拍了一张照片。陈三立这时已经 70 多岁了，但和 60 多岁的泰戈尔相比，他的身体明显要好得多。两人并没有谈多长时间，泰戈尔最后表示希望得到陈三立的诗作纪念，陈三立很是谦虚，连连说不敢当，不敢当。泰戈尔始终没有得到他的诗。

在杭州游览时，陪同他的徐志摩、王统照认为他一定喜欢到岳庙游览，因为中国人一直把这段历史当做可歌可泣的伟大古迹，所以也应与诗人那伟大的心胸相合。不料到了岳庙后，诗人却很不感兴趣，为什么？因为对这种了无生气的地方，他感到毫无趣味：他喜欢的是自然、青春、活力。

16 日下午，浙江省教育会邀请泰戈尔讲演，到会者竟达三千多人，后来者几无立足之地，为杭州历史上从未有过的演讲盛况。许多居住在杭州的外国人，也都仰慕泰戈尔的名声，到会一睹泰氏风姿。

演讲由李杰主持，他说明泰戈尔此次来杭是因为"爱慕西湖之胜景，自动而来，非若杜威杜里舒等之被动而受薪俸者也。"继由徐志摩登台，代为说明泰戈尔此时的心境和态度。他说泰戈尔"好比春天的阳光，普照大地，得着他的，都有新生命。""他今日看见西湖山水，就生出无限感想，并做了一首诗，他的意思，说山站在那儿，高入云中，水就在他的脚下，随风波荡，好象请求他似的，但是他高傲地不动。今日到会诸君，在泰戈尔先生面前，如此崇拜他，钦仰他，所以我将此山比喻先生，使我们心目中存一伟大悠久的印象，有痛苦能安慰，遇仇敌亦当爱。"徐志摩还介绍了泰戈尔在美国和法国演讲受欢迎的情况，以及与杜威、罗素和杜里舒在中国演讲的不同，"他纯以爱之论调，作讲演的资料"，而不是要解决什么具体问题。

随后，大家热烈鼓掌，欢迎泰戈尔登台演讲。

泰戈尔在演讲中谈及自己游览西湖时所引发的各种感想，他希望中印两国人民继续历史上友好交往的传统,"中国印度两民族间,自有一种不可分离的爱",从而共同促进世界朝着爱的方向发展。他还介绍了自己的教育思想和国际大学的一些情况,希望中印两国学者能够互相学习研究,让人类重新回到人类精神上的乐土上去,把人类引到光明仁爱的道路上去。他最后说:"我到中国来,能够把这点意思得到中国人的了解,并且使中印文化,重行沟通,这是我心中很满足的了。"①

17日早晨,泰戈尔一行赶赴杭州火车站,仍搭乘特别快车返沪。此时,车站上站满了小女学生,唱着歌来欢送他。看到她们,泰戈尔脸上立刻充满了笑容。他不停地用手抚摩着小孩子的头发,一副慈爱爷爷的样子。

泰戈尔和杭州各界送行代表一一告别,约定明年春天一定再来杭州,以尽情饱览西湖美景。

从杭州返沪途中,火车要从徐志摩的家乡浙江硖石镇经过并小停。好象是受了徐志摩的感染,当火车徐徐靠站时,车站竟"观者如堵,各校学生数百人齐奏歌乐,群向行礼,颇极一时之盛。"这时,车窗外有人抱着徐志摩的儿子往里看,有人告诉泰戈尔这是徐志摩的儿子,泰戈尔十分高兴,马上亲切地用自己长长的白胡子抚弄着小儿的嘴唇。诗人与孩子表现出的那种天真无邪令观者心动。②

17日中午12点,泰戈尔一行抵达上海火车北站,张君劢、郑振铎去车站迎接。而此时的上海,各界已经做好了为他举办一次盛大欢迎会的一切准备。

在上海的第一次谈话

泰戈尔这次在杭州呆了4天,这4天,也是上海的欢迎者忙碌而兴奋的四天。他在杭州期间,上海的报纸,特别是《申报》,一边报道着他在杭州的一切活动,一边报道上海各团体筹备泰戈尔欢迎会的进展情况。

---

① 《印诗人太戈尔在杭讲演纪》,《申报》,1924年4月18、19、20。
② 王统照:《今晚抵京之太戈尔》,《晨报》,1924年4月23日。

4月15日,《申报》发布上海各团体"欢迎太戈尔筹备会纪"。文学研究会、讲学社、商务印书馆等为筹备欢迎泰戈尔大会事宜,于14日下午4点,在上海"一品香"召开筹备会。参加者包括文学研究会的郑振铎、严沈际、徐调孚,大同大学的叶元龙、蒋德培,约翰大学的蔡正华,中国公学的康萧汀,南方大学的马崇淦,江苏省教育会的殷芝龄,实验剧社的乐嗣炳、杭石君、王芳镇,上海美术学校的俞寄凡、汪亚尘,商务印书馆的朱经农、郁炳权,青年协会的刘湛恩,青年会的萧元恩,广肇中学的邓演存,商科大学的汪慎夫,中华书局的戴昌凤,国立自治学院的胡铁严,印度人维开其,以及一些报社记者等。

郑振铎首先介绍了筹备会的目的:"太戈尔为当今诗哲,现来华讲学,我沪上学术团体,爰有发起欢迎之举。今晨太氏赴杭,本星期四晚或星期五晨返沪,至星期六即将北上,为期已迫,其日期地点,应请讨论,并推主席,以便讨论"。与会者都知道此事的确紧迫,于是踊跃发言,经讨论,暂定于18日下午3点30分,举行上海各团体欢迎泰戈尔大会,并请其演讲;而演讲地点,朱经农提议用商务印书馆对面新落成的图书馆,殷芝龄提出用南京路上的市政厅,也有人提出用江苏省的教育会与职工教育馆,最后大家商定从商务印书馆的图书馆和市政厅中选一,并建议由刘湛恩和萧元恩尽快去按程序接洽办理。可此时又有代表提出,时间紧张,接洽非易;另外一个原因,泰戈尔第一次到中国,理应请其在中国自己的地方演讲,商务印书馆乃中国文化重镇,最为合适。大家一致赞成。

随后,刘湛恩提出,筹备一次会议,手续繁杂,应由当天到会的各团体推出代表,担任相关筹备事务,众人赞成,并推举文学研究会、商务印书馆、江苏省教育会、青年协会、戏剧实验社、商科大学、图画美术专校七团体负责接待总务,七团体又推出郑振铎、殷芝龄、乐嗣炳、朱经农、刘湛恩、汪慎夫、俞寄凡为各团体代表。

筹备会还讨论以博物馆路二十号的全国青年协会作为接待委员会办事地点,并于泰戈尔当天演讲后,在北京路的功德林素菜馆公宴,"取其皆为中国式也。"

5点30分,筹备会结束,刚成立的接待委员会随即举行第一次会议。

委员会推举殷芝龄为主席，并对接待工作做了分工，其中朱经农、俞寄凡负责"会场布置"，郑振铎为"书记"，汪慎夫为"会计"，乐嗣炳负责"余兴"，"庶务"则由刘湛恩担任。

委员会随后议定了欢迎会程序：定由郭秉文、袁观澜、李登辉三人中一人为主席，依次序前往接洽，如需翻译，请徐志摩担任；开会前先奏乐。至于经费问题，则议定会场费百元，由每团体各付6元，周三前交至刘湛恩处，缺额则由讲学社补足；公宴餐费每人1.5元，临场缴纳，并由每团体派一人担任招待员。6点30分，会议才结束。

《申报》同期发布了"太戈尔欢迎会筹备处启事"，公布了筹备会上商定的各项准备工作安排，并特别提醒：各团体及个人欲加入公宴者，请于16日（星期三）以前告知刘湛恩，俾得预定座位，届时并随带餐费1.5元（以一百人为限，过此因座位关系，恕不能容纳）。

4月15日下午5点，筹备委员会在四川路青年协会举行第二次筹备会议，筹委会7人，除刘湛恩（由傅若愚代为出席）外，皆到会。

朱经农、俞寄凡首先报告了会场布置情况。在会场门口，将遍扎松柏，用鲜花扎成"欢迎"字样，四壁悬挂美术画，讲演台上则摆放鲜花，焚烧古香，以壮观瞻。

开会秩序的安排也预定下来：奏乐，主席致欢迎词，泰戈尔演说，代表致谢词，奏乐结束。筹委会一致推举郭秉文为大会主席，为此殷芝龄特地乘车赴南京面请郭秉文出山，郭秉文为诚所动，应允。大会音乐则由戏剧试验社负责。因商务印书馆新建大厅只能容纳900余人，所以筹委会决定预发入场券，商务印书馆遂紧急赶印了1100张入场券，并拟定了登报启事："各团体欢迎印度诗人太戈尔先生大会，现决定于十八日（即星期五）下午三时半，在闸北宝山路商务印书馆图书馆大厅举行，凡本埠各团体、各学校，及个人欲赴会听讲者，请于十七日上午九时至十二时，下午二时至五时，至闸北商务印书馆交通科，西门江苏省教育会，博物馆路二十号全国青年会协会，领取入场券，每人以一张为限，团体学校至多二十张。"[①]

---

① 《各团体欢迎太戈尔筹备会纪》，《申报》，1924年4月15日。

4月16日，全体筹委会委员在全国青年协会再次集会，会议由刘湛恩主持，由朱经农报告会场布置情况。因会场是托商务印书馆庶务科代办，所以很顺利。会场分男女来宾席，新闻记者席，泰戈尔休息室，四壁满悬花彩。汪慎夫则报告了功德林素餐馆的接洽情况，因座位有限而估计人数又多，所以决定欲参与者交费后发给标示，凭证入座。翻译则公推徐志摩。从17日起，欢迎会入场券送至闸北商务印书馆交通科，西门江苏省教育会和全国青年会协会负责发放。

17日12点，泰戈尔一行乘特别快车抵达上海北站，张君劢、郑振铎等赴车站迎接。出站后，泰戈尔一行即乘汽车入住沧州旅馆，下午在旅馆休息，并谢绝一切宴请。

当晚7点，上海的日本人在一家俱乐部欢迎泰戈尔，8点邀请泰戈尔在一所日本小学校讲演。

18日下午3点30分，文学研究会、江苏省教育会、讲学社、南方大学、大同大学、中华学艺社、青年协会、青年会、基督教教育会、实验剧社、商务印书馆、中华书局、徐州同乡会、约翰大学、商科大学、中国公学、美术学校、广肇公学、中国心灵研究社、广东中学、浦东中学、《时报》、《新闻报》、《中华新报》、《时事新报》、《公平报》、《申报》代表沈信卿、江亢虎、聂云台、王岫庐、殷芝龄、郑振铎、刘湛恩、马崇淦、杭石君等，以及印度、西方人士共约1200余人，借宝山路商务印书馆的图书馆会议室，为泰戈尔举行盛大的欢迎会。朱经农、蒋德培等各团体选派的招待员负责接待。

欢迎会供印制了1100张入场券，其中各参与欢迎的团体共发放了300余张，其余公开发放，"二十分钟以内，即已被索取净尽，于此可见各界人士，因无券不能到此者，数犹倍徙于此。"

欢迎会的会场安排，处处透出精心。

会场门口用松柏树枝粘连而成"欢迎"两字，内部四壁悬挂着中国古画以及用松柏交叉做成的彩条和彩球，主席台上也用同样的方法织成"欢迎"两字，台前则摆放着10余盆鲜花。泰戈尔到来之前，各团体代表先在会场外合影留念，商务印书馆负责摄像，乐队则由实验剧社负责组织，也都早早到场了。

汽车笛声响起。车停下，泰戈尔缓步迈出车门，走向会场。

当身穿黑色长袍，戴着红帽，仪态庄严肃穆，长髯飘飘的诗人出现在会场上时，乐队奏起优美的音乐。

欢迎会原定由张君劢主持，但其因病未到，于是欢迎会的组织者临时决定由沈信卿、聂云台轮流主持。

沈信卿先致介绍词，盛赞泰戈尔"生平发挥爱之真义，使世界间愁苦不平之气，尽为消弥，使人类于亲善和睦之诚，是则以诗人的情绪，造成人类之精神，故今日此会，不仅东方精神，得以表现，而全世界和平之征兆，亦得于诗人之情绪中得之。"因此，上海教育界、学术界以诚恳的情意，在此举行欢迎会。

随后商务印书馆的王岫庐致欢迎词，他称赞泰戈尔"以诗人言，则为世人所尽赞许；以教育家言，则其事业于世界教育史中，独居一新地位；以哲学家言，则其镕东西洋及黄白人种间文化之功，亦可称道。"尤其是泰戈尔倡导的和平精神，更是为中国人所钦佩。

泰戈尔微笑着站起，他首先感谢主人的盛情，随后回顾了自己青年时代的精神思想发展过程和中印两国源远流长的文化和政治交流。他表示很理解中国人民目前所面临的危险和痛苦，并且每每为此祈祷。他说："余之来也，非旅行家，非传教者，实为求道而来，故余所携，惟敬与爱，余居中国，如居古庙，每觉背后有无数牺牲之精神，因得成就如此伟大之文化，惟世界日趋于败坏，故吾人在任何地方均见彼死笨无生气之痕迹，而予吾人以无限之创痛。"他接着谈到自己到上海之后所见到的一切都无法表明中国伟大的文化，相反，满目所及都是物质主义这个魔鬼所留下的败落迹象，"物质发达，真趣消失"，他害怕如此下去，中国这个东方文化的一大中心，也将要长满物质主义的芜草。"余非政治家，亦非外交家，不过一纯粹之诗人，只知心有所感，尽以告人"。眼见中国文化被物质主义所迫，濒于危险之境，"不得不据实以告，深望于人人心中，引起反抗的精神，以维护东方固有之文化。"

泰戈尔演讲了约一个小时，随后大家稍作休息，欣赏周映湖演奏的中国古琴曲《普庵咒》，曲调悠扬婉转，很是动听。泰戈尔凝神细听，若有所感。

随后，徐志摩向听众翻译出泰戈尔演说的大意。刘湛恩致答谢辞。他特意解释了泰戈尔在演讲中批评上海过于注重物质主义的真正目的,"则群众误会,当亦可以了解。"他代表各团体,感谢泰戈尔先生的教诲。

晚上6点左右,欢迎会结束,宾主尽欢而散。①

遗憾的是,就在热烈的会场之外,有人在散发反对泰戈尔的传单。

与在杭州相比,泰戈尔在上海的这次演说明显态度从容、镇静得多。其中原因,可能与两地的会场气氛和老诗人的身体状况不同有关。不过,让上海的欢迎者稍微有点措手不及的是,按照泰戈尔以前在西方国家演讲时的习惯,演讲前他都事先准备好讲稿,到中国之前他也曾说自己推迟来华也正好有时间准备到中国来的讲稿,所以,中国的欢迎者以为可事先将泰戈尔的演讲稿翻译出来,利于听众理解,更方便译者。可泰戈尔到中国后的几次演讲和谈话,都是即兴而谈,因而其演说都更生动,自然,也更能表现出泰戈尔作为一个诗人的灵性,对听众来说,这是幸运的,但给负责翻译的徐志摩,则增加了不小的困难。泰戈尔一变,他的翻译计划全都得改变。所幸他也有诗人的灵性,所以这时虽然有点紧张,但也发挥得淋漓尽致,乐在其中。

徜徉夜上海

18日晚7点左右,泰戈尔一行在中外友人的陪同下又乘车至上海四马路(今福州路)有正书局参观。有正书局以复印各类诗书字画精品著称,并高薪聘请两名日本技师专门负责古画印刷,出版了很多珍品,包括大量善本古籍、历史名著、佛学经典、对联、字轴、画轴、画屏,名人书册,珍本碑帖。泰戈尔一到书局,立刻被琳琅满目的各式画册等吸引住了。他一边详细翻看书局里展示出的中国美术品,一边赞不绝口。他似乎对书局里所有的作品都爱不释手,但作为旅人,有诸多无奈,最后只能选自己最满意的作品,买了十几种,包括"恽正叔花卉、南田墨戏,费晓楼仕女、改七香百美嬉春图、戴鹿床金笺写生、沈石田生平第一精品、金冬心小册,金冬心人物、八大山人

---

① 《太戈尔欢迎会记》,《申报》,1924年4月19日。

画册、大涤子山水、陈师曾遗墨，"最后因他买书太多，无法手拿而走，书局还特赠给他一个大书箱。

离开有正书局，泰戈尔仍意犹未尽，在路上还对身边的人说：看了这么多中国美丽的艺术品，他心中生出了很多想法，准备有机会写出来，以待发表。①

当晚8点，上海各团体推举代表在北京路功德林素菜馆公宴泰戈尔，参加者有徐志摩、郑振铎，殷芝龄、汪慎夫、戈公振、刘海粟、聂云台及一些英美人共约60多人，菜是中国菜，但用西式做法。聂云台首致欢迎辞，说自己深信印度哲学，最崇拜泰戈尔与甘地，今日得见，激动之情，难以言表。泰戈尔则对上海各界下午为自己举办的欢迎会及晚上的素食宴表示感谢。随后是外国人代表致谢词，感谢通过泰戈尔的演讲对东方文化有所了解。

随后，由著名戏曲评论家苏少卿拉琴，知名文学评论家和翻译家、京剧票友严既澄，高瑾女士相继为泰戈尔演唱了京剧；最后，周映湖演奏古名琴曲。晚上9点30分，宾主才尽兴而别。

席散后，欢迎者又盛情邀他赶赴上海第一台观赏京剧，对泰戈尔这位60多岁的老人来说，这一天安排的活动已经太多了，虽然他也很喜欢中国的京剧，但他实在是感觉有点疲劳，但欢迎者的盛情又使他很不忍心让他们失望，何况他和上海的欢迎者又都知道，他当晚就要离开上海了！

看完京剧，泰戈尔一行于当晚12点左右赶赴招商码头，在此搭乘凌晨2点的江裕号轮船赴南京。其同行者除葛玲小姐留在上海准备回美国外，都随泰戈尔前往，徐志摩、王统照亦陪同。

就在当天，孙中山从广州致电泰戈尔，邀请他到广州演讲。泰戈尔却因沪上活动正繁，且已与梁启超及讲学社约好赴京会晤及演讲，故回复孙中山，答应在5月下旬或6月初，从北京返南途中，顺道拜访孙中山。

---

① 《泰戈尔参观有正书局》，《申报》，1924年4月20日。

第三章 北上途中的风景

溯江北上

江裕号轮船起航了。

天气很好,皎洁的月光。

喜欢坐船的老诗人与几天来一直陪伴着自己的徐志摩并肩而坐,畅谈他们年轻时在英国所欣赏的那些诗人的作品以及世界文坛的情况,好象谁也不知道疲倦。当然,这只是精神上的感觉,实际上,陪同他的几位中国年轻人一方面感觉到陪伴老诗人是一种精神上的愉悦,同时,他们内心也禁不住有些不忍,且为老诗人的身体状况担心,更何况他们也能看出老人的疲惫,只是他不忍心让中国的欢迎者伤心,才一一接受欢迎者的美意,出席一个接一个的活动。

的确,按照中国的算法,此时的泰戈尔已经64岁了,按照印度人的观点,泰戈尔已算高龄老人了,而他自己在途中也时时说自己已经老了。他的印度随行者也都说,泰戈尔这次来华,恐怕是他最后一次长途旅行了。加上泰戈尔平时身体就比较弱,爬山涉水,就经常感到疲惫,这让陪同他的中、印人员都极为小心,不敢让他稍有不适。

自泰戈尔来华后,中国方面与他接触最多的是徐志摩、瞿菊农、王统照三人,他们对泰戈尔的态度,在中国知识分子中间也是很有代表性的。4月19日午后,一直陪同诗人往返于沪杭宁之间的王统照给北京的《晨报》写了一封信,谈到了诗人到华后的精神和身体情况,以及自己眼中的泰戈尔的真实境况。王统照在信中说:"与之相处,则人人自觉惴惴,恐其稍有不适。此老年诗人,易致烦苦,菊农与弟数言,一人在彼面前,不但自觉渺小,且时时有恐怖之念,此语良然。即弟与语时,辄比对他人言,小心数倍,然彼之态度,恺恻慈祥,彼之待人和厚宽易,而弟辈所以有此感想者,实以其人格过于伟大,其精神过于崇高。"泰戈尔在中国都是穿印度传统服装,"苍髯绕颊",与人谈话时双眼往往透出一种深邃的目光,而且语言都带有诗意,说到激动处,就会习惯性地握紧右手,放在胸前,声音高低抑扬,富有乐感。他在讲演时,"直立台上,俯视听众,若古时仙人置身云端,以诚恳真挚之态度,传布其使命于群众者";他喜欢"负手而言",但每当讲到重要处,就会两臂颤动,"声若银钟之响于幽谷,若清声之鸣于古寺。"[1] 听众即使不懂英语,也会受其态度感染,不知不觉受到感动。

轮船在夜色中悄然而行,对泰戈尔这位异乡人来说,周围的一切都在静谧中透出一种神秘的魅力,他久久难以入睡,在甲板上走来走去观赏着江中的点点渔火,思绪的波涛也像江水一样在外表的平静下奔流着激浪。这次长江之行让诗人永生难忘,他后来激动地回忆说:他当时站在船头,"眺望着两岸富饶的田野,疏落的村舍宁静地躺在淡淡的月光下,偶尔有几点灯光,从这儿那儿的茅棚里透露出来,是多么诱人、多么亲切的灯光呀!他恨不得一脚跨上岸去,去叩每一家的门,向屋子里的人们倾吐他对中国人民的感情。"[2]

东南大学的花间树下

20日上午,泰戈尔一行抵达南京。

东南大学是当时中国南方唯一一所可以与北京大学比肩的国立大学,校长郭秉文崇尚学术自由及各种学说思想的交融,经常邀请海内外名家大儒来

---

[1] 王统照:《今晚抵京之太戈尔》,《晨报》,1924年4月23日
[2] 魏风江:《我的老师泰戈尔》,贵阳:贵州人民出版社,1986年版,30页。

校演讲，如国内的梁启超、胡适，国外的杜威、德国哲学家杜里舒等，都被邀来演讲过。这次听闻泰戈尔路过南京，良机天赐，自然喜出望外，不肯放过。所以，他马上邀请诗人一定要到东南大学演讲。泰戈尔一行起初只打算在南京稍作停留，所以一开始以行程匆忙为由婉拒，但郭秉文一再盛情相邀，而老诗人本就和善，最终答应在东南大学作一次公开演说。在来南京之前，徐志摩托人带了一封信给郭校长，将接待泰戈尔的一些特别要注意的事项一一罗列，并特别强调一点：因泰戈尔素来不喜应酬性的集会或宴会，所以要能避免的尽量避免。郭秉文则一一答应，并精心做了安排。

泰戈尔在东南大学的演讲时间定在20日下午3点，地点在东南大学的体育馆。

20日早晨8、9点钟左右，老诗人已经和随行人员分乘两辆汽车来到了东南大学。他先在校园内略微参观了一下，然后就走出校门，去游览附近的风景名胜。大约下午1点多，他和随行者一起又乘车来到东南大学一处名叫"梅庵"的地方，这里风景优美，处处鸟语花香，东南大学负责接待的员工早已在此等候，招待诗人一行吃午饭。

泰戈尔到东南大学的消息早已传遍校园，所以，在吃饭的过程中，"梅庵"的门前、窗外拥肩挤足地围满了观看的男女学生。老诗人一边吃饭，一边不时抬头对着外面的学生们颔首微笑。

吃过午饭，老诗人谢绝了一切陪同，独自缓步走上一个小亭去默坐。在他默坐的过程中，不知有多少男女学生在花丛藤架之下或站或坐，但都脸露好奇的神色，远远地望着。大约过了半小时光景，老诗人缓步走下小厅，来到学生们之间。他先用英语问大家有什么话要和他讲，几个胆大的学生就问了他几个有趣的问题。他对学生们说："我很不愿意有人把我当做一位有名的人物看待，抬我到讲台上去作公众的演讲。我素来喜欢在露天的花间树下，像现在情景一样，同你们这般可爱的少年混在一起，随便提出什么谈话的资料，随便问，随便答，这样更有趣味。"一个名为董凤鸣的学生说："泰戈尔先生，你这个意思我早已懂得，几年前我就懂得了，因为有一天我在图书馆找到一本你的传记，好像讲到你办了一个露天学校，在贵国印度，是真的吗？"

泰戈尔见有学生提到自己创办的国际大学，非常高兴帝回答道："是的！是的！"

董凤鸣见老诗人如此和蔼可亲，不禁胆量大增，又问："我们看见你有这样洁白可爱的胡须，我们都不知道你的年龄到底是多少，你可以告诉我们吗？"

泰戈尔并不以为忤，仍然笑着说："我很不愿意说出我的年龄，因为一个人的老少是不能拿年纪来做标准的。我的心刻刻同你们少年人一样，所以我长久是一个少年人。我喜欢同少年人玩在一起，我喜欢使我自己长久地做一个少年人……"

说到这里，他又笑着对董凤鸣说："你既问我，我不得不告诉你，我已经64岁了，但是你千万不要猜想我是一个老年人呀！"

说到这里，周围的人都笑了起来，他也和大家一起笑起来。他还想继续和学生聊下去，但这时，东南大学负责接待的几位职员和泰戈尔的随行者都来催促他，说演讲的时间快到了，催了一次，又催一次，可泰戈尔就是不愿意离开这群可爱的学生，最后他有点不耐烦了，毫不客气地对催促他的人说："我喜欢同少年人说话，你们为什么硬要我同少年人分开？"劝阻的人只好尴尬地笑笑，也不知如何回答才好。[①]

当泰戈尔最后终于走进东南大学的体育馆楼上时，那里早已经是人山人海，或坐或站，几乎无插足之地，甚至有些校外的农夫和工人也来看热闹，到会的中外人士有六、七千人。其实，这天来听演讲的人中很多并不懂英语，他们不过是来一睹这位印度诗人的风采而已。

欢迎会首先由郭秉文致欢迎词，介绍了泰戈尔是印度的教育家，并创办国际大学，提倡高尚文化，在欧美各国，很受欢迎。郭校长还赞扬了泰戈尔为宣扬东方文化，沟通中印文明所做的贡献。

泰戈尔在演讲中首先大致谈了谈自己来南京途中的所见所感："余乘轮溯扬子江而上，于昨夜月色朦胧时，登甲板了望，沿岸风景，依稀莫辨，于村林中窥见两三灯火，回顾船上乘客，多入梦乡，鼾声大作，因发生种种感想，

---

① 董凤鸣：《泰戈尔之在南京》，《晨报附刊》，1924年4月26日。

| চীনে রবীন্দ্রনাথ | 泰戈尔：中国之旅

觉得世界上现时未普遍的光明，就等此村林中之星火，社会上乏清明的感觉，就等此乘客中之酣睡。"但船近南京时，晨光熹微，鸟声呢喃，无数帆船，顺风直驶，于是心境为之一亮，觉得整个世界的未来，就如同经过黑暗的混沌阶段，经过牺牲而达到光明一样。在谈到亚洲的前途时，他充满希望："就亚洲人民特性及进化史观之，文化事业伟大的建设，不但并不绝望，而且希甚望大……今世界障害文化之恶魔势力如猛兽者甚多，排除责任，在于青年，排除方法，不在武器，当以道德势力，精神势力，相团结，发挥伟大之感化力，以贯彻人类和平亲爱之主旨，近世文明，专尚物质，并不为贵，亚洲民族，自具可贵之固有的文明，宜发扬而广大之，运用人类之灵魂，发展其想象力，于一切文化事业，为光明正大之组织，是则中印两国之大幸，抑亦全世界之福也。"①

正当泰戈尔演讲到最精彩处时，意外发生了，只听"砰"的一声巨响，把正在台上讲得痛快淋漓的诗人和听众都吓了一大跳。原来是楼上的横板年久失修，又因为今天承载的听众实在太多，结果几乎被压坍塌。一阵烟尘荡起，夹杂着惊呼声，使东道主颇觉尴尬。好在无人受伤。

泰戈尔等众声平息，继续演讲，直到近 5 点才结束。讲毕仍由徐志摩翻译。

在演讲就要结束时，听众席中忽然一阵骚动，有人在会场散发反对泰戈尔的传单，要将诗人送回印度去。一时引起一阵不小的骚动。

当晚，东南大学特地准备了素食款待。

泰戈尔南京演讲出现的小小风波，使接待者颇为难堪，使东南大学的学生也觉蒙羞。董凤鸣就为此愤愤不平地说："外面对于这位老诗翁的人格应该有相当的敬爱，对于他的理想，应该有相当的鉴赏；而且以东道主的资格，我们对他更应该有相当的招待和礼仪。倘然有一般玄学鬼要想利用这位老诗翁来华做他们的护身符，那便污辱了太戈尔了。倘然有一般青年为了反对那些利用太戈尔的玄学鬼而反对及太戈尔的自身，那更是污辱了太戈尔了。"

遥想老诗人要去的北京，董凤鸣更加担心："我写这封信的时候，遥想太

---

① 《太戈尔在宁讲演记》，《申报》，1924 年 4 月 22 日。

戈尔早已驾临了污臭的北京城里,早已坐在外国贩来的汽车里,在污臭的北京街道之间乱跑,同在南京一样,向学校里一般青年们面前演讲,也同在南京一样,或许更厉害些,招引出许多青年们的误解,以及如雪片般的反对的传单。"①

一语成谶!更大的风波果然还在后面。

泉城新颜

21日,泰戈尔一行离开南京,沿津浦线北上。他们原本计划在曲阜、泰安停留一下,但因为泰戈尔身体不好,经受不住长途跋涉的辛苦,加上他只计划在中国呆一个半月,时间很紧张;另外,这两个地方火车的发车时间都是在晚上,随行者不得不考虑,对泰戈尔来说这实际上很不方便。所以泰戈尔和陪同的中印人员简单商量后,临时决定取消这两个计划,只准备在济南略作停留,然后北上。

但泉城人的热情,使诗人不得不再次改变自己的行程计划。

促成泰戈尔在济南驻足停留且演讲的功臣,是时任济南第一师范校长的王祝晨。

"王祝晨先生,是高等优级师范学校毕业,立志终生为教育献身。他进步开明,学当年蔡元培办北京大学的精神,新旧共蓄,兼容并包……他延请名人到校讲演,启迪学生的眼界与心胸。我们入校头二年,请过杜威博士。我们到校之后,请过周作人讲文艺问题。……声称还要请王统照先生,后来没成功。"②

王统照后来来济南了,不过不是来演讲,而是陪同受王祝晨之邀访问济南的泰戈尔来的。

1924年春,王祝晨与来济南讲学的沈尹默谈天,才得知泰戈尔就要来中

---

① 董凤鸣:《太戈尔之在南京》,《晨报附刊》,1924年4月26日。
② 臧克家:《臧克家散文集》(三),郑苏伊、臧乐安编,中国广播电视出版社,1993年,108页。

国访问，并且知道其中国之旅的路线是先乘船到上海，然后去北京。于是，王祝晨就请沈尹默回北京后帮忙协调，请泰戈尔来济南讲学。

因泰戈尔身体原因，若从上海直接到北京，一路颠簸，诗人的身体真受不了，也需要中途休息休息，于是各方商定，在济南安排一些简单的活动，权作休整。

泰戈尔一行原定 21 日早晨到济南，但因事在南京多呆了一天，所以推迟到 22 日。泰戈尔一行从南京出发时，买的本是普通快车的票，但铁路局听闻泰戈尔大名，为表敬意，特地在火车上附上一节挂着花的车厢让他们坐，于是才有了泰戈尔中国之行的特殊一幕：花车旅行。

22 日早晨 5 点 50 分，"花车"抵达济南。车站上伫立着欢迎的人群，其中有省教育厅第一科科长张涛、济南女中校长邹宝庚、第一师范校长王世栋、女职校长秦福堂、竞进女小校长张步月等。泰戈尔一行依次走下火车，欢迎的人群迎上前去，泰戈尔一一与之握手。

与在上海、杭州、南京不同的是，这次泰戈尔出站后不是坐汽车，而是乘一辆四轮马车，到接待者预定好的铁路宾馆住下。这种颇具中国古老特色的接待令老诗人兴致勃勃，同时也很感谢接待者煞费苦心的精心安排。

泰戈尔光临泉城，使人顿感古城换了新颜。按照原定计划，济南各团体准备根据泰戈尔的习惯，安排一次公园露天欢迎会，但后来不得不改变，一是因为招待者担心泰戈尔舟车劳顿，太过辛苦，二是因为当天济南风势较大，又有尘沙，露天演讲实在不便，于是改在省议会厅，时间定在午后 3 点。

下午 1 点左右，济南各校学生和群众已经陆续到场；2 点左右，议会厅的楼上楼下已经拥挤不堪。巧合的是，省议会正好定在这天下午两点开茶话会，于是各位议员们也纷纷莅临演讲会场，使会场显得尤其拥挤。好在有童子军维持秩序，倒也秩序井然。

3 点左右，齐鲁大学外籍教授数人到议长办公室等候泰戈尔一行。3 点 45 分，泰戈尔从铁路宾馆乘马车而至。会场听众早就在翘首以盼，本已有倦色，但当"深目隆准，须发皤白，冠绛红呢帽，衣蓝花四制外氅，面色与黄种人相邀，肃穆温和，有牧师气像"的泰戈尔出现在会场上时，听众顿时兴奋起来，莫不鼓掌欢呼，掌声停息，听众肃然，静静地等待泰戈尔登台演讲。

会场此时"踵接肩摩，约有三四千人"。泰戈尔与随行者先入客厅小憩，然后泰戈尔在议会厅内流览了一下，看到会场人多地狭，实在太拥挤，秩序不好维持，更重要的是空气流通不畅，所以建议到议会东院去露天演讲。

招待者赶紧去布置。一时会场显得有点乱。

至4点，一切准备就绪。

铃声响起，会议开始。

首先由主持人张涛介绍泰戈尔的基本情况和基本思想学说。他称泰戈尔为著名诗圣，且为传播和平之神，"今日来济讲演灵学，吾辈得聆高论，幸福不浅"。

此时北风刮起，尘土飞扬，听众稍乱。

王统照随后登台，介绍泰戈尔在杭州、南京的演讲情况。他说，泰戈尔来华后所做的演讲中，不论是在杭州还是在南京，都没有济南的听众这么多且热烈。泰戈尔是一个诗人，他的演说与一般政治家的演说不同，没有什么枯燥的教条，而是象一首美妙的音乐，悦耳动听。[1]

听众慢慢安静下来，泰戈尔于是缓步登台，开始演讲。"清楚地记得泰戈尔的形象，一把长须，神采奕奕，虽已年迈，而声音宏亮，开头一句是："I know……"[2]

泰戈尔"声音洪亮清越，洋溢庭宇，且历时愈久，而声气愈壮"。他说："亲爱的朋友们啊，我爱你们的热烈欢迎，心中非常的感激，非常的喜悦，大家之所以欢迎我，大概是因为我可以代表印度人。中印之间，文化上有一种很深的关系……印度与欧洲各国不同，没有强暴之武力，没有侵掠的政策，只有爱与文化。自从印度的文明传入中国，两大民族之间，譬如兄弟一般，已发生一种不自觉的精神上的关系。"他还谈到自己在杭州演讲时有人送给他一枚印章，上面刻着"泰戈尔"三个中文字，他说自己很高兴，因为这第一个字就是泰山的泰字，这好像说他有权利到中国人的心里，去了解他们的生

---

[1] 《泰戈尔过鲁之盛况》，《晨报》，1924年4月26日。
[2] 臧克家：《臧克家散文集》（三），郑苏伊、臧乐安编，中国广播电视出版社，1993年，114页。

命，因为他的生命，非要与中国人的生命拼在一起不可的；他说自己在上海演讲时曾有人撒传单反对他，说现在正是物质文明竞争的时代，而他却到中国来宣传精神文明重于物质文明，真是迂腐之极。他认为这种人实际上是不知道物质主义已经发生了极悲惨的结果，而只有人道主义和爱才能给人间带来幸福。

泰戈尔的演说持续了大约25分钟，在演说过程中，泰戈尔精神一直很好，态度也很诚恳。他肃穆的相貌，亲切的言辞，本来就给人带来一种安慰，所以他的演说很受听众的欢迎，"掌声雷动，诚盛况也。"只不过因为听众太多，几乎也像在南京一样出现楼板坍塌的惊险。

泰戈尔演讲后，由徐志摩将大意译出，随后摄影留念。泰戈尔先到议长办公室休息了一会儿，随后一行人到齐鲁大学参观。晚上6点，济南教育界又在铁路宾馆设宴招待泰戈尔一行，出席者除济南各校校长外，政、教两厅厅长、省议会宋议长，也均到场；齐鲁大学的校长和一些教授，也临时加入。宾主酬酢，盛极一时。泰戈尔席间兴致不减，并即兴发表感想。说自己自到中国以后，处处承蒙中国人的热情接待，非常感激，同时深愧不能对中国有所贡献。他还介绍了自己创办的印度国际大学的宗旨："拟集各国学者一堂，以为国际联合之表现"。他表示希望能在国际大学款待在座的中国学者。他强调："文化无分国际，教育原为大同"。他将世界上的战争，归因于各国自己的"门户之见"，而他愿意和在座的一道，实验文化大同之理想。

晚9点，宾主尽欢而散。①

在拥挤的听众中，一个年仅13岁的男孩子，对泰戈尔本一无所知，但因为好奇，也挤进了会场。多年后他回忆道："他的话我似懂非懂，只是觉得他那长须长袍非常有趣。他一身的仙风道骨给我留下了难忘的印象。"② 他是季羡林，后来成为中印文化交流的使者。他对印度文化的情结，不知是否源于与泰戈尔的这次一面之缘。

在济南，负责接待泰戈尔，并承担部分陪同和翻译任务的，还有一个当

---

① 《泰戈尔过鲁之盛况》，《晨报》，1924年4月26日。
② 张光璘：《季羡林先生》，北京：作家出版社，2003年，217页。

时的齐鲁大学的学生于道泉。他懂英语,还略懂一点梵文,使泰戈尔惊奇不已,就邀请于道泉到印度大学去学习。于道泉后来成为国际著名的藏学家和语言学家,通晓藏文、蒙古文、满文、法文、英文、梵文和世界语。①

季羡林和于道泉在济南与泰戈尔结缘,也是泰戈尔中国之行的硕果之一。

23日早晨5点30分,泰戈尔一行乘车奔赴天津。

23日下午3点,车抵天津,梁启超到站迎接。泰戈尔在车站略为休息,适逢京奉快车抵津,泰戈尔于是就和随行者同乘火车继续前进,王统照因需留下来照看行李,没有与他们同行。

---

① 耿予方:《藏学泰斗于道泉先生》,《民族教育研究》,1994年第2期。

第四章　北京：诗人的哀伤

警笛声声

4月20日，《晨报》报道："太戈尔来京有期——二十二日可到。"

4月21日，《晨报》自我纠正："太谷尔二十三晚来京"，报道泰戈尔一行准于23日乘普通快车到京，并提醒到站欢迎者注意普通快车到前门车站的时间是：晚间7点15分。

实际上，当泰戈尔尚在南京、济南、天津途中时，北京的大小报纸已经把泰戈尔即将来京的消息渲染得热热闹闹，其中最重要的是以梁启超为核心的研究系的机关报，也可称为讲学社的喉舌报的《晨报》。实际上，自从泰戈尔答应来华开始，这家报纸就开始密切关注泰戈尔在世界各地的行踪了。原因很简单：出面邀请泰戈尔来华的是讲学社，泰戈尔此次来华的重点显然应在北京，《晨报》自然也有理由以主人公的姿态报道有关消息。早在1924年3月20日，《晨报》就以醒目的标题刊出"泰谷尔到华期"，文中说："印度大诗人泰谷尔此次应讲学社之聘来华讲演，因事屡次展期，昨闻泰谷尔日前有电来京报告已乘日船热田丸来沪，预计四月十五日可到上海。闻讲学社先正在觅定住所云。"自泰戈尔踏上中国土地之日起，《晨报》的报道也更加密集。只从泰戈尔到北京之前的报道看，就有"太戈尔今日可到沪"（4月12日）、"太戈尔昨抵沪"（4月13日）、"太戈尔将来京"（4月15日）、"沪学界欢迎太戈尔"（4月16日）、"太戈尔游览西湖"（4月18日）、"太戈尔来京有期"

(4月20日)、《印度诗哲与飞来峰上之雕刻：古代中印文化接近之遗迹，泰戈尔游杭之感想》(4月22日)，为泰戈尔来华进行了卓有成效的推波助澜的宣传鼓动工作，也可以说是中国报界运用新闻媒介进行社会宣传的一成功案例。

4月23日下午7点15分，在一片欢呼声中，泰戈尔乘坐的火车缓缓驰进北京东站。梁启超、蔡元培、胡适、蒋梦麟、梁漱溟、辜鸿铭、熊希龄、范源廉、蒋百里、林长民、张逢春等北京各界代表、英美、印度各界人士大约四五百人都到车站迎接。当泰戈尔身穿青色长袍，头戴绛色帽，苍髯满颊，长须飘飘，出现在车厢口时，人们顿时欢呼起来。泰戈尔向欢迎的人们挥手致意，仪态闲雅高贵，使人不由得不生出一种敬意。

泰戈尔刚走下火车，迎接的人们立刻就把他团团围住了，在往车站外走时，因为簇拥着泰戈尔的人太多，道路都为之堵塞，很多不知原因的围观者还以为发生了什么国家大事，何况车站上还停放着一辆警车！这辆警车是北京警察局派来特地欢迎泰戈尔的。在警车的引导下，泰戈尔一行直接走出车站，登上停在车站的汽车，警车开道，沿东长安街飞驰而去，当晚下榻在北京饭店104号。

强调和平，反对暴力的诗人到北京却是被警车护送，不知道泰戈尔此时在一般中国人的眼里是一种什么身份，后来有人把他看做中国某种政治势力请来的说客，与欢迎者这样煞费苦心的安排，也不能说没有关系。

应接不暇

泰戈尔到北京了！

当天，前来欲一睹这位世界闻名的印度诗哲的学生、市民就多得不可计数。

当晚，许多团体和个人给饭店打电话，询问泰戈尔能否接见，但一来泰戈尔实在是舟途劳累，再是泰戈尔的随行人员为其身体考虑，实在不忍心看着一位60多岁的老人如此劳神伤心，所以有好些电话都没让泰戈尔知道就回绝了。

从第二天早晨开始，前来拜访的中西人士络绎不绝，但也都被泰戈尔的随行者婉拒了，其中只有特地从天津赶来的梁启超和林长民、蒋百里等以学术讲演团的名义请见，才得以与诗人叙谈了一小时。

就在这一天，适逢北京法源寺长老邀请一些老诗人到自己的寺院里赏玩丁香花，闲谈间有人提议：印度大诗人泰戈尔此时恰在北京，而这里丁香花开得正盛，我们理应邀请这位远道而来的诗人与我们同享这自然的美景，赏花赋诗，也不失为一种佳话。大家一听，连声说好，随即就劝法源寺长老成全这千古之美事，约日邀请泰戈尔来赏花并宣讲印度佛法。长老也心有此意，立即让人往北京饭店打电话，把情况简单说明一下，问泰戈尔是否愿意接见法源寺的一位长老。泰戈尔答应在第二天上午11点在饭店见面。

这一天泰戈尔静养，没有走出北京饭店，却让他的随从尽可能去活动。当晚，恩厚之、诺格、鲍思、葛玲去了北京城南的游艺园观剧。

第二天，法源寺长老道阶方丈准时到了饭店，在徐志摩的导引下到了泰戈尔的卧室，由徐志摩做翻译，长老简单地把自己的来意向泰戈尔作了说明。泰戈尔先问长老到过印度没有，长老说在清朝光绪末年游历过印度、锡兰等地；泰戈尔接着问法源寺所讲佛法是何师宗，长老回答说是律宗。说到这里，长老就邀请泰戈尔到法源寺讲佛法，泰戈尔回答说："本人对于佛学，并无深湛之研究。同行中有一印人名 Professor Sen 者，则为佛学专家，尽可与你讨论。"说到这里，徐志摩也向长老解释说：泰戈尔是一个伟大的诗人、哲学家、戏剧家、教育家，对佛学实在没有多么精深的研究，但若只是邀请泰戈尔去赏丁香，有机会的话他倒乐意去，到时一定会带上精通佛学的 Professor Sen，让他去为大家讲一讲印度佛法。长老见基本上实现了自己此行的目的，就高兴地与泰戈尔等告辞了。①

---

① 《太戈尔抵京后之概况》，《申报》，1924年4月29日。

在英美协会演讲

4月25日上午11点，三位印度学者一起到历史博物馆参观。中午12点，由美国使馆陆军参赞 Majon Krouer 发起，邀请各国驻京人士，包括各公使、领事、参赞、秘书等，以英美协会的名义，在六国饭店设宴招待泰戈尔。

欢迎会由总税务司安格联主持。美国大使舒尔曼与泰戈尔有旧交，所以由他致欢迎词，大致是说中西文化各有其优缺点，每个民族都有权利发展自己的文化，但最重要的，应该是人道主义。他说自己作为英美协会一份子，本来就了解泰戈尔作为一个诗人、思想家、教师在世界上的地位和价值。他还介绍了泰戈尔在美国讲演时的情况，说听众达数千人，让美国人深为惊讶。他说自己也亲耳聆听过泰戈尔的演讲，对他所表达的人类思想也深为感动。这次泰戈尔来华，他和英美协会深表欢迎。中华为一大国，只要是久居中国的外国人，都能理解中国文化的价值，而印度也是一个具有悠久文化历史的古国，但英美协会诸人所知甚少，这次泰戈尔先生来华，正可以弥补这一遗憾。

泰戈尔重点谈了人类理想的精神建设。他以自己早年在英国的经历为例，说：英国较多英勇豪侠之士，但却未能达到人类精神之中心，所以他对英国很失望，随即返回印度，开始提倡人类团结精神。后来自己赴美演讲，中途在日本作逗留期间，参观了日本展览的在甲午战争期间从中国缴获的各种兵器，他看了之后深觉耻辱，因为他认为这样做只会鼓励人民热衷战争，增加邻国的恶感。作为印度人，他很知道战争的痛苦是什么。战争只是一种野蛮的行为，与思想及精神相距甚远。这种行为，名为国家主义，实际上不过是自私自利而已。后来到了美国之后，他就以此作为讲题，批评了美国重物质轻精神的远离人道之途的行为。诗人声称：人类团结时期已经不远了，但前提是必须铲除贪婪之心，否则人类必要遭受更大的损失。他也谈到，自己的这种思想即使在印度也受到很多人的批评，为什么呢？这些印度人认为泰戈尔这样做只会使印度更加虚弱，以成为别人的鱼肉。最后，泰戈尔从第一次世界大战的结局，谈到世界大同的必要以及目前人们为达到这一目的而必须做的工作。他说自己到欧洲讲演时之所以受到人们的欢迎，是因为一般欧洲人都意识到自第一次世界大战之后欧洲文明已经败坏，因此急欲在东方寻找一种新的思想文化来弥补西方文明的不足。虽然目前欧洲各国因为科学发达而多有接近，但要真正达到人类大同的目的，非以哲学作媒介不可。为了在欧洲推广这种思想，泰戈尔在欧洲时曾盛情邀请欧洲思想家到自己创办的大学来参观，并且已经有人来参观，这对于促进东西方文化的交往，都是了不起的成绩。

这是泰戈尔到京后的第一次正式演讲，到场听讲者有一百多人。因是在饭店，座位有限，后来者就无法与泰戈尔见面，而只能在饭店外听其声。据英美协会中人说，自协会成立以来，到会的人数以今天为最多，这说明居住在北京的英美人对泰戈尔的欢迎实在比对以前到过北京的英美人士，如对罗素、杜威的欢迎更加热烈。唯一不足之处是时间稍显仓促，但组织者的精心安排弥补了这点不足，如为了便于泰戈尔在演说之前能有时间进餐，英美协会提前通知会员务必预先订座，并保证在上午11点30分到会。①

泰戈尔在北京的第一次演讲获得成功。

畅游北海

4月25日下午，讲学社邀请泰戈尔游北海。

泰戈尔到京后"因长途厌倦，风尘劳顿，须休息两三日，始能应各方面之公开演讲。"

4月的北京，正是多风沙的季节。泰戈尔到北京后的第二天，北京就刮了一天的风。可在泰戈尔要游北海的这一天，天气却格外地好，风和日丽，清爽无尘，实在是北京少见的好天气，似乎天、人已经约好特为这位印度诗人

---

① 《英美协会招待太戈尔时之演说》、《北京英美协会欢迎太戈尔》，《申报》，1924年4月26日、28日。

准备这一天的清净，以表欢迎。

北海苍松翠柏，碧水绿茵，不愧为古都名胜。本来泰戈尔到京时北海已禁止市民参观，后经讲学社多方奔走，有关方面才决定为泰戈尔这位远道而来的客人破例开放三个小时。

下午3点，梁启超、汪大燮、熊希龄及夫人、范源廉等先到了北海；3点20分，泰戈尔和鲍斯、沈教授同乘一辆汽车，徐志摩等乘另一辆汽车来到。本计划泰戈尔一到就去北海里的静心斋休息、参观，但因事出仓促，这里还没有布置好，所以临时决定先到松坡图书馆参观，并游览了小西天。泰戈尔身穿蟹青色长袍，戴枣红色帽子，一副老花镜，脚穿中国式绒鞋，笑容可掬，和蔼可亲，看上去完全是一个温和的老人。

4点左右，来的中国学者更多了，有胡适、张逢春、梁漱溟、林长民、林志钧、蒋方震、杨荫榆，以及英国人庄士敦、德国人威礼贤等共50多人，浩浩荡荡，同游北海盛景，这道人流本身就构成了北海的另一道风景，只可惜此时北海不对外开放，否则不知会吸引多少好奇的中国游客前来观看这北海美景中的美景了。

游完北海各名胜古迹后，下午5点左右，欢迎者为泰戈尔开了一个茶话会，由梁启超致欢迎辞，大意是说中印两国有着源远流长的文化交流，历史上有很多印度哲人来中国传播印度文化，今天我们又获得与印度伟人相接触的机会，使数百年来已经中断了的中印文化交流重新薪火相传，这真是中国人的荣耀，国的哲学、文学、音乐、医学、雕刻、数学、天文等无不受印度影响。他还说自己在26日和27日将在北京师大和北京大学讲演，以表示对泰戈尔的欢迎。

梁启超讲完，由张逢春译成英语，随后由泰戈尔致答词。听过这次演讲的人，多认为这是泰戈尔自到华以来最有趣的演说，措辞优雅巧妙，声音抑扬有致，听者莫不心醉。泰戈尔在演说中说：古代印度确实产生过很多伟大人物，不过现在不同了，印度正处于历史的过渡时期，是不能产生什么伟大人物的，各位若把我当作什么伟大人物，那就难免要失望了。我只是个诗人，所以我希望诸位也都把我当作诗人来看待，我不会作什么只重形式的演说。他说自从到华以来，除了听得人们的赞扬声或被逼演讲外，就几乎和在自己的家乡一样亲切。其中的原因，他说："或许余前生为中国人，在深山孤岛，穷荒僻壤之中，了其一生，故其在华之印象，无丝毫觉为新异者。"他说自己最喜欢和少女游玩，自己来中国的时候孙女都来相送，今天在中国能坐在诸位女士之间，而她们的年龄又恰与自己的孙女相当，心中的愉悦实在是难以说清楚的，"说到这里，诗人幽了一默："不幸我老了，须发苍白，意态龙钟，谁愿意做我的游侣？"说到这里，听者无不哈哈大笑。他接着说自己此次到中国来，实际上是为了恢复中印两国早就形成的友谊。对于有些人指责他排斥西方文明，他是这样解释的："世人常谓我排斥西方文明，其实不然。西方之科学实为无价宝库，吾侪正多师承之处，万无鄙视之理。特其物质的财富之价值或不如精神的财富之永久，故有轻重永暂之差，无可否之别也；""东方文明犹如朝阳，西方文明犹如火，同一光也，而其光之本质与力量，迥然不同，此东西文明所以不能相提并论也。"泰戈尔演讲结束时，宾主又欢谈一段时间，一直到6点25分才尽欢而散。①

与此同时，北京各团体正协商联合举行欢迎会，讲学社则准备着安排泰戈尔的讲演事项，只是时间地点暂时还不能最后确定而已。

法源寺赏丁香

法源寺，又称悯忠寺，位于北京市西城区菜市口附近教子胡同的南端，是北京城内现存历史最悠久的佛寺，始建于唐贞观十九年（645年），以悼念在东征高句丽战争中阵亡的将士。万岁通天元年（696年），佛寺建成，武则天赐名为悯忠寺。清雍正十二年（1734年）进行了大修，钦定为专司戒事的皇家律宗寺院，并赐名为法源寺。寺内珍藏了大量佛经、佛像和石刻。

老北京的名花有四，即"悯忠寺的丁香，崇效寺的牡丹，极乐寺的海棠，天宁寺的芍药，"清代最盛时，法源寺内有紫丁香、白丁香等三百余株，号称

---

① 《碧水绿茵之北海与须发皓白之印度诗哲》，《晨报》，1924年4月26日；《讲学社招待太戈尔游北海》，《申报》，1924年4月28日。

为"香雪海"。每逢春末夏初,丁香盛开,寺院便会举办"丁香大会",北京人趋之若鹜,游人如织,盛极一时。泰戈尔到访北京,恰是丁香盛开之时,能邀请老诗人到法源寺共赏丁香,确是应景应时。

4月26日上午8点,按照约定,泰戈尔将应邀和北京佛化新青年会一道在法源寺赏丁香。但约定时间临近,大家左等右等,泰戈尔仍未露面。人们不免焦急,不时有人走到大街上去远望。这时一辆汽车奔驰而至,大家激动地迎上前去,车门打开,里面走出来的却是泰戈尔的弟子沈教授、诺格教授、鲍斯教授、葛玲小姐、恩厚之、徐志摩,大家以为泰戈尔最后出来,就还在等,但始终没看见泰戈尔,神色间不免失望和疑惑。见此情景,徐志摩连忙解释说:今天早晨,泰戈尔先生应邀去赴卡尔浩文夫人(Mrs Colhvuln)的早餐之请,回到饭店时感到身体不太舒服,于是就想取消今天的其他约会。佛化新青年会的几位长老诚恳地说:我们诚意邀请泰戈尔先生来,若不能来,不知会伤多少人的心,希望恩厚之先生再代为规劝,若泰戈尔先生身体不太要紧,无妨到此一赏丁香。刚开始恩厚之还有点犹豫,但看到大家期待的目光,遂决定再回去劝请泰戈尔。见到泰戈尔后,他把情况简单地说明了一下,泰戈尔认为盛意不可违,于是不顾病体,欣然前往。林徽因和梁启超的儿子梁秋实也同行。

午后3点,泰戈尔到了。佛化新青年会代表释道阶、葛文园、刘灵华、空也法师、庄蕴宽、释佛慈、陈源湘、邵秀夫、宁达蕴、杨蝶父等齐到门口迎接,双方合掌致敬,共拥至丁香花下坐定。这场迟到的欢迎会开始了。首先由该会负责服务的邵福宸宣布欢迎顺序,然后由张宗载致欢迎词,陈沅湘翻译;随后由佛化新青年会宣传委员葛文园女居士带领女学生边歌边舞,声音婉转动听,姿态美妙幽雅,听者无不欣然含笑。泰戈尔睹此境、听其歌、感其情,不由满面带笑,病情似乎也因此而减轻了不少。

待歌舞完毕,大家鼓掌欢迎泰戈尔演讲。泰戈尔本无准备,但大家的热情让他非常感动,所以也就毫不推辞地站起来演讲,"一时鼓掌之声,振响林树。"泰戈尔在演讲中说:"鄙人理想之中国,不意今日得到,尤其是今日所到的地方,是我理想中想到的。我以前作了许多诗文,现在觉得都无大用,到中国之后之今天,才算得着点好处,为什么呢?我想继续印度以前到中国来的大师所未尽之事业，此种责任，应与中国青年共负之，我并欲带点东西回印度去，这东西就是从前印度佛化在中国结成的果子，印度所带到中国的，都是大爱与和平，与西洋之政治商品完全不同，其收获也不同，这就是东方文化之精髓。"① 在泰戈尔演讲过程中，听众自觉坐成一个圆圈，把泰戈尔围在中间，这种气氛，与泰戈尔在自己的国际大学讲课时是一样的。泰戈尔真好象回到了自己的家乡、回到了自己的学校一样。自然而然地，讲者和听者都在这种亲切的气氛中不自觉地流露出一种特别融洽的感情，就象一家人一样。加上这时周围鸟语呢喃，依依可人；树影参差婆娑，似遮似掩，清丽可人；寺钟时闻，余音绕树，久久不绝，更增加了一种温馨和睦的家庭气氛。泰戈尔讲到精彩处，鼓掌之声从四处响起，让听众产生一种不可思议的渺远神秘的印象，与会场的整个气氛恰相映衬。泰戈尔演讲完毕，美专学校的游少彬女士为佛化新青年会绘了一幅牡丹图以赠泰戈尔，而女学生们又唱起歌、跳起舞，最后泰戈尔和大家一起合影留念，听众才兴高采烈地散去。②

为了表示对泰戈尔的欢迎，同时也是为了使更多的中国人了解泰戈尔，对泰戈尔来华一向热心的梁启超特地安排了两次演讲。4月25日，《晨报》刊出广告，"梁任公先生为欢迎泰谷尔先生公开讲演"，第一次是在北京师范大学风雨操场，时间是1924年4月26日午后3点至4点，讲题为《印度与中国文化之亲属的关系》；第二次是在北京大学第三院，时间是4月27日上午10点至11点，讲题为《绝对自由和绝对的爱》。

其中最轰动的是第一次公开演讲，此次演讲盛况空前，听众约有一千多人。

演讲会由北京师范大学校长范源濂主持。

梁启超正式演讲之前，首先向听众表示道歉，为什么呢？因为之前北京师范大学多次邀请他来校讲学，但都被他以事务繁忙为由拒绝了，若没有泰戈尔此次来华，恐怕他现在也不会站在这里。

---

① 《碧水绿茵之北海与须发皓白之印度诗哲》，《晨报》，1924年4月26日；《讲学社招待太戈尔游北海》，《申报》，1924年4月28日。

② 《丁香花下泰谷尔之佛音》，《晨报》，1924年4月28日；《太戈尔昨法源寺之演讲》，《申报》，1924年4月30日。

他声明,自己今天和明天将为欢迎泰戈尔而做两次专门讲演,是为北京迎接泰戈尔的"预备的谈话。"①

"我们北京人士,此次欢迎泰谷尔,当他初下车站之时,感情何以如此之热烈,难道是随声附和的欢迎吗?不然不然,泰谷尔无论到何国,无不受人欢迎,但是我觉得我们中国人欢迎泰谷尔,实有一种特殊的感想。"

特殊在何处?

自称"感情最富的人"的梁启超,②也"常为自身感情作用所刺激,而还以刺激他人之感情。"③这次演讲也不例外。

梁启超介绍了中印文化交流的历史,认为中国文化得益于印度很多:"中印两国,同为文化的母国,就中印两国说,印度文化,实为中国的老哥,中国转为老弟。"其中印度文化相赠中国文化的重要礼物有二,一为绝对自由,二为绝对的爱。而且印度人来中国,不像西方人来中国为争利权,为伸张势力,也不像中国人到西方,只为学枪炮之精,或工商之发达,而是只为求人类幸福。印度人对中国文化的最大影响,尤其体现在"文学美术科学"。梁启超将这种影响分为十二个方面:即 1. 音乐,"隋唐以前,中国乐全采自西域";2. 建筑。中国的寺院、窑窟、塔皆有印度影响。3. 绘画。"中国画家著名较早者,为晋陆探微顾恺之,此两人皆从画佛像起,因其时得观印人传来之佛像,大受观感。"4. 雕刻。"泰山旁边,有灵楞寺,中有罗汉十七尊,雕刻之精,或者可称为全球之最。"5. 戏曲。6. 诗歌小说。"晋代文学家作品,皆带有佛家意味。"7. 历法。8. 医学。"婆罗门医书,传入中国者不少。"9. 字母。10. 著述体裁。11. 教育方法。唐代以后出现的书院,即模仿佛家登坛聚众讲道。12. 团体组织。"中国向来除家族以外,并无所谓社会团体","僧人在庙宇群众而居",其组织形式,对中国团体组织,影响很大。

"总而言之",梁启超加重了语气,"我国受了印度人多少贡献,其中当然

---

① 《梁任公之迎太讲演》,《申报》,1924年4月30日、5月1日。
② 梁启超:《'知不可而为'主义与'为而不有'主义》,《梁启超全集》(第十一卷·墨子学案),北京:北京出版社,1999年,3411页。
③ 梁启超:《吾今后所以报国者》,《梁启超全集》(第九卷·伤心之言),北京:北京出版社,1999年,2805页。

有瑕瑜互现的，不过好处总多坏处少。"现在代表印度文化的泰戈尔来了，"我们用一千多年前洛阳人士欢迎摄摩腾的情绪来欢迎泰谷尔哥哥，用长安人士欢迎鸠摩罗什的情绪来欢迎泰谷尔哥哥，用庐山人士欢迎真谛的情绪来欢迎泰谷尔哥哥。""我们打开胸臆欢喜承受老哥哥的亲爱。我们还有加倍的亲爱奉献给老哥哥，请他带回家去。"

梁启超希望泰戈尔这次访华能够恢复中印之间的文化交流："我盼望咱们两家久断复续的爱情，并不是泰谷尔一两个月游历昙花一现便了。……泰谷尔这次来游，不过替我们起了一个头，倘若因此能认真恢复中印从前的甜蜜友谊和有价值的共同工作，那么，泰谷尔此游才真有意义啊。"

"那么"，梁启超提高了声音，"我们欢迎泰谷尔才真有意义啊！"①

梁启超话音刚落，台下掌声雷动！

"觐见"溥仪

4月27日，泰戈尔做了一件在中国思想文化界引起很大争议，后来也使他因此大感尴尬的事，那就是与中国的末代皇帝溥仪见了一面。

27日一大早，末代皇帝的内务府大臣郑孝胥忽然领受了末代皇帝的一道手谕，令他今天暂不要离开内务府。郑很纳闷，但皇威巍巍，又不敢直接询问，只好呆在府里待命。

宫里的大钟敲响了10下，这时，泰戈尔及其随员恩厚之、鲍斯、诺格、沈及徐志摩等忽然乘一辆汽车出现在神武门口。有宫人在门口等候，一见泰戈尔到了，赶忙把他们引入宫内，转了一个弯又一个弯，一直往御花园方向走去，而溥仪此时正身着便服在御花园等着他们。听说泰戈尔到了，溥仪马上让人把郑孝胥召来，至此郑孝胥才明白溥仪为什么一大早就把自己留在宫里。不过辛苦自有辛苦的报酬，作为内务大臣，郑孝胥还从来没有到过御花园，这次沾泰戈尔的光，终于平生第一次有机会到此一游。他先接待了泰戈

---

① 梁启超：《印度与中国文化之亲属的关系》，《晨报副镌》，1924年5月3日。

尔一行，随后领着他们去觐见溥仪。

当泰戈尔一行出现在御花园门口时，溥仪身着布服，已在御花园西南部的养性斋等候。此地此时是溥仪的英文老师庄士敦的临时休息之所。选择此处接待泰戈尔颇合其诗人身份。这是一座凹形的两层楼阁，楼上正室有康熙皇帝题写的匾额：飞龙在天。左室楹联：心迹只今偏爱淡，诗情到此合添幽。右室楹联：自是林泉多蕴藉，依然书史得周旋。楼下是乾隆的御笔匾额：居敬存诚。因庄士敦此时居于此，所以楼上楼下又布置了很多西式器具。

泰戈尔等走进御花园，溥仪一见大喜，先举左手给泰戈尔让座，并用右手按郑孝胥的肩膀，示意他也坐下。待泰戈尔坐下，溥仪对他说："先生为印度大诗人，郑孝胥则吾国之大诗人，今日相遇于此，实不易得之机会，吾先为两大诗人留影以为纪念。"说完溥仪站起来，让人为两位诗人照相。溥仪与泰戈尔也在御花园西部千秋亭东侧的四神祠（这里供奉的是道家四方神，即代表东西南北方的青龙、白虎、朱雀、玄武）前合影留念，溥仪站左侧，泰戈尔站在溥仪右侧，且低一个台阶。

照完相，泰戈尔对郑孝胥说："君为中国大诗人，亦解英文否？"郑孝胥用英语回答说："所知者甚浅。"随后溥仪开始用英语与泰戈尔交谈起来，颇为流畅。谈毕，溥仪亲做向导，领着泰戈尔游览御花园。泰戈尔一边走，一边赞不绝口，为中国园林的优美和富丽而折服。大致游览之后，泰戈尔将自己的一张画像赠送给溥仪留念，就和溥仪告辞，与随从一起步行到神武门口，乘车而去。①

泰戈尔之所以能觐见溥仪这位"末代皇帝"，主要得力于其英文教师庄士敦的介绍。庄士敦（Reginald Fleming Johnson），1919年3月第一次走进紫禁城，签约成为溥仪的英文老师，并潜移默化影响着溥仪开始关注外面的世界，接受西方文明的影响，如与胡适会面，允许外国人进入紫禁城："1922年和1924年之间，由我介绍而特准进入紫禁城的外国人也有好多次数。"泰戈尔与溥仪的会面，就是在这样的前提下得以实现的。庄士敦在《紫禁城的黄昏》中详细记述了泰戈尔入宫的过程：

---

① 《泰戈尔昨天游览御花园》，《晨报》，1924年4月28日。

泰戈尔：中国之旅

辜鸿铭曾为之骄傲，并作为其同胞美德的中国礼仪，在北京某学生团体欢迎一位非常著名的贵客时，却令人遗憾地丧失殆尽。这位著名人物于 1924 年曾拜见过皇帝，他就是泰戈尔。受一个文学团体的邀请，他于 4 月份来到北京。这个团体包括学术界泰斗胡适博士、才华横溢的青年诗人和"新月派"领袖徐志摩（几年之后他不幸地悲惨去世）。泰戈尔到中国时，排外情绪在学校和一些学派中蔓延，这使他的来访受到一些影响。他呼吁年轻的中国，要珍惜本民族高贵美好的文化遗产。这些话却受到一些学生听众的冷遇甚至敌意的反对。我期望泰戈尔在没有充分认识中国这个从未使外国人抱憾的礼仪之邦之前，不要急于离开北京。因此我向皇上谈到了他，并请求允许带他到紫禁城来。我也向皇上讲了一些有关泰戈尔诗的英文和中文翻译问题。这个请求马上得到应允。在御花园我的亭阁中的会见，肯定使皇上和诗人（我想是如此）都很愉快。

郑孝胥是参加这次会见的人之一。我很高兴能够在皇上的主持下，把这两个伟大国家的一流诗人介绍相识。思想的纽带立即把他们紧紧地连接在一起。①

除了邀请泰戈尔访问紫禁城，溥仪也派人去拜访过泰戈尔，如时任内阁总理大臣的颜惠庆，溥仪的宫内伴读润麒，都见过泰戈尔；而且宫内的一些外国人，如婉容的英文老师任萨姆，也参与了这些活动，堪称一段紫禁城的"印度时光。"②

不过，令泰戈尔没想到的是，他先后在杭州和北京与陈三立和郑孝胥见面，并且都留影纪念，本可视为中印诗人之雅聚，却不知这两位大诗人在当时已经被不少人视作老古董，是早就该进历史博物馆的人物。泰戈尔是访客，当然不了解其中的玄妙，最后却还因此而沾了不少晦气，倒有点得不偿失。而与溥仪会面则成为泰戈尔被批判为复古、反动人物的一条罪状。

---

① 庄士敦：《紫禁城的黄昏》，济南：山东画报出版社，2007 年，266 页。
② 汪莱茵：《溥仪和泰戈尔》，《紫禁城》，1989 年第 3 期。

情不自禁

27日晚，北京各学界代表在金鱼胡同海军联社公宴泰戈尔一行，主人为梁启超、胡适、林长民、傅铜、陈源、张歆海、张逢春、蒋百里、徐志摩、林宰平，陪客有德国人威礼贤，英国人庄士敦，加上泰戈尔随行人员5人，总共有30多人参加。

按原来的安排，大家这一天决定让泰戈尔先生安静一下，不再安排什么演说。刚开始大家确实在"安分守己"地吃饭，但谈话总是免不了的。曾和徐志摩彼此模拟情人的口气互写情书的林长民谈话自然也是一个好手。他在席间对在座的诸位京城学界翘楚侃侃而谈，他说自己这次之所以如此热烈地欢迎泰戈尔，并不是因为泰戈尔是什么哲学家、教育家、宗教家，而实际上是把他当做一位世界的诗人、革命的诗人来欢迎的，所以中国人欢迎泰戈尔实际上是有无穷的深意的，而泰戈尔此番中国之行实际上也是大有价值的。中国本也有诗，但一向缺乏系统的整理，现在正是诗的革命时期，而泰戈尔又是世界上诗界革命的先驱，所以他相信泰戈尔一定能把他的学识传授给中国人。不知林长民这番话是不是故意说的，总之他的这番话打动了泰戈尔。在吃饭之前，泰戈尔已经声明自己这次只来吃饭，不发表演说，也算稍做休息，作为主人自然不能强人所难，但大家都是性情中人，彼此都了解作为诗人最容易为什么而心动。此时中国刚刚经历过"五四"文学革命浪潮的冲击，文学正处于从旧蜕新的转折时期，而自黄遵宪等在清朝末年提出诗界革命以来，中国诗虽然取得了一些改革，如胡适的《尝试集》，但从中国诗歌的整体来看，还没找到一条属于自己的现代化的发展道路。泰戈尔在印度文学史上是以改革家的身份为世人认同的，是他把孟加拉文学由印度推向了全世界，从这个角度讲，林长民的话实际上正触到诗人的兴奋点，所以这边林长民的话音刚落，那边诗人就已心潮起伏，坐不住了，于是不由得站起来，以自己惯有的雄辩，滔滔不绝地演讲了近一个小时，这不仅在这一天已算破例，就是与平时的演说相比，也算是难得的长篇演说。

泰戈尔首先向林长民等解释自己为什么要对印度传统的诗歌进行改革，以及自己在这个改革过程中所经历的种种困难，还谈到自己诗歌所遵循的基本原则。泰戈尔说自己刚开始写诗的时候，完全是以自然为对象，既不模仿欧洲诗，也不模仿印度古诗，而是根据自己感情的需要创造出自己独特的诗体，结果引起了众多批评家的驳难，但他自信自己的创造代表着印度诗歌的发展方向，所以始终不为所动。后来慢慢开始有人赞成他的诗歌了，但真正能了解他诗的人，还屈指可数。他接着又谈到诗歌的翻译问题，大意是说诗歌不能译成他国文字，一译就会失去诗的真味。诗人还表示不满意中国一些欢迎者只知道欢迎自己这个人，而不热心去了解自己的诗。他说："你们猜想我是一个诗人，但是你们的证据是很薄弱的。你们的信仰是含糊的，所以你们想收集外貌的凭证来加添一些重量。你们因为我有美丽的花白胡子，所以你们就确信我是一个诗人，你们这么说很使我满意，但是我的虚荣心还想要求你们更深刻地认识，那才给我更深刻的满意。我盼望你们能够从我的声音里认识我，我的声音就在我的诗里。"这番演讲完全发自内心，是真性情的流露，听者无不感到五体投地。威礼贤对同座的人说：只有在中国泰戈尔先生才能这样自由率性地演讲，中国人能聆听诗人这番真挚的演讲，真是有福啊！

泰戈尔演讲完，已经是晚上10点，宾主又欢谈片刻，然后才散。在告辞的时候，胡适建议泰戈尔将今天晚上的演讲回去再略微修改一下，完全可以作为将来第一次公开演讲的底稿。泰戈尔没有明确表示意见。①

雩坛谈东西文明

自到北京以后，除了出席各团体的招待会并发表演讲外，泰戈尔还未公开演讲过。这主要是因为接待者的安排过于密集，老诗人颇觉劳累；同时因为泰戈尔对公开演讲极为重视，也需养足精神，精心准备。

终于，4月27日《晨报》发布一条消息"泰戈尔明日与北京学生相见"。

---

① 《成功为诗人堕落之始》，《晨报》，1924年4月29日。

地点原定在天坛的圆丘，时间为28日下午3点，但因此次安排主要是为了与北京学生相见，所以"演说时间甚短"。也是因为此次演讲的主要对象为学生，所以当了解到天坛的入门券太贵，怕学生负担不起，所以组织者临时决定改在先农坛的雩坛演讲，并由徐志摩、王统照具体负责与各校的联系，时间仍定为下午3点。

当天下午1、2点钟的时候，就有很多学生或乘车或步行到了会场，络绎不绝，沿途非常拥挤。讲坛设在雩坛的东侧，坛四周围满了听众，约有二、三千人。北京学界各团体代表均坐在坛上，天津的绿波社也派了代表参加。

3点零5分，泰戈尔乘汽车到雩坛门前下车，林长民作先导，同来者还有恩厚之、葛玲、林徽因、王孟瑜以及梁思成。

泰戈尔缓步走上讲坛。四周响起经久不息的鼓掌声，"声同爆竹"。

泰戈尔就席。先由林长民做简单介绍，大致是说泰戈尔来中国已经半月多了，几乎无人不知，无人不晓，实在无须介绍，但也有一些人对泰戈尔不太了解，所以还是有简单介绍的必要。他特别强调了泰戈尔世界诗人的身份，并且对中国将来的前途，必有大贡献等。

泰戈尔这天重点比较了东方文明和西方文明的重要区别，并强调东方与西方相比前途更光明。他说：亚洲人民因为长期受西方文明的压迫，所以几乎忘记了自己所应占据的位置，不知自己家中所藏到底为何物，这不是说东方没有自己的文明，而是说东方人不知道自己所有的东西实际上就是将来世界的发展趋势。他说：人类是分期进化的，现在已经进入第三时期，在这个时期，我们已经豁然醒悟，原来除了体力智力制服世界之外，"尚有一更光明、更深奥、更广阔之世界，吾人于黑暗寂静之中，已见一道引吾人达于此光明、深奥而广阔之世界之明灯，唯吾人如欲到达此世界，则吾人不可不知服从与牺牲，乃吾人到达彼世界的唯一阶梯。吾人如欲得到最大之自由，则必须能为最忍耐之服从，吾人欲得最大之光明，必须能为最轰烈之牺牲，何则，服从之后，即自由之路，牺牲之后，即光明之灯也。"他预言，以东方文明为主体的世界必将取代现在这个以物质主义为第一要义的西方文明世界，"未来之时代，决非体力智力征服之时代，体力智力以外，尚有更悠久，更真切、更深奥之生命。吾东方人士今日虽具体已微，然已确有此生命矣。西方人士今固专尚体力智力，汲汲从事于杀人之科学，以压迫凌辱体力智力不甚发达者，即吾人亦尚在被压迫之中。但吾人如能为最大之牺牲，则吾人不久即可脱离彼等之压迫矣。"他说中国是一个非常奇异的国家，有绵延不绝的历史和悠久的道德，正是他心目中理想的国家。这是他最感到欣喜的。①

当天下午，泰戈尔一行从北京饭店搬到东单牌楼史家胡同的克利饭店。

北京画会谈艺录

泰戈尔在京期间，恰好陈师曾、齐白石等组织的北京画会刚成立。会员们商量开成立大会的地点时，陈师曾提议在凌叔华的大书房开会，以吃茶代吃饭。凌叔华则提议：既然印度大诗人泰戈尔恰在北京，而且陪同其前来的还有印度的画家，何不趁机邀请他们一起来？大家拍额赞成。于是凌叔华去请，老诗人欣然应允。开会这天，不但陪同泰戈尔访问的印度画家赴会了，而且泰戈尔、徐志摩和时任北大英文系主任、北大指定的接待者陈西滢也一起来了，另外还有胡适、丁西林。更有趣的是，因了这次聚会，徐志摩、陈西滢以后成了凌家的常客，陈西滢后来还成了凌叔华的丈夫，而凌叔华与徐志摩的关系差不多就是林徽因与徐志摩关系的翻版。

4月29日早上，泰戈尔到北京大学外籍教授、德国人钢和泰家，他是一个研究梵文的学者，所以两人谈得很是投机，两人还计划将来若有机会一定合著一书。

当天早上11点左右，诗人的身影又出现在北京樱桃斜街的贵州会馆，在这里，北京画界同志会正在开画展，泰戈尔与恩厚之及徐志摩等这天应邀前来参观，该会会员姚茫父、陈半丁、凌文渊等特地开茶话会以示欢迎，当时到会者共有100多人，大家公推凌文渊为代表致欢迎词。

凌文渊在欢迎词中说：今天我们画界中人以画人资格来欢迎泰戈尔先生，

---

① 《泰戈尔对京学界演说》，《晨报》，1924年4月29日。

真是深感荣幸。中国有句古话，叫做诗中有画，画中有诗，这也是世界上所有画家都已经公认的道理。诗与画在精神上有一致之处，我们今天欢迎泰戈尔先生，其意也即在此。今后的艺术趋势，如果只是墨守成规，而无一种创造思想，艺术将没有前途，而现在的所谓诗，无不为格律所拘，所谓画，无不为稿本所限，这就使艺术的真正美感，绝难发挥。所以诗与画在今天都有改革的必要。泰戈尔先生在诗歌改革方面已经作出了举世注目的成绩，我们希望先生能把自己在诗歌改革方面的成绩，也能转而为绘画领域服务，领导我们走进一个新纪元。我们欢迎泰戈尔先生，本意也就于此。泰戈尔在讲演中说他很赞成"诗中有画，画中有诗"的说法。他说诗与画在精神上有一致之处。艺术无国界，中国的艺术历史最为悠久，而一些西方人士不了解这一点，盲目地认为中国没有艺术，这是大错特错。他说自己在游历日本时就看到过中国的绘画作品，很是欣赏，因为这些作品与他自己的理想非常相合。他相信爱美的精神虽然会有暂时的消沉，但却不会磨灭，就像地下的泉水总有一天会涌出地面。他对中国画还提出了两点意见，一是要将历史的遗传与现在的关系合一进行研究，二是使印度与中国的美术得到相互融洽的机会，如百川合流，益流益大。他说自己也曾游历西方，目之所及，有如履行沙漠，干燥乏味，"一到中国，如到绿洲，今日所观作品，都显示出一种新的倾向。"演说后，泰戈尔在大家的陪同下参观了展览作品，边看边叹，赞赏之情，溢于言表。

与以前稍有不同的是，平时与泰戈尔形影不离的三位印度学者这次却没有陪同泰戈尔一起来参观画展。原来，这三位学者原定于30日与南开大学的教师李骥同一起去大同参观，只是临行的前一天，才发现车票买不到，于是晚一天出发。

离开贵州会馆，泰戈尔一行随即去了庄士敦的私宅，参加在那里为他准备的另一场茶话会，到时已是下午2点。当时在座的多是英美人士，中国人则有陈源、胡适、张彭春、徐志摩、王统照、林徽因等，中外人士总共有30多人，席间泰戈尔没有发表什么演说，只是和大家一起拍了很多照片。这天泰戈尔很愉快，与庄士敦相谈甚欢。

庄士敦家的茶话会结束之后，泰戈尔与徐志摩、恩厚之一起去了清华大学，当晚就住在了那儿。①

水木清华

泰戈尔1924年的清华之行，至今都被称为中国近代文化教育史上的一件大事。而清华与泰戈尔的结缘，则始于1917年4月26日、5月24、31日出版的《清华周刊》（第106、110、111期）开始连载《印度诗人塔果尔传》，虽然在这之前，欧阳仲涛于1916年2月在梁启超等主办的《大中华杂志》发表了《介绍太阿儿》，且文末注明"未完"，但直到该杂志终刊，未见后续。所以，《清华周刊》上这篇文章，应是国内较早最全面介绍泰戈尔生平与思想的传记。

1923年，泰戈尔即将访华的消息传开后，清华同学以"望穿眼"来表达欲一睹诗哲风采的心情。为使师生更好地了解泰戈尔的作品与思想，《清华周刊》特约请毕树棠撰文《太戈尔研究指南》，"将近几年来中西书报上关于太戈尔的论著，作一个选择的编纂，和简单的介绍，以为读者研究太戈尔的学说与文艺之助。"《指南》收集从1913年至1923年十年间国内主要期刊上发表、摘录的有关泰戈尔传记、戏剧、诗歌等的介绍、评论等文章74篇，并介绍其大意。同时也收录此一时期美国杂志为主发表的83篇英文论文索引。这是当时国内最全面的泰戈尔论著目录，堪称当时泰戈尔研究指导手册。②

1924年4月11日，《清华周刊·书报介绍复刊》（10期）还介绍了龙今吾的文章《太戈尔的恋爱观》（原刊于《妇女杂志》，1924年2月1日），并表示"我们望穿眼的太戈尔先生将于四月中来华。此老的作品我们拜读过的很多，然终少见有人拿他的哲学，作分析之研究，"此篇文章综合泰戈尔的诸多作品，概括出泰戈尔的恋爱观。

清华大学图书馆也努力搜集泰戈尔的著作，至1924年泰戈尔访华时，图

---

① 《北京画界欢迎会席上泰戈尔之演说》，《晨报》，1924年4月30日。
② 毕树棠：《太戈尔研究指南》，《清华周刊》，第293期，1923年11月9日。

书馆已收藏泰戈尔英文著作25种。清华"图书馆已备（泰戈尔的英文著作）者，虽不完全，亦不大缺。"①

可以说，在泰戈尔迈进清华大学的大门，但对清华大学还了解不多的时候，清华大学的师生对他应该已不陌生了。

泰戈尔访问清华，与梁启超等人的热情邀请有关。作为讲学社的核心人物和泰戈尔访华的主要邀请人与接待者之一，梁启超对泰戈尔在华的行程安排细致入微，并希望借助清华的力量。3月7日，梁启超致信蹇季常，商讨泰戈尔访华住所问题时说："独太戈尔房须别觅，真是一问题，渠不过一个月后便来，非赶紧设法不可。我想城里找适当的很难，最好是海淀，其次则香山……"并特别提出要时任清华教务长张彭春帮忙料理。②

梁启超在北京师大发表欢迎泰戈尔的演讲时，曾就自己之前多次拒绝北京师大校长的邀请而道歉，但对清华大学，他似乎感情既深且厚，从1914年起就不时在清华从事著述或讲学，而且觉得有无限愉快。从1923年9月起，他开始在清华长期讲学，所开《最近三百年学术史》与《群书概要》等课，受到清华同学的热烈欢迎。泰戈尔访华之际，清华已成为梁启超主要的活动地点之一。正是梁启超及清华校方的热情邀请与接待，才有泰戈尔在清华园长达近一周的驻留。

清华僻居郊区，环境幽静，生活设施齐全先进，而泰戈尔自到中国后，日程非常紧张，舟行劳顿，几乎无片刻休息，中国的接待者如徐志摩、王统照为此一直很担心，而在清华，老诗人难得地好好休息了一下。

泰戈尔下榻清华后工字厅，清华师生莫不兴奋，校方的接待，也非常细致周到，还专门安排英文系教授王文显参与接待。③ 徐志摩说："太氏在清华住的那几天——五月初那星期——，承清华学校曹云祥与张仲述两先生的好意替他安排得又舒服又安闲，他在他的忙碌的旅行期内总算受用了几天的清

---

① 吴汉章：《泰谷尔著作介绍》，《清华周刊·书报介绍副刊》，第11期，1924年5月，34—37页。
② 丁文江、赵丰田编：《梁启超年谱长编》，上海：上海人民出版社，1983年版，1010页。
③ 李忠霖：《一位有异国情调的同乡前辈——怀念业师王文显教授》，《清华校友通讯》，1984年第10期，293页。

福，那是他近年来不常有的。"①

4月30日，泰戈尔一行在清华休息一天。

5月1日下午3点至5点，为了使清华师生更好地理解泰戈尔当晚的演讲，梁启超在清华演讲"中印文化之关系及太氏之介绍，"虽然内容与在北京师大的演讲大致相同，但也许是因为这次是为当晚泰戈尔的演讲造势，所以"梁先生精神奋健，其气概诚令人钦佩，同学听讲后，受益良深。"② 泰戈尔对梁启超的此次演讲非常欣赏，并请他将此次演讲及之前在北京师大的演讲译为英文，自己带回国。

5月1日晚八点半，清华大学师生在清华旧礼堂为泰戈尔举行盛大的欢迎会，并邀请泰戈尔演讲，由徐志摩翻译。泰戈尔如诗的言辞，徐志摩诗人的气质和如诗的翻译，成为中英双语最美修辞的双璧，让清华师生大饱眼福和耳福。

"我的年轻的朋友，我眼看着你们年轻的面目，闪烁着聪明与诚恳的志趣，但是我们的中间却是隔着年岁的距离。我已经到了黄昏的海边，你们远远地站在那日出的家乡。"诗一般的语句，从长髯白发的诗人口中缓缓流淌而出，听者莫不沉浸其中。

泰戈尔号召青年们走出自己狭隘的国家主义门户，拿出自己的光亮，去"参加世界文化的展览。"他说自己不相信一些人的说法，认为中国人都是实利主义的、唯物主义的；他不相信"任何的民族同时可以伟大而是物质主义的……我以为凡是亚洲的民族决不会完全受物质主义的支配；""人类的文明正等着一个伟大的圆满，等着他的灵魂的纯美的表现。这是你们的责任，你们应得在这个方向里尽你们的贡献。"他劝告青年们要坚持生活的美的原则，不要被物质主义的毒素玷污了自己本来纯洁的灵魂。诗人满怀深情地说："我是倦了，我年纪也大了，我也许再也不能会见你们了，这也许是我们最后的一次集会。因此我竭诚恳求你们不要错走路，不要惶惑。不要忘记你们的天职；千万不要理会那恶俗的力量的引诱……保持那凡事必求美满的理想，你

---

① 泰戈尔：《清华讲演》之徐志摩附述，《小说月报》，第15卷10号，1924年10月10日。
② 《太氏介绍》，《清华周刊》第313期，1924年5月9日。

们一切的工作,一切的行动,都应得折中于那唯一的标准。"只有这样精神才能始终圆满无伤,才能得到真的生活、美的生活。①

泰戈尔的演讲是即兴的,但他的内心就好象有始终畅流不息的泉水,只要有一个出口,就会源源不断地流出来,所以他的演讲就象是在把一个小树苗在听众面前慢慢催长成一棵参天大树那样神秘,而听众也就在他变魔术一样的语言的急流中沉醉于这棵大树的绿荫的荫凉,忘记了自己周围喧闹的世界。实际上,他的很多作品就是这样创作出来的,他不是象一些作家那样在开始创作之前都要有很详细的规划,至少要打好腹稿,而是至多抓住一点点灵魂的火花,或心灵里一朵云彩飘过时投下的阴影,他就可以用诗神给他的"灵感",变幻术般变出一首小诗或一段故事或一出戏剧。他的灵感不是那只开一季的鲜花,而是四时不谢的仙葩。担任他的翻译的徐志摩有一次奇怪地问他:"你这样永远受创作的冲动的驱使究竟是苦还是乐?"听徐志摩这样问,老诗人笑着反问道:"你去问那夜莺,他呕尽他的心血还要唱,他究竟是苦还是乐?你再去问问那深山的瀑布,他终年把他洁白的身体向深谷里摔个粉碎,他究竟是苦还是乐?"②

与以前的演讲相比,泰戈尔在这次演讲中不再象以前那样对中国的物质主义进行直接的批评,而是非常婉转地讽刺,而且语气里多了一点惆怅,一点无奈,一点欲言又止的伤心。他似乎不再直接指责他在中国所看到的他认为丑恶的东西,虽然他那如炬的目光早就把一切看得清清楚楚。这种态度与语气的改变,与他听在耳里的一些不谐和的反对的声音有关:这对抱着满腔热情而来的诗人来说,未免让他感到伤心了。③

诗圣莅临,清华师生"不独争欲观其风采,且以能与彼接谈为快。"④ 因此,经学校协调,并经泰戈尔许可,5月2日、3日两天下午5点至6点,泰戈尔专门接见学生。其中一天傍晚,泰戈尔在后工字厅接受了十余位同学的采访。泰戈尔背对栏外的荷花池,同学们则环坐席上。同学们首先询问如何

---

① 泰戈尔:《清华讲演》之徐志摩附述,《小说月报》,第15卷第10号,1924年10月10日。
② 泰戈尔:《清华讲演》之徐志摩附述,《小说月报》,第15卷第10号,1924年10月10日。
③ 泰戈尔:《清华讲演》之徐志摩附述,《小说月报》,第15卷第10号,1924年10月10日。
④ 《哲人谈话》,《清华周刊》第313期,1924年5月9日。

解决西方文明"迫成之饥窘问题",泰戈尔表示,自己因不熟悉中国的具体情况,所以就只能介绍了西方文明与印度的贫富差别的关系。同学们还问了其他问题,如"他所信仰的上帝究竟是否与耶稣教的上帝有分别?""对基督教中所谓'罪恶'有何主义?""人们的生存在世,是不是特幸?""'自由'与'爱'之确凿的界说及其相互的关系"等等问题。"太氏温蔼可亲,且善为青年劝导。是以聆其谈话者莫不叹佩。"① 不知不觉,已是6点半,比约定的时间多了半小时,同学们恐老诗人太辛苦,遂道谢告别而去。

5月2日,有"中国的泰戈尔"之称的辜鸿铭,专程从北大赶到清华会见泰戈尔。两人具体谈了什么,不得详知,但辜鸿铭对泰戈尔并无好感。3日,清华学生梁朝威采访辜鸿铭,请他谈谈对泰戈尔的认识,辜鸿铭认为泰戈尔足以代表印度文化,"然其知中国之事少,且所言不足以救中国之弊;盖其理想太高,太谷尔其犹龙乎!"辜鸿铭将泰戈尔比做中国的老子,并且感叹说"堂堂乎太谷尔也!"② 此时的辜鸿铭谈及泰戈尔还算客气,同年7月24日,他在法国《辩论报》上撰文,则直接称泰戈尔给中国带来的只是"谬误和混乱"。"让他不要来给我们讲授什么文明。"③

3日晚,学生会开全体学生大会欢迎泰戈尔。这次欢迎会原定10日举行,因为泰戈尔原定在清华园驻留23天(4月28日至5月20日),但因泰戈尔"不日离校,恐不克亲受欢迎",所以才提前至3日(泰戈尔在清华园的实际停留时间为六夜五天。)

晚餐时分,清华附属高中的同学皆在清华大学聚餐,饭前高唱中英文校歌,"精神为之大壮"。饭毕,同赴新礼堂静候泰戈尔莅临。不久,"吾人望眼欲穿之诗哲由工字厅从容来矣。"全体同学起立致敬。泰戈尔落座后,首先由学生会干事部主席致开会辞。辞毕,同学们同唱校歌。歌毕,冀朝鼎代表全体同学致欢迎辞,"辞中意气壮巍,道东方之文献;情意虔恳,言欢迎之热诚,为该会之最精彩者。"会上,同学们还表演了两出哑剧、国乐、昆腔等节目,"皆极一时之盛"。泰戈尔对国乐表现出浓厚兴趣,一曲完毕后,意犹未

---

① 《哲人谈话》,《清华周刊》第313期,1924年5月9日。
② 梁朝威:《与"中国的太谷尔"谈话记》,《清华周刊》,第313期,1924年5月9日。
③ 辜鸿铭:《泰戈尔与中国人》,法国《辩论报》,1924年7月24日。

尽，请同学们再弹奏一曲。①

泰戈尔与清华师生的谈话非常轻松随意，"谈论人生问题——自宗教至性恋，自性恋至财政，不仅听着的人实惠，讲的人不受形式的拘束也着实的愉快。"泰戈尔觉得很愉快，他觉得中国的学生很聪明，自己与学生们很"投机。"徐志摩注意到了诗人情绪的变化："听老人的口气，似乎他自己以为与学生们的谈话是很投机的。"他遗憾自己当时都不在场，也不知道这些珍贵的谈话是否有人记录下来："那几番谈话不知道当时或是事后有人记下否（恩厚之只剪着几条断片，却始终不曾整理出来），如其有，我盼望记下的诸君将来有机会发表。"② 不知他后来是否知道，这些谈话的大致内容发表在《清华周刊》（第313期，1924年5月9日）上了。

泰戈尔在清华期间，正值"燕草碧绿，秦桑绿枝时节，水木清华的清华园已成了姹紫嫣红，鸟语花香的乐国，"泰戈尔此时"'驻锡'于此，"与清华美景"互相辉映，点缀一时，水木清华的清华园，益呈霭祥可爱之象。"清华师生"居此霭祥可爱之乐国，得聆此诗哲环琦之高论，不禁心旷神怡，觉天下事无事不乐，天下物无物不美矣。"③

5月5日，泰戈尔告别清华师生，返回北京城里，寓居史家胡同，并出席下午1点至5点在东城大佛寺举行的佛教会欢迎会。④

清华师生恋恋不舍。因为泰戈尔在清华的一星期，"实在是我们最引为荣幸，并且在清华的历史上最值得纪念的一件事情。"虽然以前清华来过很多达官贵人，但热闹过后，他们什么都没给清华留下；但泰戈尔不同，他来清华，是"带了一份极珍贵的礼物来送给我们享用。这份极宝贵的礼物就是他那伟大的人格。"所以，他"离开了清华之后，他的印象是曾常时存留在我们的脑筋里。他对于我们的行动和思想是有很大的影响。他曾使得我们此次欢迎他的兴趣不但不渐渐消灭，并且引导我们到了一条新辟的大路上，使得我们心头上时时刻刻地记着他的话，向前进行。"这条大路，就是"建设世界文化的

---

① 《欢迎太戈尔》，《清华周刊》，第313期，1924年5月9日。
② 戈尔：《清华讲演》之徐志摩附述，《小说月报》，第15卷10号，1924年10月10日。
③ 梁朝威：《与"中国太谷尔"谈话记》，《清华周刊》，第313期，1924年5月9日。
④ 《诞辰将近之泰戈尔》，《晨报》，1924年5月6日。

使命。"①

难能可贵的是，在此时国内对泰戈尔欢迎和批评声浪都正烈的时候，清华老师陆懋德则客观地指出：欢迎派和反对派都误解了泰戈尔。欢迎派将泰戈尔视为印度革命领袖，"因欲利用彼鼓吹革命主义"；反对派则批评泰戈尔反对物质文明，而"泰氏亦非劝人绝对的不用物质文明，不过指出物质文明之弱点，使人知物质文明之外，尚有精神文明之重要而已。②此公允之论，直至今日，都显珍贵。

泰戈尔的美好形象，永远留在了清华师生脑中。在感受到中国国内对自己的批评浪潮的时候，清华师生的真诚，也给老诗人带来了莫大的安慰。

泰戈尔在清华大学的这段时间，一直陪伴他的印度学者鲍斯、沈、诺格从北京赴洛阳游览，并顺便到郑州、开封。他们本还计划去大同，但时间来不及了，他们匆匆返回北京，因为他们不能错过一个重大的日子。

泰戈尔的生日快到了。

"竺震旦"的诞生

1924年的5月7日，是泰戈尔的64岁生日。老诗哲的这次生日要在北京过，无疑给欢迎者提供了又一个欢聚的机会，也使欢迎者感到莫大的荣幸。他们在欢喜的期待中已早早做好了安排，其中尤以徐志摩所主持的新月社最为热心，而他们为诗哲准备的最大礼物，是要在泰戈尔生日这天在协和大礼堂演出泰戈尔的名剧《齐德拉》。

当天晚上，冠盖云集，谈笑皆鸿儒，往来无白丁，因受邀客人都是新月社发柬邀请，所以多是文艺中人。徐志摩们的用意，是计划将泰戈尔的这次生日聚会办成一次中外文艺界人士的盛会，因为对中国人和印度人来说，泰戈尔在中国过的这个生日，都肯定是与众不同的。

---

① 《泰戈尔先生去后》，《清华周刊》，第313期，1924年5月9日。
② 陆懋德：《个人对于泰戈尔之感想》，《晨报副刊》，1924年6月3日。

晚上9点，泰戈尔和鲍斯、沈、诺格、恩厚之、徐志摩等人到会，大家报以热烈的掌声。

泰戈尔走到台下专为其准备的安乐椅，落座。

9点15分，主席胡适起立，用英语致欢迎辞，大意说：我们今天庆祝泰氏有两种意思，第一是庆祝泰氏64岁生日，第二是庆祝泰氏中国名的诞生。泰氏是诗哲，并且是革命的诗哲。中国文化受印度影响很多，今天我们能够在这里欢迎代表印度的最大人物，并且刚逢着他的生日，替他做寿，实在是凑巧极了。

胡适在演讲中加了很多诙谐幽默的趣话，引得笑声不断，更显得气氛的和谐。胡适代表中国知识界赠给泰戈尔一些中国名画和一件名贵瓷器，并将一条横幅送给老诗翁作为生日礼物，上面题有他创作的《回向》一诗：

他从大风雨里过来，
向最高峰上去了。
山上只有和平，只有美，
没有压迫人的风和雨了。

他回头望着山脚下，
想着他风雨中的同伴，
在那密云遮着的村子里，
忍受那风雨中的沉暗。

他舍不得离开他们，
他又讨厌那山下的风和雨，
也许还下雹哩，
他在山顶上自言自语。

瞧呵，他下山来了，
向他密云遮处走。

> 管他下雨下雹！
> 他们受得，我也能受。①

胡适这首诗完成于1922年10月，是读过《华严经》的《回向品》后的感悟。胡适选择在泰戈尔生日这天将此诗送给泰戈尔，一是表示泰戈尔来自佛教国度，二是对此时正受到中国知识分子批评的泰戈尔以示安慰。原来，之前泰戈尔曾经不解地问过胡适："你听过我的演讲，你也读过我的作品。他们说我反对科学，我的演讲哪一次不是要让人们学习科学？"胡适让泰戈尔不要担忧，更不要对中国人失望。并且说："这只是个人看问题的角度不同而已。您的演讲充满诗情，倡导人追求精神的自由，您对现代科学的强调因此就很容易被听众忽略。我们要对许多人说话，就无法避免一部分人的无心的误解或有意的曲解。'尽人而悦之'，是不可能的。"② 泰戈尔明白胡适的苦心，也很感动，就请胡适将此诗译成英文，送给他做纪念。胡适欣然应允。

胡适讲毕，祝寿会进入第二个高潮。由梁启超登台说明替泰戈尔起中国名的经过和含义，由胡适口译成英语。

梁启超说："今天的老寿星很有趣，他和我见面第二次，要我送他一个中国名，说道：'我不觉得什么缘故，到中国便像回到故乡一样！莫非他是从前印度到过中国的高僧在某山某洞中曾经过他的自由生活？'他要求我送给他一个中国名字，还说他原名里上一个字 Rab 是太阳的意思，下一个字 Mdra 是雷雨的意思，要我给他起'名字相覆'的两个字。我当时不过信口答应罢了。过两天他又催我，还说希望在他生日那天得着这可爱的名字。……我想印度人从前呼中国为震旦，原不过是支那的译音，但选用这两个字却含有很深的象征意味，从阴郁暗淡的状态里轰然一震，万象昭苏，刚在扶桑浴过的丽日从地平线上涌现出来（旦字末笔表地平线，这是何等的境界！）泰戈尔原名正含有这两种意义，把他意译成震旦两字再好没有了。又从前自汉至晋的西来古德都有中国名，大率以所来之国为姓，如安世高从安息来便姓安，支娄迦

---

① 《努力周报》，1922年10月22日。
② 胡适：《追记太戈尔在中国》，季羡林主编：《胡适全集》第12卷，合肥：安徽教育出版社，2003年，489页。

许从月支来便姓支,其间从天竺——即印度来的便姓竺,如竺法兰、竺佛念、竺法护,都是历史上有功于文化的人。今日我们所敬爱的天竺诗圣在他所爱的震旦地方过他64岁的生日,我用极诚挚、极喜悦的情绪将两个国名联起来赠给他一个新名字曰竺震旦。我希望我们对于他的热爱跟着这名儿永远嵌在他心灵上。我希望印度人和中国的旧爱借竺震旦这个人复活过来。"

梁启超不愧为一代大儒,给泰戈尔起的名字也博大精深,意味无穷,说得大家莫不颔首赞叹。会场欢声雷动。欢迎会进入一个高潮。

胡适则以英语幽默地说:"今天一方面是祝贺老诗哲64岁生日,一方面是祝贺一位刚生下来不到一天的小孩的生日。"大家哄堂大笑。

"谢谢!"泰戈尔紧握着梁启超的手,庄重地接受了这个名字。后来,西泠印社的金石艺术家,又各以不同的字体精心刻制了两方"竺震旦"的印章,赠给泰戈尔。

梁氏说毕,由沈教授演唱印度歌曲祝贺;随后泰戈尔登台演讲致谢,这时全场起立鼓掌,气氛热烈,把祝寿的气氛推向了又一个高潮。

泰戈尔说这是他最高兴的日子,因为他有了象征中印民族团结友好的名字,以后他将继续从事中印文化的交流工作,并且再次恳请中国学术界文化界的朋友有机会到印度去,去他的国际大学讲学和研究。[①]

泰戈尔的演讲很短,仅15分钟。因为当晚的时间安排很紧张,并且还有一台祝寿会的"压轴大戏"就要开幕了。

高山流水

这台"压轴大戏",是演出泰戈尔名剧《齐德拉》。

演出开始之前,为表"新月"之意,林徽因装扮成一个古装少女,穿着别出心裁的服装,奇美夺目;一位6岁幼童则装扮成一位乖巧可爱的孩子,两人一起抬头遥望天上明月,宛如画图。全场鼓掌,叹未所见。观众期待已

[①] 《太戈尔生日之盛会》,《申报》,1924年5月12日。

久的名剧演出，就此拉开序幕。

泰戈尔此剧，虽已传遍全世界，但真正欣赏过并理解其意味的中国人，却并不多。因此，新月社从听众的邀请到演员的选择，都是偏于"小众化"、"文艺化"。其演员，虽非专业，却都是"名角"，其中林徽因饰女主角齐德拉，张歆海饰男主角阿纠那，徐志摩饰爱神，林长民饰春神，王孟瑜女士、袁昌英女士、蒋百里、丁燮林饰村人，张彭春担任导演，梁思成担任布景。全剧都用英语演出。

林长民与女儿同台演出，已是佳话；林徽因与徐志摩、梁思成之间的恩怨情长，在座者多有了解，更增添了这出爱情名剧的魅力；而演员们滑稽、精彩的表演，更是引起了阵阵掌声。一出探索爱与美的抽象剧，与活生生的现实爱情融汇一体；而整个演出风格又符合新月派的绅士风情和审美趣味，演者和观者皆津津有味。泰戈尔在演出过程中捻须颔首，心中也洋溢着难以遏制的热情。台上台下，堪称伯牙与子期，高山与流水。

演出结束，泰戈尔激动地上台拥抱林徽因，以示感谢。

晚会结束，已是凌晨 1 点 15 分。①

在中国度过的这个不寻常的生日使泰戈尔终生难忘。1941 年，已经卧床不起的泰戈尔还满怀深情地口授了一首诗，回忆这次快乐的生日：

> 在我生日的水瓶里
> 从许多香客那里
> 我收集了圣水，这个我都记得。
> 有一次我去到中国，
> 那些我从前没有会到的人
> 把友好的标志点上我的前额
> 称我为自己人。
> 不知不觉中外客的服装卸落了，
> 内里那个永远显示一种

---

① 《竺震旦诞生与爱情名剧"契玦腊"》，《晨报》，1924 年 5 月 10 日。

意外的欢乐联系的
人出现了。
我取得了一个中国名字,穿上中国衣服。
在我心中我就晓得
在哪里我找到了朋友,我就在哪里重生,
他带来了生命的奇妙。

在异乡开着不知名的花朵,
它们的名字是陌生的,异乡的土壤是
它们的祖国。
但是在灵魂的欢乐的王国里
它们的亲属
却得到了无碍的欢迎。①

反对声浪涌

泰戈尔刚到中国,听闻其将赴北京,王警涛就提醒老诗人"闻道赴北京,北京多蝎蜴。满城浓瘴气,何处寄仙骨。"② 果不其然,中国思想文化矛盾冲突的硝烟,不知不觉间笼罩住了老诗人。

5月9日上午11点30分至12点35分,应讲学社邀请,泰戈尔在真光影戏院给北京青年作了第一次公开演讲。

演讲前,先由梁启超简单介绍泰戈尔,并强调"新旧非年岁问题,乃精神问题,亦非皮相问题,乃骨髓问题,今泰戈尔年岁虽老,而精神则犹是活泼泼之幼儿。其衣冠虽古,而其思想则足为时代之先驱。彼之取得世界上之地位,乃抉印度千年前之文化而复得之,乃以革命及反抗之精神取得。"

---

① 泰戈尔:《生辰集》,见何乃英著:《泰戈尔传略》,天津:天津人民出版社,1983年,第195—196页。
② 王警涛:《为太戈尔游华吟》,《申报》,1924年4月15日。

梁启超的语气，颇有些无奈和不满。

泰戈尔随后以英语演讲，由徐志摩翻译。泰戈尔简单介绍了自己青年时代在孟加拉从事文学革命运动的经过。他说："余虽年老，但是余并非一腐朽时代精神之代表，余之革命的精神，犹昼夜不息之流水。余不为不知老之将至，抑且自视为一活泼之幼童焉。"①

泰戈尔在演讲之始讲出这番类似于自我表白的话，实际上是颇为无奈和伤感的。早在泰戈尔在雩坛演讲时，就已有人在会场上散发传单，反对泰戈尔在演讲中宣传博爱和平主义，认为泰戈尔是在宣传投降主义。这次在真光影戏院的演讲，在泰戈尔到达会场之前，就已有人在会场上散发传单"我们为什么反对泰戈尔"、"送泰戈尔"，内容与在雩坛出现的传单相似：

1. 我们在古老东方文明下受尽了苦，包括男尊女卑、崇拜帝王、压迫百姓、封建制度、等级制度及盲从礼教。泰戈尔博士企图维护我们文明的这些腐朽无用方面，我们只好反对他。

2. 我们接触现代文明感到很大羞辱。文明必须改进：人力耕种、手工业制造、舟楫慢行、印刷落后、道路崎岖、卫生差劲。我们是为了现代文明进步而反对泰戈尔博士。

3. 所谓的东方精神文明只不过是内战、自私地割据、伪善、欺骗、掠夺、罪恶的孝道以及鄙视（女性）的缠足。我们怎能不反对这些害人的事情呢？

4. 中国人对列强的侵略与国内军阀压迫麻木不仁，他们的生命与安全濒临危险。泰戈尔博士要废除民族与政治，用灵魂的安慰取代。这是逃避现实，是懒汉聊以自慰之道，不适合我们。泰戈尔博士用这些来使我们民族短命，我们非反对他不可。

5. 泰戈尔博士和同善会亲善，这是一个中国道教、佛教联合的卑鄙邪恶组织。泰戈尔博士口口声声"天国"、"上帝"、"灵魂"。如果靠这些可以使我们不受苦，那人类就不必致力于改造世界了？我们反对阻碍

---

① 《泰戈尔昨天讲演纪略》，《晨报》，1924年5月10日。

受压迫阶级与民族的自决与斗争的泰戈尔博士。①

上述种种反对泰戈尔的理由,一言以蔽之,即认为中国目前所需要的不是泰戈尔所宣传的东方文明,而是正好相反,因此泰戈尔的到来,对中国的革命是一副消极的催化剂,所以有志于中国将来前途者应该尽到自己作为有为中国青年的责任,反对泰戈尔。

梁启超在泰戈尔演讲前竭力替他辩解,为泰戈尔正名。一向宽厚的泰戈尔在这次演讲中也不得不为自己辩解几句。这都表明当时这股反对泰戈尔的力量并不算小。

泰戈尔在演讲中回忆了自己从事文学革命运动的过程,借以说明自己实际上并非一个守旧腐朽的代表,而是一直有革命精神的。他说他出生的时候印度正在进行三种改革运动,一是宗教改革运动,一是文学革命运动,再就是国民运动。宗教改革运动的中心就是他的父亲等人,原因是当时的印度宗教界受到了各种外在压力的压迫和束缚,就象江河瘀塞到了非疏通不可的地步一样;而文学革命的中心则就是他自己。他说自己自从能够握笔写字开始就对文学抱有革命的决心。他认为文学不应该受任何的束缚和压力,一受拘束就会失去文学中的真我,而文学中之诗,尤需有真我,其价值乃能存在。所以他所发起的文学革命就首先从诗歌入手,即不问形式,不守格律,只要能表现真我就行。对于泰戈尔在诗歌领域所发起的这场改革,当时的孟加拉文学界几乎可以说是群起而攻之,但泰戈尔自认为找到了一条诗歌乃至文学发展的光明前途,所以尽管很多人认为他现在所做的工作只是儿戏而已,但

---

① 魏丽明:《1924年泰戈尔访华的历史意义》,见《泰戈尔与中国》,王邦维、谭中主编,北京:中央编译出版社,2011年,第17页。反对泰戈尔的传单系由当时的中共北京区委组织散发的,1924年6月1日,《中国共产党报》第四号刊出了北京区委的《京区报告》,其中谈到:"区委新出一《政治生活》,第一期在京销三千份,重印两千份。……关于反对太戈尔的宣传,除《政治生活》外,又散了几千份传单。"《政治生活》第一期可称为"反对泰戈尔"专号,集中刊发了数篇文章,包括"致太戈尔的一封公开信",吴稚晖的"婉告太戈尔",和森的"英美协会欢迎太戈尔",汀的"银钟……幽谷",健孜的几篇杂感,包括"令人恐怖的诗哲"、"三人耳"、"今之古时仙人"、"怅惘",对泰戈尔及其中国的欢迎者进行了全面的激烈批判。这一期杂志销了五千份,再加上"几千份"传单,影响不可谓不大。见中央档案馆编:《中共中央文件选集》(1921—1925),中共中央党校出版社,1989年,第275页。

他却锲而不舍，毫不灰心丧气，最终取得了成功，这不仅使印度文学为之一变，也极大地影响了世界文学。关于国民运动，泰戈尔的解释是：为了反抗英国政府的政治压迫。正是因为英国政府的压迫，印度人民才纷纷寻求能免除此种痛苦的道路。泰戈尔生逢此时，自然也要探求印度人民幸福的道路，经过努力和认真的思考，他最终发现了一条光明之途，并愿意引导印度人民和今天到会的中国听众朝这条道路上走去。

他说："吾以为一人可析而为三，一曰肉，二曰心，三曰灵魂。肉为最无关重要者，心次之，灵魂则为吾人生命之源。生命之在地球，恰如流水之奔江河。流水之奔江河，过去之水，非今日之水，今日之水，又非明日之水，固源源而不息，固亘万古而常新。生命亦然，乃进化的，非呆滞的，故吾人必须有革命，必须日日新，又日新，然后此生命才成为活泼泼之生命。唯吾之所谓新，非新其羽毛之谓，乃探吾灵窟，抉出可以永久存在之新生命，使之趋于神明之路之谓。盖徒新其羽毛，则为肤浅之新，暂时之新，仅能成一现之昙花，与吾人灵魂之永久存在问题初不相关也。于此有为吾人所必须注意者，则为舍旧维新之方向是也。"

他说自己曾经到过欧洲，欧洲人穿短衣，而亚洲人则穿长衣，欧洲人不知道衣之长短与人生之永久和暂时无关，所以就把穿着与他们不一样的服装的亚洲人看做野蛮人，当然这是大错特错的。我们所需要的，乃灵魂上的修养，而非肉体上之供给，而欧洲人所谓的文明野蛮，乃以机械之精良与否为标准。他接着反问到："试问日下之机械专制时代，果适合于吾人之要求乎？吾敢断言之曰：是不然。文明之发展，决非到此即为止境者，吾且窥见一较深较广之世界，已显于吾人之眼历中，此世界即所谓神明的境界，其光明较今兹机械专制之世界，且不能以度量计之。"而要想到达这种境界，必须努力培养牺牲的道德。欧洲人现在只处于人类发展的第二时期，即体力智力征服时代（第一个时期为体力征服时代），尚未到达第三时代，即道德的时代，但他们不但不知道反省，反而以此为满足，真是执迷不悟。①

显然，泰戈尔在演讲中所谓的革命与中国当时正在进行的革命在内涵上

---

① 《泰戈尔昨天讲演纪略》，《晨报》，1924年5月10日。

大不相同。中国当时所需要的，也是很多有志者所追求的革命是一种以暴易暴的暴力革命，而泰戈尔所主张的革命类似于革新或维新，是局部改良，渐进革命，而事实已经证明或正在证明这条路在中国走不通。泰戈尔受到中国革命者的批评，也并不奇怪了。

黯然神伤

国内这股愈来愈强的反对泰戈尔的声浪使欢迎者深感不安，虽然他们出于好意竭力在泰戈尔面前掩饰，但却是越描越黑，反而让泰戈尔更加不舒服。但泰戈尔原定的在京活动计划还在继续实行。

5月10日上午，泰戈尔在真光影戏院进行第二次公开演讲。在正式演讲之前，胡适先登台，对当前针对泰戈尔的反对者及怀疑泰戈尔来华动机者进行警告。他说："外国对于泰戈尔，有取反对态度者，余于此不能无言。余以为对于泰戈尔之赞成或反对，均不成问题，惟无论赞成或反对，均需先了解泰戈尔，乃能发生重大之意义，若并未了解泰戈尔而遽加反对，则大不可。"他还现身说法，说自己一开始也反对欢迎泰戈尔来华，但自泰戈尔来华之后，自己却位列热烈欢迎者之列，对泰戈尔绝对景仰，"盖吾以为中国乃一君子之国，吾人应为有礼之人。今泰戈尔乃自动地来中国，并非经吾人之邀请而来，吾人自应迎之以礼，方不失为君子国之国民。同时泰戈尔为印度最伟大之人物，自十二岁起，即以阪格耳之方言为诗，求文学革命之成功，历五十年而不改其志。今阪格耳之方言，已经泰氏之努力，而成为世界的文学，其革命的精神，实有足为吾青年取法者，故吾人对于其他方面纵不满足于泰戈尔，而于文学革命一段，亦当取法于泰戈尔。"

胡适作为新月派的精神领袖，他所追求的是中国传统士大夫的那种国家理想和人格理想，与泰戈尔的主张颇多相合之处。

继胡适登台的是徐志摩，这位在泰戈尔来华后就几乎与之形影相随的中国诗人，对泰戈尔受到攻击很是不解和愤慨，所以情绪也一直很激动。他一方面想方设法替泰戈尔辩护，在泰戈尔面前遮掩与欢迎者的热烈态度迥然相反的事实，一方面对攻击泰戈尔的人也作出了反应，那就是决定不再担任泰戈尔演讲的翻译，而这本来是他乐此不疲的工作和享受。至于原因，他的解释是："吾人于泰戈尔之演讲，如吃甘蔗，吾之翻译，及报纸之记载，将皆成为蔗粕。蔗粕无浓味，故不必画蛇添足，举蔗粕以饷人。"

徐志摩讲完，泰戈尔才登台演讲，时间为上午 11 点 07 分至 12 点。细心的听众发现，泰戈尔这次演讲与以往有所不同：以前他演讲时从来不带草稿，而是信口讲来，滔滔不绝，这次却准备了讲演稿。以前他演讲时语速和缓，态度温和，这次却态度激昂，尤其是在谈到西方的物质文明已经达到不可救药的地步时，更是慷慨陈辞。愤慨之情，溢于言表。他这次演讲的题目是"巨人统治及扑灭巨人"，这里的"巨人"，指的是西方的物质文明。

他这次演讲的大意是：西方文明重量而轻质，其文明之基础薄弱已极，结果遂驱人类入于歧途，致演成机械专制之惨剧。吾尝与美国汽车大王福德为五分钟之谈话，谈及英国文明之缺点。福德亦谓代表西方文明之英国，其文明实为缺乏精神生活之文明。此种缺乏精神生活之文明，羽毛虽美，而内容则极为腐败，徒足为人类之害，此观于近代西方之有权者，即可知之。西方之有权者，无一不受此缺乏精神生活之文明之影响，故彼等咸抱一种野心，日惟以如何塑造大机器又如何用此机器以从事侵略为事。彼等对于率机器以食人之残酷行为，初不自知其非，且庞然自大，自以为己乃一大人焉。虽然此种文明，吾东方人士万不可崇拜之，如崇拜之，则必受其害。吾人今须知人类之精神，须如机械之轮之自强不息。吾人分所应为者乃对于一切压迫之奋斗抵抗，以求到达于自由之路，故吾人今对于大人（即西方文明）须以较机械更良之武器征服之，换言之，即吾人今须以精神战胜物质是也。"① 泰戈尔演讲辞的前后两段都是诗歌，都是赞美和平的、自然的生活，音韵之美，几乎令人疑为是仙乐。

在泰戈尔演讲即将结束时，场中又有人散发传单"送泰戈尔"，一时间会场出现了小小的骚动，有人斥责散发传单者，把传单撕碎扔到散发者身上，也有一些人借机对泰戈尔进行抨击。泰戈尔神色稍露不快，但还是坚持讲

---

① 《泰戈尔第二次讲演》，《晨报》，1924 年 5 月 11 日。

完了。

按照原定计划,泰戈尔要在真光影戏院演讲六次,遗憾的是,此时中国国内的反对声音让他非常灰心。这次演讲一结束,徐志摩就登台声明:"因泰戈尔先生身体不适,明天即星期天的演讲取消,下星期一的演讲照常,但时间提前一小时,地点不变。"

日俄相邀

5月10日下午,有日本人前往泰戈尔下榻处拜见,并邀请泰戈尔离华赴日游览,邀请的理由之一竟是:既然在中国无人了解你,君又何必久留此地?

5月15日,《晨报》报道:"太戈尔将游苏俄"。消息说,泰戈尔11日下午和恩厚之一起到官场胡同,拜访了俄国驻京代表加拉罕,双方谈了大约一小时。泰戈尔说:俄罗斯地处东方,其固有的文化本就与东方文化接近,与专尚物质文明的西方国家很是不同,所以他表示自己很愿意到俄罗斯去考察游历,希望借此能树立东方的文化精神。加拉罕对泰戈尔的建议表示热烈欢迎,并说将尽快致电莫斯科政府来电邀请。他还说,苏俄与印度的关系,就政治上说,俄国对于政治上被压迫的民族一直深表同情,并且俄国近年来受西方物质文明的损害也不少,所以与印度完全有共同合作的必要;就学术上来说,俄国有过托尔斯泰这样伟大的作家,他在19世纪初就开始提倡以精神文明反对物质文明,这与现在他所提倡的,实际上是有相通之处的。两人还谈及泰戈尔在印度建立的和平学院所坚持的教育方针,与苏维埃政府的教育方针根本上也是相符合的。最后泰戈尔表示一定要到苏俄考察,大概准备趁去西班牙、意大利之便转道去苏俄。

就在中国有人攻击泰戈尔之时,报纸报道这种消息无疑会让中国的欢迎者感到一些安慰:泰戈尔这位世界大儒千里迢迢来中国传播爱的福音,传播他自认为是真理的救世之道,理应受到如此的欢迎;同时又会为其在中国遭到如此不公正的待遇感到深深的遗憾和不满。

最后的演讲

因为遭到攻击而备感伤心的泰戈尔最终以身体有病为由取消了三次演讲，这也是他对批评者的一种迫不得已的回应。

5月12日上午10点，泰戈尔在真光影戏院举行在京最后一次演讲，到会听众约有两千余人。在泰戈尔演讲之前，徐志摩先登台发言，说泰戈尔三两天内就要离开中国了，这一去，估计再也不会来中国了。泰戈尔已是60、70岁的老人，身体不大健康，在来华之前，他的亲友都不愿其长途劳顿，泰戈尔则认为中国乃印度兄弟之国，应该去中华一行，遂将学校事务暂行托人料理，跋涉了数千里的海程，来到中国。而自踏上中国的土地，他不曾有一天的休息，旅途劳顿不说，单就公开的演讲和谈话，就有三四十次，"他的精神因此感到很疲倦，但他尚不以身体的困顿为悲悼。他因我国有一部分人对他有所误解，而精神大为懊丧。日前他问我，中国一部分人为什么要反对他。我答以不了解三字。其实泰氏之主张完全一革命之主张，倾向于社会统一，他最反对的是资本主义，物质文明，他来中国之盼望，即欲清除人间一切之障碍，今竟有人反对他，实为不幸之事。反对者传单中所说的，与泰戈尔本人有什么关系？今日是泰戈尔最后一次之演讲，下午即去西山休息。我个人对于泰氏之牺牲精神，坚忍之志气，伟大之声音，高尚之人格，深为佩服。泰氏犹如喜马拉雅山，只有高空中之高山，知道他之诚实伟大。现在的世界，充满了残酷忌刻，我们解脱的方法，只有向泰戈尔的精神方面去求。"[①]

徐志摩一说完，胡适就紧接着登台，对前些天出现的反对泰戈尔的传单事作了解释，他说："前天会场中发现'送泰戈尔'的传单，我觉了很感觉不快。

第一，传单中说，研究系因为去年玄学与科学的论战失败了，所以请这位老祖师来替他们争气。这话是没有事实的根据的。去年玄学科学的论战起

---

① 《泰戈尔在京最后之演讲》，《晨报》，1924年5月13日。

于四月中旬,而泰戈尔的代表恩厚之君到北京也在四月中旬,那时北京大学因为种种的困难不能担任招待泰戈尔的事,所以恩厚之君才同讲学社接洽,我于四月二十一日南下,那时泰氏来华的事,已接洽略有头绪了。我也是去年参加玄学科学论战的一个人,我可以说,泰戈尔来华的决心定于这个论战未发生之前;他的代表来接洽,也在这个论战刚开始的时候。我以参战人的资格,不能不替我的玄学朋友们说一句公道话。

第二,传单中说:'疾言厉色要送他走'。这种不容忍的态度是野蛮的国家对付言论思想的态度。我们一面要争自由,一面却不许别人有言论的自由,这是什么道理?假使我因为不赞成你的主张,也就'疾言厉色要送你走',你是不是要说我野蛮?主张尽管不同,辩论尽管激烈,但若因为主张不同而就生出不容忍的态度或竟取不容忍的手段,那就是自己打自己的嘴巴,自己取消鼓吹自由的资格。自由的真基础是对于对方的主张的容忍与敬意。况且泰戈尔先生的人格是应该受我们的敬意的。他的文学革命的精神,他的农村教育的牺牲,他的农村合作的运动,都应该使我们表示敬意。即不论这些,即单就他个人的人格而论,他的慈祥的容貌,人道主义的精神,也就应该命令我们的十分的敬意了。"

胡适言毕,泰戈尔登台演讲,讲了大约一小时,由胡适翻译。

泰戈尔的演讲主题依然是物质文明与精神文明,东方文明与西方文明的关系,但似乎更多解释和辩解的意味在内。他说:"在今日东西方文化发达及互助借重之时,我们至少要有评判的眼光……我非反对物质文明及科学文明,不过我以为科学是附丽于人生的,非人生为科学的,人的生活,要与物质文明,同时发达,不能任物质文明,超过人生。"

《晨报》在报道泰戈尔在北京的这最后一次演讲时,加"记者按"说:"泰戈尔来华居然有三五个人因为不甚了解其精神之故,乱印传单,到处散布。泰氏学说全部吾人虽不能无条件的赞成,而泰氏之精神,则无论何人凡知其经历者,皆应尊重。然纵有反对,亦不应以不庄重之词句,下逐客令。若吾侪所闻非虚,则此种行动,实出自主张言论自由思想自由之人,尤足令人不解。中国人为数千年遗传心理所支配,往往言行矛盾而不自觉,此真一大缺陷。假使他人言论可以不合理的举动妨害之,则政府以禁邮禁印种种方法，防止传播新思潮，将以何理由对抗之？若以讲学问题而涉及政治问题，则尤谬矣。"①

演讲结束，泰戈尔就驱车前往汤山休养去了。温暖的泉水不但涤除了诗人身上的尘垢，也多少扫除了连日来传单带来的不快。每天早晨，"在晨光熹微中，看到艳丽的朝霞，蔚蓝的天，默默地望着地上的绿草，晓风轻轻地摇撼着刚从黑夜里苏醒过来的溪边古柳，景色是使人留恋的。""他一天到郊外闲游。看到一个农民正蹲在田垄边，口含旱烟管，眼睛望着天边远处"，他觉得很有诗意。②

5月13日、14日，《晨报》连续两天在显著位置刊登了讲学社的广告："泰先生连日劳顿，医生力禁应酬，自13日起，所有一切讲演应酬宴会等暂行停止。"

也许是为了弥补泰戈尔取消演讲的遗憾，随同泰戈尔来华的两位印度学者沈教授和鲍斯在5月15日下午和16日晚上在北京大学分别举行了一次演讲。沈教授演讲的题目是"印度思想中的革命潮流"，由胡适翻译；鲍斯演讲的题目为"印度艺术之复兴"，并用幻灯放映名家作品图片帮助说明。这两次都为公开演讲。

禅语佛心

5月17日，泰戈尔回到北京。他拒绝了南开大学等各校拟为他举行的招待会，打算安静地休息几天，于20日赴武昌。

5月18日，北京佛教讲习会会员张相文、何雯、沈钧儒拜访泰戈尔，恰好议员黄攻素、陈铭鉴、张树枬诸人在座。泰戈尔亲出接见，徐志摩、邓高镜两人担任翻译。泰戈尔耐心地一一"答客问"：

何雯首先发言，询问泰戈尔最近佛教及婆罗门的状况。

---

① 《泰戈尔在京最后之演讲》，《晨报》，1924年5月13日。
② 梅兰芳：《忆泰戈尔》，《人民文学》，1961年5月号。

泰答：印人崇拜佛教，故近今婆罗门教所有之仪式，多已归纳于佛教之中。

何又问：印度九十六种外道，现尚存在否？

泰答：派别甚多，不胜列举，然多皈依佛法也。

何又问：世界哲学，莫高博于佛理，中印两国人士，欲发扬东方文化，宜宣传佛教，为世界消除劫难，此意当否？

泰答：此意极是，予深望世人倾向为善，互相亲爱，尊重道德和平，俾不致魔鬼以物质的实利主义，破坏我精神上之文明，且魔鬼之所为，实地狱之种子也。

随后黄攻素问：素食究于吾人有益否？

泰答：予在本土，曾素食25年，极能保养健康，后游美国，因种种不便，遂不克守严格之素食。其实肉食极不洁净，每为败德致病之原，故素食实最所主张者也。

沈钧儒接着问：此次来游北京之感想如何？

泰答：前观纽约伦敦巴黎加尔各答上海等大都会，所见皆提倡恶浊知识，人人以牟利为能事，建筑设备，尽物质上之工巧，殊不若北京之自然开化，花草树木，有天然之美观，予极表好感。盖予深望世人返朴归真，生活上力求节俭，重农作而不重丁巧，庶不为讲物质实利者所支配也。

张相文询问：我欲发展佛教，使向西方传布，益令东方文明真有价值，于意云何？

泰答：予信真理为一，本无东方西方之分，故尝劝印度佛教徒及学者，努力向西方宣传教化，予所办之大学院，容纳十数国之士子，即灌输善的知识，振导和平。中印为世界文明古国，颇望设法结合。一以谋精神教育之发展，一以谋农业生活之安全。有某君素研究农业，将来可请其来华，同时望中国学者亦多往印度为幸。

何雯又问：一切科学，出于哲学，哲学固最精于印度之释迦牟尼。彼能解决宇宙中现在未来，又能救拔世人，使了生脱死，现在世界，魔鬼之力正盛，吾人应负救世之责。从事于感化于宣传，将来可组织一中印学会，互通声气，请问此法善与否？

泰戈尔立即表示赞同：予此次来华，本有斯意。希望中印两国人士，为精神之结合，共谋发扬东方文化，实最欣祷。

谈及此问题，泰戈尔明显兴致大增，精神倍长。但考虑到老诗人年事已高，时间不宜过久，访客们遂辞别而去。①

《洛神》赋情

5月19日，《晨报》刊登消息，说泰戈尔决定20日早晨9点乘火车离开北京，先到大同游览，在大同稍作停留后，即由大同返回上海，再由上海去日本。但第二天，《晨报》又登出消息，说泰戈尔19日晚上又决定改在20日晚上11点由北京西站出发，但不是先去大同，而是去太原，由太原再去上海。北京各团体和学校均已推举出代表，以及很多泰戈尔的景仰者，准备准时到车站为诗人送行。

在北京期间，宾主都知道可能这是最后相聚的机会了，所以都希望抓住这难得的机会进行交流和切磋。泰戈尔对中国文化素有研究。他读过很多用英语翻译的中国古典诗歌，如屈原、李白、杜甫和白居易的诗，并且在中国和人谈话时经常引用，盛赞这些诗人创作意境的完美，表现手法的高超。他还喜欢中国的画，且酷爱中国的戏剧。在泰戈尔的生日聚会上，他曾对著名京剧表演艺术家梅兰芳说："我希望在离开北京之前，看到你的戏。"梅兰芳当即邀请他观看自己新排的神话剧《洛神》，并告诉泰戈尔说："这出戏是根据我国古代伟大诗人曹子建所作的《洛神赋》改编的，希望得到你的指教。"②

5月19日晚，在刚刚落成的开明戏院，泰戈尔一行坐在包厢里，聚精会神地观看了梅兰芳主演的这出戏。这天的诗人，"戴绛色帽，着红色长袍，望之如神仙中人。"看完戏，泰戈尔特地到后台向梅兰芳表示感谢，他说："我

---

① 《太戈尔关于佛教之谈话》，《申报》，1924年5月20日。
② 梅兰芳：《忆泰戈尔》，《人民文学》，1961年5月号。

看了这出戏很愉快。有些感想明天再谈。"第二天再见面时,泰戈尔对梅兰芳的精彩演出表示热烈的赞扬,但对其中一场戏《川上之会》的布景提出了不同的意见,他说:"这个美丽的神话诗剧,应从各方面体现伟大诗人的想象力,而现在所用的布景是一般而平凡的。"他建议"色彩应用红、绿、黄、花、黑、紫等重色,应创造出人间不经见的奇峰、怪石、瑶草、琪花,并勾勒金银线框来烘托神话气氛。"①

梅兰芳对老诗人提出的意见深以为然,后来果然根据这些意见重新设计了布景。

5月20日,泰戈尔将离开北京。当天中午,梅兰芳和梁启超、齐如山、姚茫父等社会名流在丰泽园饭庄设宴为泰戈尔饯行。宾主都知道这恐怕是最后一次的畅谈,所以交谈的范围也就格外宽泛,其中谈得最多的是刚上演过的《洛神》的布景和绘画问题。泰戈尔认为,美术是文化艺术重要的一环,例如中国剧中的服装、图案、色彩、化装、脸谱、舞台装置,都与美术有关。他说,艺术家不但要有欣赏绘画、雕刻、建筑的兴趣和能力,最好自己也会画会刻。梅兰芳说自己在绘画上很下功夫,泰戈尔很表赞赏,说自己现在也正在学习绘画。他还介绍了印度的绘画艺术,并即席介绍坐在自己旁边的印度著名画家鲍斯说:"鲍斯先生是孟加拉画派的杰出画家,对中国画很有兴趣。"梅兰芳立即向鲍斯求画,鲍斯也欣然答应,用中国毛笔在槟榔上画了一幅水墨画,画中是一座古树林中有一佛跌坐蒲团,淡墨轻烟,气韵古雅,而梅兰芳则根据画意题作《如来成道图》,这幅画梅兰芳后来一直珍藏着。

席上有人问泰戈尔听《洛神》的音乐和唱腔后有何感想,泰戈尔笑着回答说:"如外国莅吾印土之人,初食芒果,不敢云知味也。"梁启超随即向诗人求诗:"这次诗人漫游中国,必有佳句,以志鸿爪?"泰戈尔回答说:"我看了《洛神》,正在酝酿一首小诗,送给梅先生。"他凝神构思了一会儿,"就在手册上起稿,然后用中国笔墨作细书,写在一柄纨扇上。原文是孟加拉文,又自己译成英语,落了我的款,签上他的名,并兴致勃勃地用孟加拉语朗诵了他的新作",梅兰芳等虽听不懂,但从老诗人"甜软的声音,鲜明的节奏

---

① 梅兰芳:《忆泰戈尔》,《人民文学》,1961年5月号。

里，就有月下清梵，泉鸣花底的美感。"①

梅兰芳后来遇到曾留学国际大学的石真女士，将此诗示之，石真将此诗翻译为：

> 亲爱的，你用我不懂的
> 　　语言的面纱，
> 　　遮盖着你的容颜。
> 正像那遥望如同一脉
> 　　飘渺的云霞，
> 　　被水雾笼罩着的峰峦。②

这首诗的结构很像中国的旧体诗，格律甚严，好象诗人是有意选择这种形式，使自己的诗与他要赠送的人风格相合。梅兰芳郑重地接下扇子，也接下了老诗人的一片心意。随后也精心选择了几张自己灌唱的京剧唱片赠给诗人，这些唱片至今还保留在国际大学艺术学院的博物馆里。泰戈尔还邀请梅兰芳将来若有机会到印度去演出，让印度观众有机会欣赏到他精彩的演出。③

30多年后的1961年5月13日，为纪念泰戈尔诞辰100周年，梅兰芳在《光明日报》上发表了诗歌《追忆印度诗人泰戈尔》。在诗序里，梅兰芳回忆道："1924年春，泰戈尔先生来游中国，论交于北京，谈艺甚欢。余为之演《洛神》一剧，泰翁观后赋诗相赠，复以中国笔墨书之纨扇。日月不居，忽忽三十余载矣。兹值诗人诞辰百年纪念，回忆泰翁热爱中华，往往情见于词，文采长存，诗以记之。"其中有"欢赏我薄艺，赠诗吐琼玖。影声描绘深，格律谨严守。紫毫书纨扇，笔势蛟蛇走"等诗句，怀念与泰戈尔相聚的难忘时光。

两位伟人的友谊，成为永恒！

5月20日晚上，泰戈尔离开了北京，在离开时他伤感地说："两三年后我

---

① 梅兰芳：《忆泰戈尔》，《人民文学》，1961年5月号。
② 梅兰芳：《忆泰戈尔》，《人民文学》，1961年5月号。
③ 梅兰芳：《忆泰戈尔》，《人民文学》，1961年5月号。

还会再来。我爱北京的淳朴的风俗,爱北京的建筑文物,爱北京的朋友,特别使我留恋的是北京的树木。我看过伦敦、巴黎、华盛顿,都没有看到这么多的栝、柏、松、柳。中国人有北京这样一个历史悠久的都城是值得骄傲的。"[1] 当他走出寓所时,有人问他落下什么东西没有,他伤感地摇摇头说:"除了我的一颗心外,我没有落下什么东西。"[2]

余墨飘香

因为泰戈尔不仅是诗人,对宗教、哲学,尤其是孔、孟哲学,都很感兴趣,所以,在泰戈尔即将离开北京时,徐志摩约请梁漱溟去见泰戈尔,希望就儒家学说与佛教的关系进行一下交流。梁漱溟也正有此意,于是两人同往泰戈尔寓所。

两人赶到泰戈尔住所时,恰好泰戈尔正与杨丙辰谈宗教问题,且似乎还有争执,因为杨丙辰认为儒家为宗教,泰戈尔则认为不是。见梁漱溟来了,杨丙辰指着他对泰戈尔说:"梁先生为孔子之徒,对儒家有研究,你可问他。"泰戈尔起身迎候,十分客气地说:"久仰梁先生大名,正有意请教,我很愿意听听梁先生谈谈儒家的道理。"梁漱溟对此无准备,且夹在两人之间也不便表态,就反问泰戈尔:"你为什么不认为儒家是宗教呢?"泰戈尔略加沉思,回答说:"宗教是在人类生命的深处有其根据,尽其人生信仰、寄托、归宿之所在,所以能够影响人。凡宗教伟力之最者,其根植于人类生命者愈深不可拔,其影响更大,其空间传播更广,其时间延续更为久远。"然而,他认为儒家学说不是这样,因为孔子在人伦和人生诸般关系方面规定得很全面,像部法典。但却因此远离人类生命的深处和精神寄托的真谛。因为这些规定,要照顾各方,要得乎其中,顾外则遗内,求中则离根,所以说儒家不能算是一种宗教。说到这里,他不解地问梁漱溟,儒家不是宗教,为什么却具有各大宗教一样

---

[1] 梅兰芳:《忆泰戈尔》,《人民文学》,1961年5月号。
[2] 冰心:《吉檀迦利、园丁集》译者序,长沙:湖南文艺出版社,2006年。

的势力和影响。梁漱溟回答说:"儒家不是宗教是对的,但孔子的道理却不尽在伦理纲常之中。伦理纲常是社会的一面。泰戈尔听完高兴地说:"我对儒家所知粗浅,聆听梁先生这样当面解释儒家的道理是第一次,使我心里明白了很多。"这次与泰戈尔的谈话给梁漱溟留下了很深的印象:"泰戈尔给我的印象是一位虚怀若谷的诗哲,对学问十分认真,关切中国的问题,又如此不耻下问,不为自己名望所累,是很难得的。"①

"三友图"

在北京期间,泰戈尔还给中国文学史留下了很多佳话,其中之一就是"三友图"之说。泰戈尔经常与徐志摩一起担任向导,而此时林、徐二人正处于恩怨情长的时候,特别是徐志摩,对林徽因正在苦苦地追求,加上与泰戈尔相伴,时时出现在鲜花与掌声之中,越发衬得两人风姿绰然。在欢迎者为泰戈尔安排的一次天坛草坪的集会上,泰戈尔由林徽因搀扶着登台演讲,徐志摩翻译,对听众来说,不但听泰戈尔的演讲是一种享受,即使只看看陪伴泰戈尔的两人,就已经不虚此行了。吴咏在《天坛史话》里对此生动的情景作了记载,说林小姐人艳如花,和老诗人挟臂而行,加上长袍白面,郊寒岛瘦的徐志摩,犹如苍松竹梅的一幅三友图。

至今人们还在津津乐道这件千古难逢的绝妙画图。

徐志摩的陪伴给老诗人带来了莫大的安慰,两人结下了深挚的友谊。1924年8月,泰戈尔回到和平之乡后就组织了一个茶社,名为Susima,以纪念这段友情。在茶社开幕式上,他用访华带回的茶和点心待客,并即席吟诵了一首孟加拉语小诗:

挚友呀! 挚友呀! 日子过得真快!
可惜,日子这样过了无声无息!

---

① 汪东林:《梁漱溟问答录》,长沙:湖南人民出版社,1988年版,47页。

> 来吧！你小鸟口渴了，想喝茶了，
> 壶中开水翻滚了，
> 这撮绿色甘露茶叶
> 从中国的天空
> 由东风送来给我们……①

林徽因与泰戈尔也一路相随。泰戈尔在京期间的主要活动，如游览北海，法源寺赏丁香，与溥仪会面，天坛演讲，北京画界欢迎会，庄士敦的招待，凌叔华的家庭茶话会等，林徽因都一路陪伴，如影随形，与老诗人感情日深。聪慧可人细心温馨的才女，使泰戈尔的中国之行大为增色，老诗人对林徽因也依依不舍，加上有感于徐志摩与林徽因有情人难成眷属的遭遇，5月20日，在离开北京赴太原前，泰戈尔特赠林徽因一首诗：

> 天空的蔚蓝，
> 爱上了大地的碧绿，
> 他们之间的微风叹了声"哎！"②

---

① 谭中：《从地缘文明透镜看"RUBI 兄"与"SUSIMA"之间的心传》，《泰戈尔与中国》，北京：中央编译出版社，2011 年，第 102 页。

② （美）费慰梅：《梁思成与林徽因》，曲莹璞等译，北京：中国文联出版公司，1997 年，第 27 页；也可参见谭中：《从地缘文明透镜看"RUBI 兄"与"SUSIMA"之间的心传》，《泰戈尔与中国》，北京：中央编译出版社，2011 年，83 页。

第五章　伤感的告别

诗人、军阀与乡村试验

5月20日晚11点,泰戈尔一行由北京西站乘讲学社向铁路局特包的一列京汉列车出发赴晋。同行者有恩厚之、鲍斯、诺格、沈及徐志摩。梁启超、林长民、蒋方震、张彭春、黄子美、林徽因、王孟瑜等到站欢送。因欢送者"赠花极多,几贮满三开间"。

火车鸣笛将行,泰戈尔等"伸首窗外,举手与送者致意,送者则逐车徐行,致简单之欢送词,太氏悦甚"。①

该列火车抵达石家庄后即停,泰戈尔一行改乘其他列车赶赴太原。

5月21日6点40分,隆隆的车轮把泰戈尔一行送到了太原。受阎锡山委托,山西督军公署交际科英文秘书潘太初,以及山西省教育会等30多个团体的数百位代表,在正太路火车站迎接客人。当头戴绛色冠,身着青色袍,白发白须的诗人出现在车门时,车站响起一阵阵欢呼声。

泰戈尔走下车,微笑着与欢迎者握手。出了车站,泰戈尔一行乘坐马车到督军公署花园外国文言学校休息。

诗人与军阀,似乎不应有关系。但来太原,确是泰戈尔自愿的。按照最初的计划,泰戈尔是要从北京到大连,然后从大连乘船东渡日本,之所以临

---

① 《太戈尔离京赴晋》,《申报》,1924年5月23日。

时安排太原之行，是为了实现他此次来华的一个心愿。

泰戈尔不仅是一位伟大的诗人，而且是一位积极的社会改革家，他在印度一直在进行着一种乡村建设计划，主要内容是在农村设立学校、医疗队，加强畜牧业和手工业，并提倡全民性的文艺活动，以使农村富余劳动力有出路，教育能普及，文化能发展。这种改革在一定程度上取得了成功，他访华时也希望能在中国找到一块地方来实验这种改革计划。徐志摩等知道其这个心愿后，就给他介绍山西的乡村实验的情况，泰戈尔听了，觉得这与他在印度的乡村实验有共同之处，所以他决定改变出行计划，由徐志摩陪同，到太原会晤阎锡山商谈此事。

对泰戈尔的来访，阎锡山深感荣幸，也很重视。他也希望能借泰戈尔声望，宣传其所谓的山西乡村建设经验，所以亲自安排了各种欢迎仪式。

5月22日下午，泰戈尔由卫西琴、潘太初陪同，在督署内北厅与阎锡山晤谈。

在陪同人员的引导下，泰戈尔穿过迷宫一样的督军公署，一边走，一边欣赏里面的建筑和雕刻。当泰戈尔来到督署内北厅门口时，阎锡山已经在此等候了。

阎锡山平素标榜文武双全，这次与世界著名诗人会面，表现也确不俗。

谈话间，泰戈尔问阎锡山："何谓东方文化？"

阎锡山略一沉吟，说："东方文化简单地说就是一个'中'字。"

泰戈尔紧接着问："什么是中呢？"

阎锡山的解释是："有'种子'的鸡蛋的那'种子'即是'中'，此'种子'为不可思议，不能说明的，宇宙间只有个种子，造化也就是把握的这种'种子'。假定地球上抽去万物的'种子'，地球就成了枯朽，人事中失了'中'，人类就陷于悲惨。"

泰戈尔微笑着点点头。稍停，他又问："您说中国是中道文化，我们此行经上海、天津、北京，为什么见不到一点中道文化的痕迹呢？"

阎锡山苦笑一下，说："不只上海、天津、北京找不到，就是太原也找不到，你们想要找，去乡村可以找到一点。"[①]

两人随后谈及乡村建设问题。阎锡山兴奋起来。

---

① 相京：《阎锡山与泰戈尔》，《文史天地》，2009年第11期。

原来，自20世纪20、30年代，中国涌现出一股村政试验浪潮，而阎锡山主政的山西村治改革是其中很有特色，影响很大，口碑也较好的典型。阎锡山提出"用民政治"和"村本政治"的改革方案，从政治、经济、文教、行政、司法、风俗诸方面着力改革，提倡水利、种树、蚕桑、禁烟、天足、剪发等所谓"六政"，其中将村政建设作为施政重点。他提倡"把政治放在民间"，实行"以村为本"的政治构建，以"组成有机的活体"。世风民俗确也给人焕然一新之感。

泰戈尔也介绍了自己在印度进行的农村改革试验，并表示希望能在山西找一块地方进行自己的乡村建设实验。阎锡山毫不犹豫地答应了，并把晋祠一带划给泰戈尔做实验。泰戈尔非常高兴，并委托徐志摩具体负责实施。

徐志摩牵线成功，也很高兴。他和泰戈尔、恩厚之都相信，以他们的努力和经验，加上后来成为恩厚之太太的一位美国富孀主持的惠特尼基金会的财力支持，这项实验一定会开花结果，造福桑梓。他们还计划先在晋祠一地开头，然后逐渐向全国推广。可惜这一幅花团锦绣似的美好图画，几个月后就因战事而烟消云散了。

但徐志摩始终在为泰戈尔所托付的这件事努力着。1928年他访问印度时，与恩厚之重提此事，后者答应继续支持他。回国后，徐志摩和张彭春等人就在苏浙两地进行了实地调查，最后选定浙江为实验区。但两个月后徐志摩就写信告诉恩厚之，中国政局太动荡，治安太没有保障，此事遂告终结。

太原演讲

5月23日下午3时，山西省教育会等30余团体为泰戈尔开欢迎大会，地点在文瀛湖公园大自省堂，社会各界人士和大、中学生奔走相告，听众达数千人。为了一睹诗圣风采，听众将自省堂门都挤坏了，窗户玻璃也被挤碎。①

泰戈尔落座，其随行印度学者分坐其两侧。泰戈尔面容白皙，身披紫红

---

① 《泰戈尔在太原》，《山西大学学报》（哲学社会科学版），1992年第2期。

色的敞衣，显得十分精神；其两侧印度人则肤黑齿白，亦着紫红绒敞衣，端庄肃穆，气氛肃然。演讲未开，听众就已被此情此景吸引住了。

徐志摩简短的开场白后，泰戈尔登台演讲。

对比在北京受到的激烈批评，山西人的热情好客使泰戈尔深受感动。他说："这次我由印度来到中国，又绕道前来山西，得与诸位在此谈话，我的心中实在欢喜。中国与印度，在世界上都是东方的古国，而中印的文化关系亦发生甚早，所以我到中国来，好象是到了第二故乡。"泰戈尔将帝国主义比作"蝗虫"，抨击他们压迫中、印等弱小国家，用"西方物质文明"，"把极美丽的世界，弄得极丑恶了，极和谐的世界，弄得极紧张了"。西方列强，犹如恃强凌弱的羊，不但霸占母羊的乳，还饿瘦其它的小羊；他们"私欲亢进，侵略残杀，竞争嫉妒"，"利用政治经济的势力，奴役群众，压迫弱小民族，把极有活气的世界，弄得死气沉沉，大多数人皆失其有望之乐了。"因此，泰戈尔略微提高了声音："凡是被征服的、被压迫的、被失去活命的，都应该联合起来，把本来美丽的世界，还他一个和谐，本来充满了生命的世界，拿回我们的生命。"①

泰戈尔的演讲，一次次被听众热烈的掌声打断。

此时的太原恰是和煦春风漫拂垂柳的季节。演讲结束，在卫西琴陪同下，泰戈尔一行游览了晋祠的名胜古迹。晋祠有内八景和外八景之美，鱼沼飞梁之奇，圣母殿之圣，以及难老泉、齐年柏、宋代侍女塑像"晋祠三绝"。此中美景及内含的历史和民俗文化，使泰戈尔赞不绝口。②

23日晚，山西各界人士、社会团体代表和学生数百人，在正太车站送别泰戈尔一行。泰戈尔与热情的欢送者握手言别，乘车经石家庄赴汉口。

汉口谈教育

25日早晨，泰戈尔一行到达汉口。当天上午，即应熊佛西之邀在汉口的

---

① 《泰戈尔在太原》，《山西大学学报》（哲学社会科学版），1992年，第2期。
② 相京：《阎锡山与泰戈尔》，《文史天地》，2009年第11期。

辅德学校演讲。

熊佛西与徐志摩关系密切,才因此得与泰戈尔相见:"在游历全国的旅程中,从北平到汉口的这一段,志摩曾约我同行,因得与泰翁朝夕相亲。在两星期的相处中,我不但得着机会听诗翁自己诵读与解释他的作品,并且很亲切的了解了他的生活方式。我觉得泰翁的体态、表情,是画,是雕塑。他那魁梧的体格,他那清秀而又和蔼的面庞,他那银丝飘飘的须发与他那印度式的长衫相节奏,真是人间最美丽的塑像!他的声音,是宇宙间最美的音乐。他说话就像诵诗,他演说就好像从万丈悬崖倾泻下来的瀑布!在说英语的人群中,我没有遇着第二人将'英语'说得像他那么好听,写得像他写的那样美妙。不,这不是英文的美,而是泰翁的声音美,笔下美。当然,他说印度文,我虽不懂,但听起来也是一样的好听,写起来也是一样的好看,记得在长江轮船的甲板上,我们曾一同赏月,他将他当时所得的诗句用梵文题在我的团扇上,真是精美绝伦,至今还成为我的珍藏之一。"① 辅德中学是熊佛西的母校,熊佛西此时正在母校任教。借此近水楼台的便利,熊佛西邀请泰戈尔到辅德中学演讲。泰戈尔对与孩子们在一起,总有无限的兴趣,就愉快地答应了。

泰戈尔在辅德中学主要讲的是教育问题。

泰戈尔说,他反对机械、死板的教育,而主张接近自然的启发式教育。关于科学与教育的关系,他这样说:"科学用之得当,能补人类精神上之不足,为功于世界至大,故我极赞成科学之发展。不过现在西洋教育太物质化了!无论什么教育,什么文化,在西洋都是偏重物质之记载。故欧洲已成一完全物质化之世界。科学非万能,安能以之统造人生幸福,而除尽罪恶?故人生一方面以科学维持物质之生活,一方面尚需精神文明助之,使人生达于至善至美之境。"②

当天午后,武汉佛学新青年会及武昌各界人士在武昌体育场为泰戈尔举行盛大欢迎集会,并邀其演讲。泰戈尔盛情难拂,但演讲内容基本与在辅德

---

① 熊佛西:《忆印度诗圣泰戈尔》,见其《山水人物印象记》,北京:海豚出版社,2011年,第94页。

② 《泰戈尔在汉口辅德中学之演讲》,王鸿文记,《晨报·文学旬刊》,1924年6月21日。

中学相同。演讲会后，曾在北京法源寺与泰戈尔同赏丁香的太虚法师与泰戈尔在武昌佛学院再谈佛法。

当晚，泰戈尔与恩厚之、鲍斯、沈、诺格、徐志摩乘怡和公司的吉和轮船离开汉口，沿江东下，船头指向上海。

在长江轮船的甲板上，老诗人与同行者一同赏月，兴致来时，常偶得佳句，他就随手将诗句用梵文题写在团扇上。

岁月荏苒，不知不尽长江，还是否记得，白发诗翁，曾闲看春月，错过秋风？

异样的告别

28日上午10时，泰戈尔一行返回上海，自治学院等团体的代表到汇山码头迎接。

泰戈尔这次寓居极司菲尔路的意大利诗人倍纳夫人家。

29日下午，在慕尔鸣路37号，也就是泰戈尔刚到上海时上海各界为他举行第一次欢迎会的地方，上海各界代表150多人为泰戈尔举行了欢送会。

参加送别会的，基本上都参加过对泰戈尔的欢迎会，地方还是那个地方，但气氛多少让人感觉有点异样，甚至有点物是人非之感。既是因为一是迎接，一是送别，也是因为泰戈尔一个多月的中国之旅，很多人的心境，包括诗人本人，都发生了很大变化。

泰戈尔一开始就说："今天集会使我记起我初到中国那一天也在这里园地上接受你们初次的款待，那时候我总算是一个生客，我也不相识那天来欢迎我的诸君。我一向总是在我的心里踌躇究竟中国是否象我意想所构成的中国，我也踌躇究竟我能否深入这民族的心曲。那天我的心里很是不自在，因为在你们看来我是从一个神秘的地域来的，我又负有一个过于浮夸的名誉，因此你们对于我的盼望也许不免有不切实在的地方。所以我急于告诉你们我的有限的资格，我记得我开始就供认给你们我仅仅是一个诗人，我知道你们曾经邀请过欧美诸邦的名人，大哲学家与大科学家，远渡重洋到你们的国家来讲学,现在我也来到你们的中间,我很惭愧我自己的渺小。"他称赞中国是一个伟大的民族,谴责那些不尊敬中国人的国家和民族。对于会上一些人对自己的盲目赞扬,他并不表示感谢,而是希望听到更多朋友的批评。他拒绝对中国提出批评,因为他认为批评家随处可见,但他自己却不愿意加入到这些人的队伍中来,也因为他没有那样挑剔的天才。他接着说:"我自己也是近人情的,我自然可以体谅你们的短处,你们即使不免缺陷,我还是一样的爱你们。现在世上有的是成功的民族,在他们的跟前我是什么样人敢来妄肆批评?彼此同是受嘲讽的民族,我们有的是不受人尊敬与赞许的德性。我们正应得做朋友,我没有批评给你们,所以请你们对我亦不必过于苛刻。其实我此时已经不免心慌。有一天你们青年的批评家在我的面前不容情的指责他们曾经请来讲学的几位,我那时就觉得兆头不好,我就急急地问他们将来是否预备给我同等的待遇。我始终不曾放心,我此时也不说我心里的话,我只希冀他们不会那样的忍心。我从不曾装作过一个哲学家的身份,因此我想我不必着急,假如我曾经置身在崇高的座位上,他们竟许会把我倒拉下来,闪破我的背梁,但我幸而不曾有过那样的潜妄,我只是在同一的地上站着,因此我盼望我可以幸免灾难。"他在最后说:"我敢说我已经尽了我的可能的名分,我结识了不少的朋友,在我们中间已经发生了一种情谊的关系。我并不妄想逾分的了解,我也只接受你们来意的至诚,如今我快走了,我带走的也就只这一层友谊的记忆。但同时我亦不须自为掩讳。我的不幸的命运从我的本土跟着我来到异乡。我的部分并不完全是同情的阳光。

"从天际远远的角下不时有怒云咆哮的作响。你们一部分的国人曾经担着忧心,怕我从印度带来提倡精神生活的传染毒症,怕我摇动你们崇拜金钱与物质主义的强悍的信仰。我现在可以吩咐曾经担忧的诸君,我是绝对地不会存心与他们作对;我没有力量来阻碍他们健旺进步的前程,我没有本领可以阻止你们人们奔赴贸利的闹市。我可以吩咐他们我并且不曾折服一个怀疑者使他憬悟他的灵魂的实在,我不曾使他信服道德的美的价值是高于物质的势力。我敢说他们明白了结果以后一定会得赦免我的。"

听着这位60多岁的老人如此为自己声辩,听众心里很不是滋味。一直陪伴老诗人的徐志摩对泰戈尔在中国的情绪变化感受最深、最细。他觉得泰戈尔这次演讲过程中说话的声调与脸上的笑容都是异样的。"他的声调我记得是和缓中带踌躇，仿佛是他不能畅快的倾吐他的积愫，但他又不能不宛转的烘托出他的不完全愉快的款曲与感念；他的笑容，除非我是神经过敏，不仅有勉强的痕迹，有时看来直是眼泪的替身。"确实如此，泰戈尔在演讲中说了这样一句话："我的不幸的运命从我的本土跟着我来到异乡，我的部分不完全是同情的阳光"，这句话意味深长，明白其中缘由的人一听就可以听出其中所蕴涵的无限酸楚与悲哀，让人不由得为这位千里迢迢抱着诚意到中国的印度老人感到难过。①

只要与泰戈尔第一次站在这里演讲时的心情做一对比，就可以清清楚楚感受到泰戈尔这次演讲中透出的悲哀。泰戈尔在这里的第一次演讲是轻快的，充满着欢欣，当时他说的第一句话就是："今天是我欢喜的日子，感谢你们把我从遥远的印度请到你们的国里。"②

泰戈尔前后心情的变化就象已经变化了的天气。他刚到中国的时候正是暮春天气，而现在要离去时已接近梅雨期，在这四十天的时间内老诗人确是经受了中国的考验，心境也发生了不同的变化。

曾经向往中国的泰戈尔，来到中国却发现这个天朝大国并非自己想象中的国家，他的很多美好愿望，包括希望看到东方文明在中国的繁盛，包括用自己的爱换来中国人的爱，包括其乡村改革计划，也包括创办一份英文杂志，作为中国与印度和欧美国家之间进行交流的媒介，等等，都因为中国特殊的政治和文化形势而一个个付之东流。

东渡日本

5月30日，泰戈尔一行从上海乘日本船赴日，结束了自己这次路途和心境都颇为坎坷的中华之行。他的日本之行，也颇引起了很多中国人的反对，

---

① 泰戈尔：《告别辞》，徐志摩译并附记，《小说月报》，第15卷8号，1924年8月10日。
② 泰戈尔：《在上海的第一次谈话》，《小说月报》，第15卷8号，1924年8月10日。

চীনে রবীন্দ্রনাথ | 泰戈尔：中国之旅

主要原因是中国人对军国主义的日本感到痛恨和恐惧。泰戈尔看到了这一点并深为痛苦，因为在他眼里，日本代表着亚洲的希望，所以在中国的演说中，他一再对听众说："如果你们看不到日本艺术家的创作；如果你们没有看到他们的戏剧和舞蹈，不参加他们的集会；如果你不看到神户成千上万的工人把自己用餐时间的三分之一花在一个著名公园里散步，以便使自己在重新回到机器旁工作前，在赞叹自然之美中消磨时光，那么你就没有看到真正的日本。"① 也许是受了老诗人的这一番教导，当泰戈尔东渡日本时，除了徐志摩外，另外还有两位中国学者随同前去。后来从日本回来后，他们在北京还组织了由日本朋友捐赠的古代和现代手工与艺术珍品的展览，从这一点上说，泰戈尔对促进中日文化交流也做出了不小的贡献。

泰戈尔离开了中国的土地，但他这次中国之行却在中印文化交流史上留下了不尽的思索。

只是，当人们目送这位60岁的老人的身影从中国的国土上慢慢消失，不知心里会是何感想？有心人也许会问：这次泰戈尔先生来华，不知是他接受了中国人的裁判，还是中国人受了他的审判？

---

① （印）克里希那·克里巴拉尼：《泰戈尔传》，倪培耕译，南宁：漓江出版社，1984年版，386页。

第六章 真情不改

第二次到中国

在日本期间,徐志摩一直陪侍在泰戈尔左右,直至7月,泰戈尔离开日本,途经香港时,两人才分手。

与泰戈尔相伴的这段时光,徐志摩一直是激情勃发、容光焕发的,也深感荣耀。更关键的是,两人朝夕相伴,结下了深厚的友谊,甚至以父子相称。泰戈尔显然也非常喜欢这个年轻的中国诗人。他也像中国朋友赠送给他中国名字一样,送给了徐志摩一个印度名字——"素思玛。"徐志摩非常喜欢这个名字,给泰戈尔写信就常用这个名字,并称泰戈尔为"老戈爹。"1925年3月,徐志摩还专程赴欧洲去见正在欧洲巡讲的泰戈尔,可惜泰戈尔提前离开了欧洲。

1928年10月,徐志摩从欧洲回国途中专程到印度去看望了泰戈尔,在国际大学住了三个星期,并邀请泰戈尔再次访华,泰戈尔愉快地接受了邀请。

但除了徐志摩与泰戈尔的私人交往和情谊,自泰戈尔离开中国,中国对待泰戈尔的态度,真应了郭沫若的预言:"来的时候哄动一时,就好像乡下人办神会,抬起神像走街一样的热闹。"① 中国必须面对的国运、现实、人生问

---

① 郭沫若:《太戈尔来华的我见》,《创造周报》,1923年10月14日。

题；使泰戈尔的思想学说在中国越发显得空邈。一直到20年代末，中国对泰戈尔的介绍，已无重要的学术性研究文章出现。

但泰戈尔却依然对中国满含深情。

1929年3月，泰戈尔第二次来到中国。

1929年初，刚新婚不久的徐志摩与陆小曼忽然接到泰戈尔的电报，说一个月后来上海，而且就住在他们家。两人一下子"不知道怎么办才对。房子又小；穷书生的家里当然没有富丽堂皇的家俱，东看看也不合意，西看看也不称心。"还在发愁，又一封电报到了：第二天下午船就到上海。

相对于第一次访华的轰轰烈烈，毁誉参半，泰戈尔的第二次来华显得过于平静。鉴于第一次访华的不愉快经历，泰戈尔到中国前一再叮嘱徐志摩，这次他来中国，一定不要再像上次那样弄得大家都知道，到处去演讲，他只需静悄悄地在家里住几天，做一个朋友的私访，大家谈谈家常，亲亲热热地像一家人，愈随便愈好。徐志摩明白老人的心情，所以对泰戈尔的这次来访，持极其低调和保密的态度，在去杨树浦大赉轮船公司码头迎接泰戈尔时，他只和陆小曼同去。

船靠岸了，徐志摩他们开始往前挤，"志摩是高兴得连跑带跳的一直往前走，简直连身后的我都忘了似的，一直往一间小屋子就钻，我也只好悄悄地跟在后边；一直到走进一间小房间，我才看见他正在同一个满头的白发老人握手亲近，我才知道那一定就是他一生最崇拜的老诗人。留心上下的细看，同时心里感着一阵奇特的意味，第一感觉的，就是怎么这个印度人生得一点也不可怕？满脸一点也不带有普通印度人所有的凶恶的目光，脸色也不觉得奇黑，说话的音调更带有一种不可言喻的美，低低的好似出谷的黄莺，在那儿婉转娇啼，笑眯眯的对着我直看。我那时站在那儿好像失掉了知觉，连志摩在旁边给我介绍的话都没听见，也不上前，也不退后，只是直着眼对他看；连志摩在家中教好我的话都忘记说，还是老头儿看出我反常的情形，慢慢的握着我的手细声低气的向我说话。"

泰戈尔见到自己的"素思玛"显然非常高兴，大家在船上泰戈尔的房间谈了一会儿。陆小曼有点不好意思地告诉老诗人：他们家里实在小得不能见人。泰戈尔安慰她说：愈小他愈喜欢，不然他在上海的同胞有的是高厅大厦请他去住,他为什么不去,反而要到徐志摩家里去呢?他这一说,使陆小曼一下子放下心来:她曾担心家里没有华丽的家具,也没有宽敞的房间,怕老人不舒适,既然老人现在这样说,她也就不能再存丝毫客气之心,只能遵命陪泰戈尔"回到我们的破家"——上海福煦路613号。

为了尽量让老人生活得舒适些,徐志摩夫妇费心尽思,在三楼精心布置了一个印度式房间,里边一切全都模仿印度的风格。虽是亭子间,但地上铺了厚毯,放了大垫子做靠枕,还有熏香炉和青色炭盆,放了木炭,给他取暖,连墙上都挂了壁毯,完全是印度式的,要使老人感到就像在家里一样亲切。但泰戈尔来到家中,上上下下巡视一遍后,却说他并不多么喜欢这间"印度式房间",相比之下,倒是徐志摩和陆小曼的卧室更可爱。他说:"我爱这间饶有东方风味、古色古香的房间,让我睡在这一间吧!"在对陆小曼说这些话时,他是那样的自然、和蔼,还充满慈爱地抚着陆小曼的头,叫她小孩子,一对大眼睛含着无限的热忱看着陆小曼,使陆小曼感到一种说不出的温暖。

此后的几天,泰戈尔与徐志摩、陆小曼夫妇的确就像亲亲热热的一家人,过的是极普通的家居生活。泰戈尔生活方式很简单,什么都很随便,他每天睡得晚,每天早晨五点起。他不喜欢到热闹的地方去,只是喜欢与相同的三两人坐着清谈。他还很喜欢把自己写的诗朗诵给别人听,朗诵也不是那种抑扬顿挫地大声读,而是低低地喃喃吟唱,让人听着听着就不知不觉地沉浸在诗的意境之中。

因为诗人这次来中国不愿公开行踪,所以知道泰戈尔住在徐志摩家的都是徐志摩的好友。有一天,邵洵美和妻子盛佩玉一起去拜访泰戈尔,并一起同桌吃饭,吃的是中式自备菜。据盛佩玉回忆,泰戈尔身材高大,灰白的大胡子散在胸前,他穿着灰色的大袍,一顶黑色平圆顶的帽子端端正正地戴在头上,就好像她看到过的大寺院中的老方丈的打扮。老人态度严肃慈祥。席间徐志摩、陆小曼招待很殷勤,并谈了一些文学问题。

对徐志摩与陆小曼夫妇,泰戈尔像对待"自己的儿女一样地宠爱",每次印度同胞请吃饭,他一定要带他们同去。有一次,他们三人同去赴泰戈尔一个印度同乡的晚餐,在向印度人介绍徐志摩和陆小曼时,泰戈尔说他们"是他的儿子、媳妇",这使徐志摩与陆小曼受宠若惊、欣喜异常。①

泰戈尔这次是借道中国去美国、日本等处讲学的,所以在徐志摩家住了两天后,就启程去了美国、日本。

第三次到中国

6月11日,泰戈尔结束在日、美的讲学转道上海返回印度,又住在徐志摩家中。老诗人这次的演讲之旅实际上很不愉快,他所宣讲的博爱、宽恕、和平思想,就象1924年他来中国宣讲时所遭遇的那样,一路受到冷遇和讥讽,使老诗人为之黯然神伤,又似乎不明所以,只觉得这个世界更加堕落得可怕了。在给徐志摩的信中,泰戈尔少有地表示了愤怒。徐志摩接到信后急得坐立不安,恨不能立刻飞到他的"老戈爹"身旁。

老诗人是倦了,肉体和灵魂都渴望着休息。徐志摩和陆小曼的小家,让诗人获得了一段宁静时光。

泰戈尔这次乘坐的轮船在午后5点左右靠岸,在码头等船时,徐志摩呆呆地对郁达夫说:"诗人老去,又遭了新时代的摈斥,他老人家的悲哀,正是孔子的悲哀。"② 说这几句话的时候,徐志摩双眼呆看着远处,脸色变得青灰,声音也特别低。

泰戈尔这次只在上海呆了两天,离开上海前夕,他把自己穿的一件紫红色丝织印度长袍送给徐志摩夫妇,并深情地说:"我老了,恐怕以后再也不能到中国来了,这件衣服就给你们留作纪念吧。"③

徐志摩有一本20开大小的纪念册,名之为《一本没有颜色的书》,专请朋友在上题诗题画,已在上面留下墨迹的有胡适、闻一多、杨杏佛、林凤眠等20多位文艺界名流。泰戈尔这次也饶有兴趣地用中国毛笔在上面画了一幅

---

① 陆小曼:《泰戈尔在我家》,《良友画报》,第157期,1940年8月15日。
② 郁达夫:《志摩在回忆里》,《郁达夫文集》(第3卷),广州:花城出版社,1982年,第187页。
③ 陆小曼:《泰戈尔在我家》,《良友画报》,第157期,1940年8月15日。

水墨画自画像，笔调粗犷，神态飞动，近看像一位老人的大半身坐像，远看又似一座沉稳的小山。在画像右上角，他用钢笔题写了一句英文诗，大意为：山峰盼望他能变成一只小鸟，放下他那沉默的重担。下署作者名字。诗意单纯明了，却寄寓了老人的无限感慨。①

临行前，"老戈爹"情不自禁，为徐志摩题诗一首：

> 亲爱的，我羁留旅途，
> 光阴枉掷，樱花已凋零，
> 喜的是遍野的映山红
> 显现出你慰藉的笑容。"②

泰戈尔和徐志摩还约定，到1931年泰戈尔70岁大寿时，徐志摩去印度为老人祝寿。然而，年轻的诗人却遭了空难。

诗人之后再也没有踏入中国的土地，但三次来华却使诗人的心永远牵挂着这个让他悲喜交加的国家。他对这个文明故国的爱，从来没有因为曾经的不愉快而有丝毫减少。泰戈尔的中国之行与上海结下了不解之缘。他的三次中国之行都是始于上海，终于上海。上海见证了诗人的悲喜，并留下了诗人实实在在的足迹。虽然诗人表示厌恶上海的西化色彩和逐利市风，但恰恰是这个西化的东方都市，以自己的宽容和博大多元的心怀，让诗人倦飞的翅膀和疲惫的心灵得到暂时的栖息，并获得了真正的友谊。

在老诗人内心深处，必定留下了对上海的特别牵挂。

飞鸟飞过，必然会在天空中留下痕迹；只是这缥缈的印痕，需用心去感悟。

---

① 陆小曼：《泰戈尔在我家》，《良友画报》，第157期，1940年8月15日。
② 刘安武等主编：《泰戈尔全集》（第5卷），石家庄：河北教育出版社，2000年，第197页。谭中认为，这首诗不是泰戈尔临时创作的，而是其一首旧诗，发表于1927年。赠送人是与泰戈尔同行的孟加拉诗人杜特，上有杜特的签名。见谭中《从地缘文明透镜看"RUBI兄"与"SUSIMA"之间的心传》，《泰戈尔与中国》，北京：中央编译出版社，2011年，89—90页。

中印学会

在 1924 年和 1929 年访华期间，泰戈尔多次邀请中国学者到他创办的国际大学去工作和研究，以沟通中印文化。他也一直有一个计划，就是在国际大学成立专门的研究机构，研究中国文化。在北京与何雯交谈中，两人曾谈及成立"中印学会，互通声气"。泰戈尔回国后就着手在国际大学开展中国研究之事，只是与中国联系不畅，事情进展并不顺利，直到 1927 年他在新加坡遇到谭云山。

谭云山从此与泰戈尔结下了永恒的缘分。

谭云山是 1924 年到新加坡的，以教书、写文章、办杂志为业，并拟赴欧洲勤工俭学。在来新加坡之前，谭云山结识了太虚法师——泰戈尔访华的主要欢迎者之一，使他对佛教和中印文化的交流，有了初步的认识，对泰戈尔其人其作品的世界意义，尤其是对亚洲的意义，充满了真挚的崇敬。因此，1927 年听闻泰戈尔在新加坡访问，他就去泰戈尔的寓所去拜访诗人。

这次访问，改变了谭云山一生。

泰戈尔为谭云山的求知精神所感动，就谈及自己欲在国际大学开展中国研究的设想，并诚邀谭云山赴印度从事这一工作。谭云山深以为荣。1928 年 9 月，谭云山奔赴印度，开始了自己长达半个多世纪的中印文化交流大使的工作，并具体组织中印学会。

1931 年 9 月，谭云山回国，与时任中央研究院院长、北京大学校长蔡元培及中央考试院院长、在佛学领域很有造诣的戴季陶商议中印两国交换学者和成立研究机构之事，得到蔡元培和戴季陶的大力支持。国内很多学者也积极响应。

1933 年，中印学会筹备会议召开，发起人有谭云山、周谷城、梁漱溟等 43 人，赞助人则有蔡元培、于右任、戴季陶等 24 人。会议发布了《中印学会：计划、总章、缘起》，确定了学会的宗旨，即"以研究中印学术，沟通中印文化，并融洽中印感情，联合中印人民，以创造人类太平，促进世界大同为宗旨"。会议推举蔡元培担任第一任会长,谭云山任秘书长。

1934年初,谭云山返回印度,着手以国际大学为中心组织印度的中印学会,5月即宣告成立,泰戈尔任主席,尼赫鲁任名誉主席。

当年11月,谭云山再次回国,推动中国的中印学会的成立。在蔡元培、戴季陶的支持下,1935年5月,中国的中印学会在南京成立,选举产生了第一届理事会,蔡元培、吴稚晖、谭云山等9人为理事,蔡元培为理事会主席;选举戴季陶、徐悲鸿等5人为监事,戴季陶为监事会主席。

至此,中印两国的中印学会都正式成立,中印文化交流有了组织机构的保证。

中国学院

中印"中印学会"成立后的最重要工作,就是在国际大学成立了中国学院。

建立国际大学的想法,萌生于泰戈尔1920—1921年在欧洲访问期间。目睹欧洲经"一战"之后的凋敝、苍凉,泰戈尔痛感世界和平的急迫性,萌生了建立一所以促进世界和平为目的的大学的想法。1921年,泰戈尔捐出自己的诺贝尔奖金,在圣地尼克坦学校的基础上创办了国际大学。这所大学针对英国统治者的奴化教育,倡导根据印度传统的教育方式,培养印度自己的爱国人才。学校招生,不限宗教和种姓,不限民族和贫富,不限男女,都可以入学,这种教育方式在印度引起了轩然大波,不但英国政府压制,不少印度人也反对。但泰戈尔坚信自己的办学宗旨,不少国际著名人士也予以支持。大学最终取得了成功,成为印度一百多年来唯一一所印度人自己创办,为印度自己培养人才的学校,在国际上也获得很大的声誉,各国学生和教授纷纷放弃原先优厚的待遇,来到国际大学,与诗人一起为世界和平这个全人类最伟大的目标辛勤工作着。

国际大学原先只招收印度学生,后来,许多国际著名人士纷纷给泰戈尔写信,说国际大学所显示出来的精神不但有助于印度人民的团结和融洽,即使对当时正处于争霸掠夺的世界也是一个伟大的启示。这种热情的鼓励,加上泰戈尔在第一次世界大战后周游世界所看到的满目疮痍的状况以及所到之处各国人民对他的热烈欢迎,都使他深受触动。在一次又一次的演讲中,他一再宣扬要沟通各国文化,各国人民要互相了解和支持,从而消除战乱,达到世界和平的最终目的。他愿意以自己狭小的园地,栽培参天的大树。就是在这样的精神指导下,他决心把圣地尼克坦学校扩展成一所世界性的、可以使各国文化在此交汇融合的大学,使国际大学成为名副其实的国际大学。

1924年,泰戈尔在访华的时候,多次在演讲中谈到国际大学,并表示这所大学负有一个国际性的使命,就是要求各国学子到这里来相互学习各国历史文化,沟通各国人民感情。这个使命,没有中国人士的帮助和合作,是绝对不能完成的。

的确如此。为了实现泰戈尔为中印文化交流所设计的这个蓝图,中国相关团体和知识分子也以各种方式积极投身进来。1926年7月9日,《申报》发表一篇新闻"聂云台代泰谷尔大学支那学院募捐",为中国学院募捐造势,呼吁社会各界、各文化团体帮助国际大学筹建中国学院,"不论书籍、人才、经费,皆无不可。"①

1933年12月,国际大学第一个中国学生魏风江来到诗人身边。泰戈尔非常高兴,亲笔为他写了一幅题辞,文曰:"伟大的先哲,在古代从印度走访中国,谒见你的祖先。我现在作为一个古代文化的代表,同时又代表着现时代的文化,与你相见。这是一个古今文化混合的时代,——一个过渡的时代,一切尚未令人满意地固定下来。你不能期望在这个时代,会产生任何伟大的人物和福音。我只愿你认为我为一个与你同样的人,不可视我为你的导师或先驱。"② 其中所蕴涵的谦虚诚恳之情,和对中国人民所抱的深切感情,让人感动。

自中国回国后,泰戈尔也一直在为创办中国学院争取各方面的支持。1934年4月18日,他在给戴季陶的信中,甚至都有了一个详细的预算计划:

---

① 樊仲云:《记太戈尔的和平学院》,《教育杂志》,1926年,第18卷11期。
② 魏风江:《我的老师泰戈尔》,贵阳:贵州人民出版社,1986年,32页。

"一个扎实的开端就是兴建一座大厦,叫做'中国大厦',专供贵国的学生和学者住宿,以便我们合作致力于文化复兴。需要的费用,包括大厦的维持费,大约为三万卢比。"①

中国的中印学会成立后,谭云山作为驻印度的全权代表,帮助泰戈尔实现创建中国学院的愿望,并负责具体实施。1934年9月,谭云山在泰戈尔和国际大学同仁的帮助下,制订了成立中国学院的详细计划,包括:第一,建造中国学院,包括一个大厅,一间阅览室,一间厨房和十二间客房,总共需费3万卢比,供聘用两位教授(一位为中国文化讲座教授,另一位为中国佛教讲座教授)之用(月薪250卢比);第三,设立奖学金……第四,设立图书馆。

带着这个计划,谭云山回国"化缘"。1935年9月28日,泰戈尔在给蔡元培的信中答应将国际大学作为中印学会的总部,并希望蔡元培能帮助谭云山在国内筹措资金以建立中国学院大厦。信由谭云山回国时带回。1936年2月6日,蔡元培回信,表示将尽力实现泰戈尔的愿望,并明确表示支持中国学院的建设。中国的中印学会为此捐赠3,1712万卢比,用于建筑"中国大厦",同时购买10万卷中文图书。蔡元培还准备为国际大学购买一部《四部备要》,包括经史子集数百部,都是精美的线装书。其他学人和出版社又赠送了约5万卷书。泰戈尔的一般来往信件都是由秘书处理的,但蔡元培的来信泰戈尔则是自己亲自处理。他还对魏风江和谭云山说:"蔡元培先生的来信,是中印人民文化交往中一个极为重要的文件。他的决心,给我们以极大的鼓舞。国际大学已决定,划出一块环境优美的地区建立'中国学院大厦'。""外来的侵略者,一心要摧毁我们中印人民源远流长的文化关系,他们知道我们这两大民族的亲睦团结意味着什么。不自量力的英帝国主义者和日本军国主义者怎能阻挡历史的巨轮呢?"

经过一年的努力,在国内学者和政府的大力支持下,谭云山筹措到了建立中国学院所需资金和书籍,返回印度开始兴建中国学院。

---

① 谭中:《父亲谭云山平凡伟大的一生》,见《谭云山与中印文化交流》,香港中文大学出版社,1998年,41页。

经过一年的建造，中国学院终于竣工。

1937年4月14日，中国学院举行成立大典，这一天正好是孟加拉新年的第一天。国际大学笼罩在一片欢乐的气氛中。早在两天前，甘地就来信向泰戈尔表示祝贺："愿中国学院成为中印两国人民结合的象征，"并对自己不能亲自来参加典礼表示道歉，他同时还给谭云山写信表达了同样的意思。印度国大党总理尼赫鲁本来说好要主持中国学院开幕典礼的，但因突然病倒，不得不放弃，但派自己的女儿作为代表参加。蒋介石也发来贺电："愿共同努力发扬东方之学术与文化，以进人类于和平幸福之域而谋大同世界之实现。"蔡元培、戴季陶等也来电祝贺。

中国学院大厦前的广场上搭起彩棚，全校师生和来宾齐集在彩棚前，泰戈尔与研究院院长沈教授、谭云山并排坐在矮凳上，其他来宾则席地而坐。仪式开始，先由全体师生合唱校歌，然后由沈教授主持开幕式，随后是泰戈尔按照印度人民的传统习惯，即房屋盖好后向东南西北四方致颂词，接着演讲，这就是为中印人民一直传诵的著名演讲："中国与印度"。他说：

"今天对我来说确是一个伟大的日子，我久盼着这个日子的来临，为我们的人民偿还从古已许下的宿愿，就是要维护我们印度人民与中国人民之间的文化交往和友谊，这是在一千八百年前，我们的祖先，以无与伦比的忍耐和牺牲奠好了基础的。

中国学院在今天开幕了。中印两国人民相互了解，友谊与日俱增。学院将成为这种了解的一个核心和象征。中国学生和学者将来到这里和我们同甘共苦，为着一种共同的事业，各尽其能，重建两国人民间的友好关系，这种关系，已中断了十个世纪。

中国和印度接壤数千里，通道不计其数。这些通道不是战骑和机枪开发出来的，而是和平的使者，往来不绝，一步一步踏出来的。两国人民，现在要把这些通道，开阔平整起来，使之畅通无阻，以便更密切地交往。而这开阔平整的任务，我们已经开始，有赖我们和我们的后人，继续努力，以期迅速完成。"

泰戈尔这次演讲时间长达1小时20分钟，并且是用英语演讲的，使听众都能听懂。听者莫不为泰戈尔在演讲中所流露出的对中国人民的热情而感动。

泰戈尔演讲结束，谭云山起立致谢词，他首先感谢泰戈尔对恢复中印两国的文化交流所做的贡献，并表示他自己以及自己的学生将在泰戈尔的指导下，永远为沟通中印文化事业而努力。①

日本的驱逐

泰戈尔一贯反对压迫和侵略。在印度，他就一直同英国殖民政府进行着坚决的斗争，甚至放弃了英国政府授予他的爵位。对中国所遭受的任何侵略，老诗人也都非常关注。早在他还是一个20多岁的青年时，他就在加尔各答的一次群众集会上发表了振聋发聩的演讲"死亡的贸易"，痛斥英帝国主义者向中国倾销鸦片毒害中国人民。

对日本帝国主义的侵略倾向，老诗人很早就意识到，并进行了毫不留情的揭露。1916年，他到日本游历，到达东京后，出乎意料地受到了日本政府的热烈欢迎，在他所走的道路上，都用鲜花铺着，在他演讲的台上，也都以花草树木做背景，大街小巷，到处张贴着欢迎的标语，称赞他为"东方大诗人"，"日本的友人"。日本政府如此热烈欢迎泰戈尔，并不是出于对文化和艺术的尊敬，而是大有深意。这时正值第一次世界大战刚刚结束，日本乘机占领了中国的山东，他们希望利用泰戈尔为自己的侵略行径歌功颂德，但泰戈尔毫不领情，在每一次演讲中都痛斥日本军国主义的侵略行径，他认为在文化上中国是日本的老师，学生侵略老师的家园是大逆不道的，结果他的演讲把日本政府激怒了，多次暗示他迅速离开日本，并在报纸上骂他是一个失败的诗人。但泰戈尔毫不示弱，坚持按照预定的安排到各大学演讲，即使因日本政府的干预来听他讲的人很少，他也不为所动。结果，在他离开日本时，竟没有人敢来为他送行，直到开船之后，他才发现船舱中藏着两个日本文艺

---

① 魏风江：《我的老师泰戈尔》，贵阳：贵州人民出版社，1986年，第129、133—134页。

界的知名人士，他们是偷偷来为他送行的，而且呈上一个名单，上面有数百人的签名，还附有诗句，祝他一路平安。泰戈尔非常感动，当即赋诗一首，题名"失败者之歌"，以赠日本友人。日本侵占中国东北之后，泰戈尔立即大声呼吁，对日本的侵略给中国人民带来的灾难进行了抨击，号召全世界的被压迫者奋起抗争。1936年4月12日，加尔各答举行反侵略集会，泰戈尔在会上慷慨激昂，抨击日本对中国的侵略，并正告日本军国主义者：野兽决不能毁灭人类的文明，真理和正义最终一定会战胜侵略。正义在中国人民一边，英勇的中国人民已经奋起，与敌人进行殊死搏斗，最终一定会取得胜利。他还鼓励印度人民行动起来，分担中国兄弟的苦难，并与中国兄弟并肩战斗，打败侵略者。

诗人与中国抗日战争

1937年7月7日，日本帝国主义者悍然全面侵略中国。听到这个消息，泰戈尔不禁义愤填膺，多次以书信、电报、谈话、诗歌等形式对日本军国主义的暴行进行抨击。在国际大学，他一见到魏风江和谭云山就安慰说："我坚信中国是不会被征服的。日本侵略军愈凶残，溃却的日子也就愈早。中国终于会得到独立和自由。"他说自己不是一个宿命论者，他断言日本必败，但不是说中国可以任凭日本长驱直入，不加抵抗，坐等它自己溃退。中国人民的抗战，已经把日寇拉进愈陷愈深的泥潭里了，它无法再动弹了。就象河水一停止，就会倒流一样。他说自己仍然爱日本人民，相信日本人民也是军国主义的受害者。中国人民要从胜利中获得自由和幸福；日本人民则要从日本的失败中获得自由和幸福。①

1937年秋，泰戈尔染病卧床，蔡元培、戴季陶等人联名发来慰问电。9月21日，泰戈尔复电明确表示："贵国人民此次对于所加于贵伟大和平国土之非法无理之侵略，作英雄勇武之抵抗，余已不胜钦敬，并且祷阁下等之胜

---

① 魏风江：《我的老师泰戈尔》，贵阳：贵州人民出版社，1986年，第72—73、123、173—174页。

利。余之同情及余国人之同情,实完全寄与贵国。愿正义与人道,由阁下等之凯旋,得以维持。"他还在信中强烈谴责日本军国主义者。他说:"以余日本友人之多,对于彼勇敢之日本人民为其统治者所误导,以自陷于背弃东方至善理想之途,致令吾人应爱护彼等者,今日不得不祈望彼等之失败,使彼等或可觉悟其非,实益加感觉有无限之伤痛。"[①]

泰戈尔病后,世界各地发来的慰问信、慰问电堆积如山,他不但没复,连看都来不及看,但他首先回复蔡元培的电报,说明在他心里他是多么关心中国的大地上正在发生的事,对中国人民的命运是多么关心。这封电报发出以后,迅速在印度各报刊转载,并由路透社向世界各地广播,产生了很大的影响。日本当局恼羞成怒,就出高价买通一个亡命日本的印度人拉什伯里·波斯,以所有旅日商人的名义从日本给泰戈尔发了一封电报,大意是说全体旅日商人、学生、侨民听到泰戈尔的言论后非常震惊,认为对印、日友谊及印度人在日本的利益非常不利,所以,请求他老人家不要发表反日言论,并设法劝阻印度国大党及尼赫鲁氏,不要有反日举动。

接到这封电报,泰戈尔非常愤慨,立即写了一封快信进行驳斥,原信如下:

"亲爱的拉什伯哈里:

你的来电,使我好几个钟头不能宁静。因为我不能不驳复你的申请,感觉非常的伤痛,我希望你在一种为我的精神所不反对的理由上,来请求我的合作。我知道,你之所以向我有此次的申请,是因为我对于日本人民有极大的敬重。我也和其他亚洲人士相同,曾经一度尊敬与崇拜过日本,并曾经对日本抱过一次很深厚的希望。以为有了日本,亚洲毕竟发现了可以与西方挑战,并以为日本的新力量必能尽其保卫东方文化以抗拒外来的势力的神圣任务。但日本不久便暴露其马脚,出卖了那个新起的希望,并对其一切似为奇迹经我们看作新的觉醒者,暴弃无余。在今日,日本本身便成为无防御的东方民族一个最恶劣的威吓。

[①] 谭云山:《诗圣太戈尔与中日战争》,《民意》,1939年第65期。

日本之恶劣较其经济的掠夺与土地的侵占实尤甚者，即其日常的毫无悲悯的屠杀的罪恶，与其不知羞耻的非人道的优胜……今日一个国家侵略另一个国家，其罪过犹不仅在其所怀抱之帝国主义者的野心，而尤在其对于人类之不分皂白地屠杀，比任何瘟魔为更甚。如果全世界的被侵害的良心皆大声疾呼，以反对此种罪过；我何人斯，而可以消弭这种正大的抗议？

此种抗议，并非出自任何单独个人所发动，他是完全由于公众的良心，自然而然；正如三十年前，东方各国人民对于日本所起的崇敬一样。即使我胆大地企图加以阻止，亦必毫不能为力。因此，我希望一定原谅我，不能顺从你的请求。请相信我的话，我对于我国人在日本乃至日本人民他们自己，实有很大的同情。但由中国传来的那些心碎头破与骨断的呼声，实在是过于惨痛与可怕。……①

同样，这封信也迅速在印度的各报纸上转载，也是由路透社在全世界广播。日本当局见一计不成，就另生一计，妄图用金钱收买泰戈尔，以所谓的什么"日印协会"会长的名义，给他送来一个精致的花瓶。泰戈尔一眼就看穿了这个把戏，在复信中义正词严地驳斥道：

……我对于日本人民的敬重与爱好，常常是高的。这便是为什么缘故，我对于日本政府强以其帝国主义者的侵略使命加诸其人民，不能漠然坐视的理由。在我看来，日本人民与中国人民似乎是一样地作了一幕共同的悲剧的牺牲者。……是故，在感谢你与你的协会所给予我的优礼与悫爱时，我甚愿表示明白：我对于日本人民所怀的友爱，并不包含有对于其统治者的悲惨政策，表示赞同。②

泰戈尔对日本是有很深的感情的，日本也是他最早访问的亚洲国家之一。

---

① 谭云山：《诗圣太戈尔与中日战争》，《民意》，1939 年第 65 期。
② 谭云山：《诗圣太戈尔与中日战争》，《民意》，1939 年第 66 期。

日本的经济发展和文化发展曾经使泰戈尔激动地称其为亚洲的新日出，是亚洲可以与西方对抗的大本营，但日本一些人所顽固推崇的军国主义，泰戈尔也是从一开始就激烈反对的，在中国访问时就多次对日本的军国主义倾向进行了批评。

1938年1月，日本法西斯分子竟然到佛寺祈祷以庆祝战争的胜利，泰戈尔听到这个消息后真是说不出的愤怒，他当即奋笔疾书，写下《敬礼佛陀的人》一诗，对此荒谬可耻的行为进行了辛辣的讽刺：

> 战鼓敲起了。
> 人们勉强把自己的面容扭成可怕的样子
> 咬起自己的牙齿；
> 在人们跑去为"死亡"的肉库
> 收集人肉以前，
> 他们整队到佛陀，那大慈大悲者的庙宇里，
> 祈求他的祝福，
> 战鼓正在隆隆地敲
> 大地颤抖着。
> 他们祈求成功；
> 因为他们在割断爱结，
> 把旗子插在荒凉的家园的灰烬上，
> 蹂躏了文化中心
> 和"美"的龛座，
> 把他们走过的绿野和闹市的
> 道路用鲜血染红了之后，
> 必定会引起哭泣与哀号，
> 因此他们整队到佛陀，那大慈大悲者的庙宇里，
> 祈求他的祝福，
> 战鼓正在隆隆地敲
> 大地颤抖着。

他们要以凯旋的号角来标点
每一千个被杀害的人数,
来引起魔鬼的笑乐,当他看到
妇孺的血肉淋淋的肢体;
他们祈求他们能以"不真"
来蒙蔽人们的心灵
来毒害神明的甜柔呼吸的气息,
因此他们整队到佛陀,那大慈大悲者的庙宇里,
祈求他的祝福,
战鼓正在隆隆地敲
大地颤抖着。①

佛陀以大慈大悲成为人们祈求幸福和平的神,而正在屠杀人民的凶手却到寺庙里去庆祝什么胜利,为自己的杀人罪行掩饰,这实在是绝大的辛辣对比。诗人以自己的如椽巨笔,对这些杀人凶手的凶残而又虚伪的丑恶面目揭露得淋漓尽致。

为中国募捐

随着日本侵华战争的进一步加剧,诗人对中国人民的支持也越来越具体。为了救济战争中受苦的中国学生和难民,他在印度发起了募捐行动,并率先拿出五百卢比作为倡导。另一方面,他还和国际大学的师生一起在印度各地义务演出,把所得收入用于中国的抗战。1938年4月,谭云山回国之前,他特地给蒋介石写了一封信,另外还"写了一篇很长的'使音'(Message)亦交我带呈蒋委员长转致中国人民,"对浴血奋战的中国人民表示同情和敬意,

---

① 《泰戈尔作品集》(二),北京:人民文学出版社,1961年,87页。

并预言中国"抵抗必胜，建国必成。"① 蒋介石复信表示感谢。1939年圣诞节，泰戈尔致书蒋介石，赞扬中国人民"以艰苦牺牲之精神，证明中国之伟大，贵国人民之英勇卓绝，其性质不啻一雄伟之史诗，鄙人认为无论如何，贵国将来之胜利，必于人类文明之精神园地中，永留灿烂之光明。"② 1940年11月，泰戈尔在欢迎访印的戴季陶和中国代表团的致辞中预言"在不久的将来，中国将光荣胜利地度过当前的困难，中国将以精神战胜侵略的事迹，昭示于现代。"③

泰戈尔还尽其所能，帮助中国的抗战。1939年，抗日战争进入艰苦阶段，他邀请徐悲鸿来印度举办画展，募捐抗战。

1939年1月，徐悲鸿先抵达新加坡举办画展，卖画得款1,248万元，除留2000余元用作去印度的旅费外，其余全部捐赠国家。

1939年底，徐悲鸿从新加坡动身，1940年春，抵达国际大学，住在中国学院。泰戈尔热情欢迎画家的到来，并安排徐悲鸿在国际大学讲学，参加社会活动，结识甘地，让徐悲鸿有机会宣传中国的抗日战争。1940年2月，在泰戈尔帮助下，徐悲鸿先后在圣地尼克坦和加尔各答两地举办画展，共展出了206件作品，徐悲鸿为泰戈尔画的素描和彩色画像，也挂在展厅显著的位置。泰戈尔亲自为画展撰写了序言："美的语言是人类共同的语言，而其音调毕竟是多种多样的。中国艺术大师徐悲鸿在有韵律的线条色彩中，为我们提供一个在记忆中已消失的远古景象，而无损于他自己经验里所具有的地方色彩和独特风格。我欢迎这次徐悲鸿绘画展览，我尽情地欣赏了这些绘画，我确信我们的艺术爱好者将从这些绘画中得到丰富的灵感。既然旨趣高奥的形象应由其本身来印证，多言是饶舌的，这样，我就升起谈话的帷幕，来引导观众走向一席难逢的盛宴。"画展取得了极大的成功，徐悲鸿将画展所得款项，全数捐给祖国的抗战。

1940年11月，徐悲鸿向泰戈尔辞行回国。泰戈尔正在病中，长发银须，躺卧在长椅上。泰戈尔意有不舍，希望徐悲鸿临行前能帮他精选一下自己的

---

① 谭云山：《诗圣太戈尔与中日战争》，《民意》，1939年第66期。
② 《教育短波》，1940年第7卷第3期。
③ 刘圣斌：《印度与世界大战》，（重庆）时与潮社，1944年版，第136页。

美术作品出版，徐悲鸿和国际大学美术学院院长南达拉尔·鲍斯一起，从泰戈尔晚年学画的两千余幅作品中挑选出三百多幅精品，交国际大学出版。

与泰戈尔最后分手时，徐悲鸿用白描手法画了一幅白马相赠。①

痛斥日本军国主义者

一个叫野口米次郎的日本人曾到国际大学访问，当时泰戈尔张灯结彩表示欢迎。魏风江在野口米次郎走后曾不满地对泰戈尔说，野口表面上道貌岸然，他的文章实际上只是拾中国古诗人的牙慧，泰戈尔还说不应该对他有偏见。可当中日战争爆发后，野口就露出了自己的真正面目，成为日本军国主义的爪牙和工具。1938年7月23日，他在给泰戈尔的信里胡说什么日本的侵略战争是为了在亚洲大陆上建立一个伟大的新世界，所以杀人是不可避免的方法。他还胡说什么中国军队自己在杀人放火，却把罪行都推到日本军队身上，公然为日军的暴行辩护。泰戈尔一方面为一个文人如此堕落感到伤心，一方面毫不留情地回信进行驳斥，信是9月6日写的，其中有这样几段话：

……人类虽然遭到许多失败，但还是相信一个基本的社会道德结构。因此，当你说到那种'虽然可怕，但为了在亚洲大陆建立一个伟大的新世界而必然要采取的手段'——我想，这意味着把轰炸中国的妇女儿童和毁灭古代的庙宇的学校作为为了亚洲而拯救中国的一种手段——时，你是在为人类开辟一条生活道路，而这条道路甚至在兽类中也不是无法避免的。当然不应该用于东方，尽管东方偶有偏离正道的时候。你是在骷髅的塔顶上建立你的亚洲概念。正如你正确指出的，我是相信亚洲的使命的。但我做梦也没想到可以把这种使命同那种或许可以使帖木尔感到心满意足的行动等同起来。

我知道，贵国人民总有一天会从迷梦中彻底醒悟过来，经过几个世

---

① 徐静斐：《徐悲鸿与泰戈尔》，《清明》，1985年第4期。

纪的艰苦努力以后，他们将会清除被日本本国横行霸道的军阀所毁灭的日本文明的废墟。

哪知野口接到泰戈尔的信后不但不思悔改，反而继续写信辩解。诗人一反往日的宽容，决定与他终止联系，并写了一封公开信表示自己的态度。在这封信的开头，诗人就明确地写到：

假如你能使中国人民确信，贵国军队轰炸他们的城市，使他们的妇女儿童成为无可家归的乞丐，只不过是使他们受到一种仁慈的待遇，最后还能'拯救'他们的国家，那你也没有必要再来说服我，让我信服贵国的崇高目的了。你对那些焚烧自己的城市和艺术宝藏（也许还轰炸他们本国公民），以便诽谤贵国士兵的'道德败坏的人'所感到的正当义愤，不禁使我想起拿破仑进入一片荒凉的莫斯科，看着宫殿在火焰中焚烧时所产生的那种堂堂皇皇的忿怒。你是诗人，至少我可以期望你想象到，一个民族必然是出于非入类所能忍受的绝望，才会甘愿把自己多少年甚至多少世纪创造出来的成就付之一炬。

在信的结尾，他对所有日本人民写到："祝愿我所爱的贵国人民不会胜利，但能悔悟。"①

绵亘不绝的友情

泰戈尔实际上一直没离开过中国人的视线，中国人依然在热情地关注着他的一切言行举止。1930年他与爱因斯坦的会面，他在巴黎的活动以及接受苏俄的邀请访问前苏联并举办个人画展，以及他的访苏感想，都及时在中国

---

① 《对日本侵略罪行的严正谴责——泰戈尔1938年给日本诗人野口的两封信》，任命皋译，《前进论坛》，1995年第8期。

的报刊上予以发表介绍。一些参与接待或亲历过泰戈尔访华的中国知识分子,期间也陆续发表了一些回忆性的文章,如墨园的《回忆太戈尔来华漫游》(《并州学院月刊》,第1卷第2号,1933年2月1日)、张君劢《回忆泰戈尔氏来华讲学情形》(《再生》,第80期,1942年2月20日)、云彬《回忆太戈尔》(《野草》,1942年第3卷第1期)等。谭云山从中印文化交流的角度,发表了《太戈尔与中国文化》一文,根据自己在泰戈尔身边生活和工作的经历,介绍泰戈尔对中国文化的深厚感情:"这几年,我在他所创办的国际大学中,朝夕共处,时与叙谈;所听他老人家对于中国文化的称赞言论,不知多少。每听之后,心里真是又惭愧又感激又兴奋。""在太戈尔先生的眼光中,凡是中国的东西,差不多样样都是好的。"① 谭云山在泰戈尔身边工作、学习,文章中充满了对老诗人的深情,这是国内其它同类文章所缺乏的。

---

① 谭云山:《太戈尔与东方文化》,《国衡》,第1卷第5期,1935年7月10日。

第七章 永远的缅怀

园丁辍耕

1940年,泰戈尔身患重病的消息传到中国,引起了中国各界的广泛关注和担忧。

1941年2月21日,重病中的泰戈尔依然深情地回忆起1924年的中国之行:

> 我访问过中国,
> 以前不认识的东道主
> 在我前额的吉祥痣上写了
> "你是我们的知音"。
> 陌生的面纱不知不觉地垂落了,
> 心中出现永恒的人。
> 出乎意料的亲密
> 开启了欢乐的闸门。
> 我起了中国名字,
> 穿上中国服装。
> 我深深地体会到:
> 哪里有朋友,

哪里就有新生和生命的奇迹。①

1941年8月7日，泰戈尔去世。

噩耗传到中国，中国为之哀伤。政界、文化界纷纷以各种形式悼念诗人，回忆他对中国的深情厚谊，痛惜亚洲和世界失去这样一位伟大的诗人。

8月8日，《新华日报》就发布了"中央社加尔各答七日"来电："印度诗圣泰戈尔病逝，"并发表悼文，追忆泰戈尔"曾来中国，在平沪讲学，备受欢迎""我发动神圣抗战后，氏对我尤为同情，"对泰戈尔为中印友谊作出的贡献深表敬仰。②蒋介石也通过谭云山转达对泰戈尔病逝的哀悼，并发去唁电，称"耆贤不作，声委无闻，东方文明，丧失木铎，引望南邻，无任悼念。"③东方文化协会、香港各界、重庆各界、昆明各学术团体也都先后举行追悼会。其中最隆重的，是（国民党）中央研究院发起的追悼大会。

中华同悲

9月20日，（国民党）中央研究院院长朱家骅致函国立北平研究院院长、中央大学、西南联大、云南大学校长、中国哲学会、中印学会、中央文化运动委员会，就为泰戈尔举行追悼大会事商榷：

> 敬启者：印度泰戈尔先生对于中印文化颇多贡献，尤以中日战事发生后，对于我国之抗战表示深切之同情，且常著文主张正义，痛斥日寇：日前据报载，已于本年八月七日逝世，兹拟由各文化机关共同发起于十一月初旬在重庆、昆明两地同时举行追悼大会，以资纪念。

收函后，各机构纷纷回复，表示赞同，并就各具体事项反复磋商。后来，

---

① 刘安武等主编：《泰戈尔全集》（第8卷），石家庄：河北教育出版社，2000年，第180页
② 《新华日报》，1941年8月8日
③ 蒋委员长电唁泰戈尔家属，《新华日报》，1941年8月12日

发起单位又增加了国立中央研究院、国立中央图书馆。

11月24日下午3时，筹备会举行第二次会议，讨论确定了公祭和追悼会仪式。

11月28、29日，《大公报》连续两天发布"泰戈尔先生追悼大会筹备会启事"。

29日下午2时，泰戈尔先生追悼大会在重庆如期举行。主祭为戴季陶，国民党各相关部门和文化界代表齐聚国立中央图书馆，"掬诚遥奠"泰戈尔诗魂。公祭毕举行追悼大会，由朱家骅致开会辞。

开会辞简单介绍了泰戈尔的生平、作品和思想，并着重指出，中国人悼念泰戈尔，不只是因为世界失去一个伟大的哲学家，而是因为泰戈尔"人格之伟大、同情心之深厚以及主持国际正义之精神"：

> 人人皆知泰氏为文学家、为诗人，但泰氏非一寻常文学家，亦非一寻常之诗人也。泰氏富于爱国爱家之热忱，而欲挽世界之狂澜，出众生于水火，其悲天悯人之情、民胞物与之意，虽释迦、耶稣亦无以过，故称泰氏为文学家或诗人，不如称为宗教家或诗圣之较为确当矣。
>
> ……
>
> 泰氏既笃好和平，而以相爱互助为人类进化之极则，故于侵略国家深恶而痛绝，于被侵略国予以深切之同情。自我国抗战军兴以来，泰氏屡发宣言并致电我国政府及人民，赞助鼓励，不遗余力，因之我国人民益了然于和平之真谛、抗战之神圣，而益知中华与倭寇既无共同之原则，自不能并立于天地之间也。

随后是戴季陶等讲演。晚上则是张道藩广播讲演，同时播放泰戈尔的名曲。

当晚7时半，各界代表在重庆大学大礼堂举行纪念讲演大会。

12月，重庆这次悼念活动的相关情况电告了印度国际大学。

12月5日下午，顾颉刚在国立中央图书馆主持讨论会，商议编辑"泰戈尔先生纪念册，"初定纪念册内容包括：

1. 序
2. 题词
3. 泰戈尔先生传略
4. 泰戈尔先生年谱
5. 泰戈尔先生著作表

（1）全部著作详表

（2）英译本详表

（3）德译本详表

（4）法译本详表

（5）中译本详表

6. 照像

（6）泰戈尔先生自幼年至最后之像片

（7）泰戈尔先生家属之像片

（8）泰戈尔先生住宅之照片

（9）国际大学之照片

（10）泰戈尔先生所训练之乐队之照片

（11）泰戈尔先生手迹及图画之照片

（12）其他与泰戈尔先生有关之各种照片

7. 泰戈尔先生来华讲学纪事

8. 泰戈尔先生之函电

9. 泰戈尔先生自制之乐谱

10. 纪念泰戈尔先生之文字

11. 在重庆、昆明举行泰戈尔先生追悼大会纪事

12. 在沙磁区举行纪念泰戈尔先生讲演会纪事

13. 追悼会开会词及讲演词

14. 纪念讲演会讲演词

15. 公祭泰戈尔先生之祭文

16. 挽词

17. 挽诗

18. 挽联

各项材料的搜集、整理,主要由谭云山、张君劢、张歆海、林徽因、柳无忌、陆小曼等负责。① 可以说,为泰戈尔举行的悼念活动,在当时特殊的战争环境,成为了当时中国文化界的一次宣誓会和誓师会。

恒河诗魂

中国人哀悼泰戈尔,除了因为泰戈尔对中国人民的深情厚谊,也是在哀悼一种人类美好理想的消失:

> 抛下诗琴和理想去了,
> 你这灵智的东土诗翁!
> 我底神经颤抖着,
> 像经历了一场险恶的梦。
> ……
> 你去了,有一天
> 那梦境在地上开了花,
> 我将更沉酣在你底仙音里,
> 因为心头的疙瘩已全然消化。②

虽然一直以来中国对泰戈尔有诸多误解,甚至批评。但经历了岁月的淬炼,诗人对中国的真情,成为中国人与老诗人灵魂相接的永恒的纽带。1941年12月8日,中国最早发表翻译介绍泰戈尔文章的报刊之一《时事新报·学灯》(渝版,第155期)刊发了一组"纪念泰戈尔"的文章,③ 宗白华在"编

---

① 周晓选辑:《中国文化机关团体举行泰戈尔追悼大会史料选》,《民国档案》,2011年第4期
② 木樨:《悼太戈尔翁》,《艺术集刊》,1942年8月第一辑。
③ 包括:柳无忌的《纪念泰戈尔——一篇未曾讲演的演讲稿》、方东美的《印度诗哲泰戈尔挽词》、长之的《十七年前一个暖和的下午——忆泰戈尔》。

辑后语"中这样概括泰戈尔与中国的精神联系：

> 泰戈尔说得好："当飞机翱翔天空时，我们也许惊奇着以为它们是物质力量的具体表现；但是在这后面藏着人类的精神，坚强的，活跃的。就是这种人类的精神，拒绝去承认自然的界限是固定的。'自然'在人的脑筋中置着死的恐怖，把人的力量缩小在安全的范围内；但是人类在欧洲向死亡挑战，撕毁了那些束缚。惟有这样他始能获得飞行的权利——一种神的权利。"泰戈尔这几句话，真能道破欧洲近代精神的真相。但是这突破"自然界限"，撕毁"自然束缚"的欧洲精神，也极容易放弃了"自然"的广育众生，一体同仁的慈爱，而束缚于自己的私欲内，走向毁灭人类的歧途。东方的智慧却不是飞翔于"自然"之上而征服之，乃是深潜入于自然的核心而体验之，冥合之，发扬而为普遍的爱；这不正是泰戈尔每一诗里的精神和境界吗？

诗人虽已逝去，但他这份对人类和世界普遍的爱永存，中国人对老诗人的那份爱和感谢，如同诗人这份爱，亦将永存！

下篇

■ 园丁留痕：泰戈尔的中国影响

第一章　一次不欢而散的文化聚会[①]

进入 20 世纪以来，一向闭关锁国的中国被迫慢慢敞开了大门，中外文化、文学的交流也在这个过程中逐渐恢复、丰富起来，拜伦、雨果、托尔斯泰、屠格涅夫……等在中国人面前打开了一个五彩缤纷的世界。印度诗人、哲学家和社会活动家泰戈尔就是在这股潮流中访问了中国，并对中国文学和文化产生过很大影响的外国作家，他重新使早就中断的中印文化交流焕发了活力。泰戈尔是抱着对中国人民的深情厚意访华的，令人遗憾的是，这次交流是伴随着一连串的误解的不愉快的交流，是一次不欢而散的文化聚会，今天看来仍不免让人为这些误解而深表遗憾。

欢迎与批评

1924 年 4 月 12 日，泰戈尔一行如约乘船到上海，徐志摩、瞿菊农、张君劢、郑振铎，以及文学研究会、上海青年会、江苏省教育会以及《时事新报》馆都派代表在汇山码头等候。当双手合十、白发白须的泰戈尔渐渐出现在人们视线内时，岸上一片欢呼声、歌声。人们涌上船，为他戴上花环。一场中印文化交流的盛会正式上演。

[①] 本文为《不欢而散的文化聚会——泰戈尔来华讲演及论争》（安徽教育出版社，2007 年）一书"序"，有删改。

চীনে রবীন্দ্রনাথ | 泰戈尔：中国之旅

自泰戈尔下船至5月29日从上海赴东京，鲜花和掌声就包围了他。上海的徐志摩、张君劢、瞿菊农、郑振铎，北京的梁启超、蔡元培、胡适、蒋梦麟、梁漱溟、辜鸿铭、熊希龄，甚至溥仪，纷纷以各种形式欢迎泰戈尔来华。在当时军阀混战、政治纷乱的社会大背景下，对泰戈尔的欢迎确也成了文化界的一大盛事。

对于泰戈尔的来访，梁启超、徐志摩等表现出由衷的欢欣。梁启超此时已结束欧洲之行，完成了从反对中国传统文化、崇尚西方文明到欲以中国文明拯救西方文明的思想转变，他坚信西方文明已经破产，中国古代的人生哲学将流行于世。这和泰戈尔的思想是一致的，所以对泰戈尔此次来华，梁启超当然恭迎有加，前前后后出了不少力，甚至亲自过问泰戈尔在华的生活起居。对泰戈尔的学说和文学、哲学以及政治主张，他也很表赞成。为了使大多数中国人能对泰戈尔的学说有大致的了解，他还亲自作了两次演讲。

反对传统文化，宣扬西方文明的胡适本质上是反对泰戈尔来华的，但因为泰戈尔与他都主张采用口语作为文学表达的普通工具，以替代掌握在有限学者阶层手里的经典语言，所以胡适对泰戈尔的来华也表示欢迎，甚至在泰戈尔受到攻击时，还出面为他辩护。

与胡适相反，也有一些欢迎者恰恰是因为泰戈尔在中国宣讲东方文明而对泰戈尔表示出热烈的欢迎，这里是指一般的欢迎者，而他们欢迎泰戈尔的心理动机，通俗地讲，就是泰戈尔大长了东方人的志气，大灭了西方人的威风，替东方人狠狠地出了一口恶气。东方长期受西方的压迫和侵略，现在有了个泰戈尔抨击西方文明，当然让人感到解气。

泰戈尔始料不及的是，迎接他的不但有鲜花，而且还有尖利刺人的荆棘。就在国内一派崇拜赞扬声中，泰戈尔也受到了中国思想文化界异常尖锐的批评。实际上，泰戈尔一踏上中国的土地，就感受到了这种不和谐的气氛。有一次讲演，泰戈尔晚到了半小时，就有一家报纸批评他是过时人物，只该与古人对酒当歌才是。北京有人说他是政客，不是诗人；要他只管去做诗，莫管人家的国事，甚至骂他是帝国主义政策的间谍，资本主义的助力，亡国奴族的流民，提倡裹脚的狂人。在这种尖刻、激烈的批评声中，他甚至取消了计划中在华的三次演讲。

对泰戈尔批判最力的，是五四新文化运动成果的捍卫者和左翼文化人士，其中代表人物则包括陈独秀、郭沫若、沈雁冰、瞿秋白、吴稚晖、沈泽民、林语堂等,鲁迅对泰戈尔的访华,也回报以嘲讽。

郭沫若根本否定泰戈尔的哲学可使东方民族起死回生。他把请泰戈尔以及罗素、杜威到中国讲演都看作是好象"乡下人办神会,抬起神像走街一样的热闹。但是神像回宫去了,他们留给我们的是些什么呢?——啊,可怜!可怜只有几张诳鬼的符禄!然而抬神像的人倒因而得了不少的利益。"① 沈雁冰虽然表示敬重泰戈尔是一个人格洁白的诗人,但也明确表示"我们决不欢迎高唱东方文化的太戈尔;也不欢迎创造了诗的灵的乐园的太戈尔;我们欢迎的,是实行农民运动(虽然他底农民运动的方法是我们所反对的),高唱'跟随着光明'的太戈尔!"② 对泰戈尔的来华,吴稚晖和林语堂也当头给他泼了一盆冷水。吴稚晖讽刺泰戈尔所提倡的主张无异于把融合了大小乘佛教的诗篇,贴在城墙上抵抗敌人的机关枪;③ 林语堂则以一种居高临下的嘲笑姿态,讽刺泰戈尔是因为暗杀、革命、宪法改革都干不了,或不想干,于是才采取最无聊的精神安慰法。④ 瞿秋白则尖锐地指出泰戈尔要东方人对侵略者施以"慈爱宽恕"的"东方文明"的危害,认为泰戈尔若真是"平民的歌者","奴隶的诗人",就"应当鼓励奴隶和平民的积极、勇进、反抗、兴奋的精神,使他们亲密友爱的团结起来,颠覆资本主义的国家制度。"⑤ 沈泽民的批评则针对泰戈尔提出的"人类第三世界"的理论。按照泰戈尔的说法,所谓第三世界,就是重精神、主静的东方文明最终战胜重物质、主动的西方文明后出现的一个人与自然、宇宙和谐的真善美的世界。沈泽民认为这种理想的第三世界是虚幻的,是冥想主义的,要达到这"第三世界",泰戈尔的精神主义是行不通的,反之,倒应更加努力追求物质文明的发达。泰戈尔的这种主张,"可谓迷恋骸骨,与中国现在一般国粹派,毫无二致。这种思想若传播开来,适足以助长今日中国守旧派的气焰,而是中国青年思想上的大敌!"⑥

---

① 郭沫若:《太戈尔来华的我见》,《创造周报》,第23号,1923年10月14日。
② 雁冰:《对于太戈尔的希望》,《民国日报·觉悟》,1924年4月14日。
③ 吴稚晖:《婉告太戈尔》,《政治生活周报》,1924年4月27日。
④ 林语堂:《一个研究文学史的人对于贵推该怎样想呢》,《晨报副镌》,1924年6月16日。
⑤ 瞿秋白:《太戈尔的国家观念和东方》,《向导》,第61期,1924年4月11日。
⑥ 沈泽民:《太戈尔与中国青年》,《中国青年》,第27期,1924年4月18日。

陈独秀是其中一个最早将泰戈尔介绍到中国的人，也是批判泰戈尔最不遗余力，批判文章写得最多的人。这种前后态度的变化，与陈独秀前后身份不同有关。介绍泰戈尔时，他是新文化运动的旗手，反对泰戈尔时，他已成为共产党的主要领导人，政治批判标准代替了文学批评标准。早在泰戈尔来华之前的三月份，陈独秀就拟在《中国青年》上出一期反对泰戈尔的特号，后因故未果。泰戈尔来华之后，陈独秀频繁地在政治性刊物《中国青年》，《向导》上发表一系列批评泰戈尔的文章，对泰戈尔发起连续、猛烈的轰击，犹如再现了当时只手打倒孔家店时的风采。他从反封建、反传统的立场，批评泰戈尔是个极端排斥西方文化、极端崇拜东方文化的人，说他只是"多放莠言乱我思想界，"只会导致中国社会的落后与挨打；而他抨击科学及物质文明，奢谈精神文化，无异于劝人"何不食肉糜"的昏君，和"牧师们劝工人'向上帝求心灵的安慰胜过向厂主做物质的争求'同样混帐，象这样颠倒乖乱，简直是个糊涂虫，还配谈什么'爱'"。因而他不客气地对泰戈尔说："太戈尔！谢谢你罢，中国老少人妖已经多的不得了呵！"① 陈独秀在这里所说的"老少人妖"实际上所指的就是中国当时正在进行的一场东西文化论争中的那些文化保守派，其主要代表除梁启超外，还有张君劢、章士钊、梁漱溟等。陈独秀对泰戈尔的批评很多可以说是信口开河，具体联系，言辞也越来越激烈，政治色彩昭然若揭，即使在一些本与泰戈尔无关的文章中，也不忘顺手把泰戈尔捎上几句；甚至在泰戈尔离开中国后，他仍然写了《诗人却不爱谈诗》、《太戈尔与金钱主义》，挖苦泰戈尔虽然自称为诗人，到中国后却始终不谈诗；虽然时时辩白自己反对物质主义，却始终不曾放弃物质的享受。

时代的误解

如今当我们再回首看看这些文坛前辈对一个印度老诗人、一个对中国人抱有好感的印度诗人的批评文字，不免有点难堪，且不论这些批评文字的艺

---

① 陈独秀：《太戈尔与东方文化》，《中国青年》，第 27 期，1924 年 4 月 18 日。

术性、思想性，单从所用词句的激烈，就觉得不免过分。

泰戈尔来时的中国，正是思想混乱，国势衰弱的时代，在物质和精神两方面可以说都正闹着饥荒，所以对任何外来的思想家，包括在泰戈尔之前到中国的罗素、杜威和杜里舒等，欢迎者或反对者都希望他们能带来一种拯救中国的灵丹妙药，带着这种先入之见欢迎或反对这些外国思想家时就都会不由自主地具有某种盲目性，而对他们的思想学术本身并没有什么深入的了解。所以，中国思想文化界虽然出过什么"罗素月刊"、"杜威五大讲演"、"杜里舒讲演录"，忙得个不亦乐乎，但他们所欢迎或反对的都谈不上是什么思想和学术。当时对泰戈尔的态度也是这样。泰戈尔本是为了恢复和发展中印两国的友谊而来的，作为一个外国人，他当然有权利保持自己的思想体系和思想方式，理应受到我们最热烈的欢迎，却不料受到如此激烈的攻击。当然，他们这样做有特殊的时代背景，也与他们自身对泰戈尔的理解有关。"五四"以来中国的东西文化之争本来就不是什么真正的文化之争，而是在论争什么样的文化可以强国，从这个角度讲，泰戈尔作为一位已经亡国的国家的诗人来给尚未亡国的中国人来上课，本身就不够资格。当时的中国在物质、思想和文化方面正是青黄不接的断粮时代，本应该广纳博收，大胆拿来，辨其是非，为我所用，而很多反对者或欢迎者在并没有对自己所反对或欢迎的人的思想和学术进行认真研究的前提下就出于主观动机断言其中必含有毒素或救世的良药，不许别人赞成或反对，这完全是一种感情用事的不理智行为。另外，反对或欢迎一种学说，应该就学说本身进行驳斥或赞扬，而不应脱离学说本身而欢迎或反对持这种学说者，尤其不应带着个人的动机进行欢迎或批评；即使某个人的学说毫无可取之处，我们对于这个人的人格，也应当给予相当的尊敬，否则就是"醉翁之意不在酒"了。对泰戈尔持欢迎或反对态度者，不幸就是这样的"醉翁"，他们对泰戈尔的欢迎或驱除，可以说都因为不了解。所以说，泰戈尔这次访华的不成功，就是由于他是在一个"错误的季节"带着一种不适合中国国情的"救世福音"，又置身于一群不理解他的中国文化思想者（包括欢迎者和反对者）中间造成的，如今看来，可以说是一种时代的误会。

这种误会首先表现在对泰戈尔的思想主张本身的误解，其中主要是泰戈尔在中国反复谈到的以东方的精神文明战胜西方的物质文明。有人就此批判他反对科学，而实际上，泰戈尔恰恰是因为坚持拒绝抑制科学文明而长期得不到自己同胞的原谅的。事实上，早在泰戈尔访华的四年前，当时在美国留学的冯友兰问他对灾难深重的中国有什么拯救方法时，他就毫不犹豫地对后者说："我只有一句话：快学科学！"① 实际上，他一直在主张东方人学习西方科学来摆脱被压迫的地位。在中国他也一再强调他所反对的只是不要把人降为机器的奴隶，反对滥用科学，反对把科学凌驾于一切之上，也就是说，他反对的是畸形的物质文明，同样，他也反对畸形的精神文明，而不是反对物质或精神本身。

第二种误解是把泰戈尔看作中国国内正受到进步思想界批判的玄学派和研究系请来的援兵。1923年2月，张君劢在清华园作了一次题为"人生观"的演讲，表达了对当时国内流行的崇尚科学风气的不满。地质学家丁文江对此提出反驳，主张把科学应用到人生问题上去。张君劢与丁文江的这场论争恰如一根导火索，在全国范围内引发了一场"科学与玄学的大论战"，许多思想文化界的名人都卷入了这场论战，如胡适、吴稚晖支持丁文江，张东荪、杜宰平支持张君劢，而陈独秀、瞿秋白则运用马克思主义的观点对论战双方都进行了批判。梁启超则貌似不偏不倚，实际上袒护"玄学鬼"张君劢。一直到这一年的12月，胡适与陈独秀还在就这个问题进行着激烈的争论，而泰戈尔答应来华的时间恰好就在论争正激烈的时候。泰戈尔访华实际上只不过是又一个导火线，将这场国内的思想论争，引向了一个新高潮而已。

泰戈尔来华前后中国思想文化界这种特定的接受情境，这种复杂的政治和思想界的关系，是泰戈尔这个初来乍到的外国诗人所难以了解的，却不幸为此背上了黑锅，而使其背上这个黑锅的主要人物是梁启超，不少人认为梁启超正是因为在国内论战中失败了，所以才拉来这位与他观点一致的世界重量级大师为他撑腰，而出面邀请泰戈尔的恰恰又是梁启超所主持的讲学社，而对泰戈尔来华最热心宣传的《晨报》又是梁启超主持的研究系的机关报，

---

① 冯友兰：《与印度泰谷尔谈话》，《新潮》，第3卷1号，1921年10月1日。

这些都难免使人把泰戈尔来华与梁启超紧密地联系起来。联系起来倒没错，错的是把泰戈尔来华只看成是来帮助梁启超"打仗"，错的是把他与"玄学鬼"、"研究系"挂上了钩，如陈独秀在《太戈尔与金钱主义》中就说："太戈尔一到北京，竟染上了军警和研究系的毛病，造谣诬陷而已。"①

第三种误解是把泰戈尔提倡东方文明，反对西方文明看做是站在崇古复古的立场上反对现代化，是美化封建秩序和封建意识，是抹杀阶级和阶级斗争观点，是以抽象的人性论腐蚀人们的斗志。中国当时最迫切的任务是反帝反封建。各帝国主义国家通过自己在中国内部所支持的军阀势力大肆扩张在中国的势力，一时间军阀混战，民不聊生，孙中山这时在中国共产党的推动下完成了对国民党的改组，正准备北伐，所以中国人民此时最重要的是团结起来，积极参加即将到来的国民革命。而泰戈尔这时在中国到处宣传以爱对抗暴力，大谈精神文明，博爱主义，这让那些革命者看来就是在消磨人们的革命意志，所以觉得有必要亮明自己的观点，以消除泰戈尔的宣传所造成的副面影响。泰戈尔对中国的这种国情不很了解，到中国后只一心宣传自己的主张，很少谈到爱国主义和民主主义的主张，而欢迎者如徐志摩、胡适等又都是带着自己的思想倾向向人们介绍泰戈尔，费尽心机把泰戈尔打扮成一位超凡入圣的神仙，而使人忽视了他实际上是一个热爱生活的凡人；他们还闭口不谈泰戈尔思想中反抗帝国主义侵略和封建主义的一面，而只一味地夸人他反对西方物质文明，提倡东方的精神文明，结果人们就觉得泰戈尔的全部思想就只有一个"爱"字，他们越这样宣传，反对者就越要进行攻击以消除不良影响，结果论争就不可避免地越来越激烈和尖刻。

第四种误解是把泰戈尔看成某种政治势力的代表。在来中国之前，泰戈尔并非毫无顾忌，他担心自己作为一个诗人，对灾难深重的中国不会有多大实质性的帮助："只做什么无聊的诗歌，我如何对得起中国盼望我的朋友？"②而实际情况是：如果他到中国只谈诗，他的处境可能要好得多。而一部分中国知识分子，特别是有政治背景的人，在泰戈尔身上看出的、或希望从泰戈

---

① 陈独秀：《太戈尔与金钱主义》，《向导》，第68期，1924年6月4日。
② 泰戈尔：《在上海的第一次谈话》，《小说月报》，第15卷8号，1924年8月10日。

尔来华所得到的，恰也不是他诗歌方面的成就，而是他此行所带有的救国济世的使命。如孙中山就亲笔给泰戈尔写信邀请他来华。1924年4月，泰戈尔来华途经香港，孙中山即从广州派人去看他，告知他自己有病，不能相会，并说："中国的生命中心是在北京，印度代表的工作应该从北方开始。"① 在孙中山等人看来，泰戈尔与甘地一样都是印度革命的领袖，泰戈尔此行并非是以诗人身份来中国单纯游历，而是带着自己的什么济世良方来中国宣传一种救国救世的道路的，是作为一个救世主的身份来中国布道招徒的，是来中国"开展工作"的。而泰戈尔似乎惟恐人们这样看他，所以4月18日在上海的首次公开讲演中，他就首先声明他访华的目的。他说他此次来中国，并非是旅行家的态度，为瞻仰风景而来；也并非是一个传道者，带着什么福音；只不过是为求道而来的。好象是一位进香人，来对中国文化行敬礼；但他接着说到，他不曾想只看见工业主义、物质主义正日益吞噬着高尚的精神文化，因而惊呼中国文明面临危机。② 泰戈尔在中国的谈话和讲演中，就是这样一方面强调自己的诗人身份，一方面又处处流露、切切宣扬东方文明优于西方文明，而在当时以救亡图存、科学救国为宗旨的知识分子看来；这种主张无异于一种不抵抗主义、一种亡国奴哲学。遗憾的是，甚至在受到激烈批评后，泰戈尔仍对中国当前的物质主义表示不解。1924年5月29日在上海慕尔鸣路三十七号园会上所作的告别辞中他就说："你们一部分的国人曾经担着忧心，怕我从印度带来提倡精神生活的传染毒症，怕我摇动你们崇拜金钱与物质主义的强悍的信仰。我现在可以吩咐曾经担忧的诸君，我是绝对的不会存心与他们作对；我没有力量来阻碍他们健旺与进步的前程，我没有本领可以阻止你们人们奔赴贸利的闹市。"③ 这些话显然是要让中国人放弃追求强国的目标，而一味在阿Q式的精神胜利法中聊过时日。在国危民艰的时代背景下，泰戈尔的这种声音在大多数中国人听来难免觉得刺耳难耐，就是对他表热烈欢迎的人，也感觉到这些话在中国这样的背景下确实有点虚妄，如徐志摩就这样说过："我自己听他讲的时候，我觉得惭愧，因为他鼓励我们的话差不多是虚

---

① （印）海曼歌·比斯瓦斯：《泰戈尔与中国》，《人民日报》，1958年5月8日。
② 泰戈尔：《东方文明的危机》，《文学周报》，第118期，1924年4月21日。
③ 泰戈尔：《告别辞》，《小说月报》，第15卷8号，1924年8月10日。

设的。他说我们爱我们的生活,我们能把美的原则应用到日常生活上去,有这回事吗?我个人老大的怀疑,也许在千百年前我们的祖宗当得起他的称赞,怕不是现代的中国人。"① 而有左翼背景、正鼓励民众通过艰苦的奋斗改变中国黑暗现实的知识分子,听到泰戈尔这番话就难免发火了,所以他们对泰戈尔的批评也最激烈,而他们的批评文章也不难看出其政治色彩。茅盾在晚年写的回忆录《我走过的道路》中曾谈及自己当时为什么写反对泰戈尔的文章,他说:"对于泰戈尔访问中国,我写了两篇短文。泰戈尔的访华,使当时的一部分知识分子十分激动,也引起了共产党的注意,中央认为,需要在报刊上写文章,表明我们对泰戈尔这次访华的态度和希望。我的这两篇文章,就是根据这个精神写的。……当时,就泰戈尔之来中国宣传'东方文化'而表示反对者,有好多人写文章,发表的地方也不光是《觉悟》。这是响应共产党对泰戈尔的评价,也是对别有动机而邀请泰戈尔来中国'讲学'的学者、名流之反击。"②

这就表明,泰戈尔来华成了当时国内的各种政治势力表明自己立场和态度的一个导火索了。茅盾在这里所说的"邀请太戈尔来中国'讲学'的'学者、名流'",显然是指那些对泰戈尔竭诚欢迎的知识分子或政界名要,如将泰戈尔比做千年前的鸠摩罗什的梁启超,称泰戈尔"老戈爹"的徐志摩,其他还有辜鸿铭、溥仪、陈三立、齐燮元等,而这些人当时所代表的思想本就已受到了激进知识分子的反对,泰戈尔与他们朝夕相处,吟诗唱和,难免要沾点晦气。鲁迅先生就曾语带讥刺地说过:"印度的诗圣泰戈尔先生光临中国,像一大瓶香水似的很熏上了几位先生以文气和玄气。"③ 而陈独秀则因此而直接骂"太戈尔是一个什么东西":"太戈尔初到中国,我们以为他是一个怀抱东方思想的诗人,恐怕素喜空想的中国青年因此更深入魔障,故不得不反对他,其实还是高看了他。他在北京未曾说过一句正经,只是和清帝、舒尔曼、安格联、法源寺的和尚、佛化女青年及梅兰芳这类人,周旋了一阵。

---

① 泰戈尔《清华讲演》之徐志摩附述,《小说月报》,第 15 卷 8 号,1924 年 8 月 10 日。
② 茅盾:《我走过的道路》(上),北京:人民文学出版社,1988 年,245,248 页。
③ 鲁迅:《论照相之类》,《鲁迅全集》(一),北京:人民文学出版社,2006 年,195 页。

他是一个什么东西！"①

泰戈尔首先是个文学家，但却将他看作一个救世主，或把他与错综复杂的政治因素联系，误解与批判就难免了。实际上，泰戈尔既不是激进的革命者，也不是什么保守的民族主义者，虽然他不象甘地那样富有行动精神，但他能放弃英王的赐爵，敢于公开演说抗议英国政府对印度的高压政策，已经足以表现出一位诗人的爱国情怀。作为一位殖民地国家的诗人，他对西方文明的理解可能比我们更深刻、更沉重，他因此而形成的文化观和文明观也因此可能会给我们更多的借鉴，可惜那种特定的接受情境使他的这些宝贵的精神财富没有被我们看到，更遑论借鉴与学习了。

第五种误解是把泰戈尔的思想与他的人格等同起来。反对者有人据此攻击他，欢迎者也从这个角度对他极尽溢美之词。就以对泰戈尔来华最热心的徐志摩来说，也许是泰戈尔头上的光圈散射的光辉让他眩晕不知自己了，也许是他的自视甚高、浪漫气质使他无法理智地观照泰戈尔和自己了，他好象对泰戈尔丰富多彩的作品视而不见，而只看到泰戈尔如泰山日出般光彩耀人的崇高人格。

实际上，不但徐志摩欢迎的是泰戈尔的精神与人格，当时颂扬泰戈尔的文章，无一不颂扬他的人格，如郑振铎把他说成是"给爱与光与安慰与幸福于我们的人，""是提了灯指导我们在黑暗旅途中向前走的，是我们一个最友爱的兄弟，一个灵魂上的最密切的同路的伴侣。"② 简又文在讲演中也这样说过："有一件可以直接得诸太谷尔的，就是徐志摩先生所谓，我们欢迎的是太谷尔的人格，我们深愿他仁爱，服务，和爱国救国的精神，流入到我们四万万同胞的血里。"③

当然，在欢迎或批判的人群里，并非没有对泰戈尔文艺作品的分析与研究，欢迎者如徐志摩就不用说了，即使批评者如沈泽民也倾心承认"太戈尔作为一个文学家是不错的，我们不能否认他的价值。他的诗如园丁集、飞鸟集等，含着温柔舒暇的南方情调；他的文如人格论，人生之实现等，证明他

---

① 陈独秀：《太戈尔是一个什么东西》，《向导》，第67期，1924年5月28日。
② 郑振铎：《欢迎太戈尔》，《小说月报》，第14卷9号，1923年9月10日。
③ 简又文：《太谷尔思想之背景》，《晨报副刊》，1924年4月20、23日。

是一个最优秀的 Stylist，他的小说和戏曲，我虽没有仔细读过，可是就我读过的讲，确是值得介绍给中国青年的一种读物。"① 只不过与对泰戈尔作为哲学家的思想的探讨相比，国内对他作为文学家的身份关注较少而已，这并非因为他们无力谈这个问题或不重视这个问题，而是因为他们在这个问题上基本上是一致的，基本承认泰戈尔在文学上的杰出成就，但也有人对此存在异议，代表者为闻一多，他在《泰果尔批评》一文中就深刻地批评了泰戈尔诗的哲理性压倒了艺术性，认为他的诗的最大缺憾是"没有把捉到现实，""他的艺术实在平庸得很，""泰果尔的诗是清淡，然而太清谈，清淡到空虚了；泰果尔的诗是秀丽，然而太秀丽，秀丽到纤弱了。"② 但这样针对泰戈尔作品的批评毕竟太少了，大多数注意到泰戈尔作品的人多采取沈泽民的态度："然而我们今天不是问这些事情，我们是问太戈尔的思想，对于今日的中国青年是否要得。"③

实际上，泰戈尔对中国一直是怀着深情的，他一直是以满腔的同情和亲情在关注着中国的心灵。虽然他反对战争，反对盲目崇拜物质进步的声音，但他对中国人民发出的声音是亲切友善的，他希望和伟大的中国人民一起为迎接新时代的春天而共同努力，就象他在上海的第一次谈话中所说的："我的希冀只在共同你们新来生命的动荡，共同你们的想望与欢欣。我求你们容许我的参加。我不是一个哲学家，你们只须当我诗人看待。在你们的心里替我预备着一个地位，不要在公开的讲坛上安置高座。我只求得你们的心，我要你们的情爱，不教辜负这难得的时机。我相信你们的前途有一个伟大的将来，也就是亚洲的将来，我盼望那一天你们的民族兴起，表现你们内在的精神，那是我们共有荣华的一桩盛业。"④ 实际上，泰戈尔不但在访华时是这样说的，他对中国一直是这样的态度，从这一点上说，当国内一些批判者把那些只有对敌人才说的话都泼到这位慈眉善心的好人身上时，我们这些后来者也难免感到难为情。

---

① 沈泽民：《太戈尔与中国青年》，《中国青年》，第 27 期，1924 年 4 月 18 日。
② 闻一多：《泰果尔批评》，《时事新报·文学副刊》，1923 年 12 月 3 日。
③ 沈泽民：《太戈尔与中国青年》，《中国青年》，第 27 期，1924 年 4 月 18 日。
④ 泰戈尔：《在上海的第一次谈话》，《小说月报》，第 15 卷 8 号，1924 年 8 月 10 日。

泰戈尔的这次来华在中国思想文化界引起的争论范围之广，持续时间之长，影响之大，是中外文化交流史上一个不容忽视的现象。这次论争也是当时国内正深入开展的新与旧、中与西文化论争的一个内在组成部分。论争促进了中印两国思想、文化的交流，促进了中国新文学运动的发展，加深了国人对东、西文化的理解和认识。泰戈尔来华引起的争论，实际上也涉及到如何对待外来文化、文学这个中外文化、文学交流中的根本性问题，其意义远远超出泰戈尔与中国，印度文化、文学与中国的关系问题。这次争论的成败得失，对我们今天研究中外文化、文学关系，也不失为一个可贵的参照。

第二章　胡适与泰戈尔[①]

　　胡适晚年说过："我的相很难画"，这确是自知之明之论。他的身上，可以说浓缩了现代中国丰富多彩的文化和政治特征：作为新文化运动的急先锋，胡适拉开了中国现代化的大幕，但是，作为旧时代的最后一位送葬者和新时代的最初的一位先知，胡适在走着这条前人没有走过的道路时，难免要带上过渡时代的鲜明印记，注定要被新旧两个时代的人误解。无论是他活着还是在其身后，真可谓是"天下何人不识君？"但"真识君者有几人？"长期以来，在他那巨大的身影的压迫下，在某种外在的批判标准的笼罩下，我们竟不敢直视或故意斜视他还是一个实实在在的人。他曾被称颂为"圣人"、"当今孔子"，也曾被痛骂为"国贼"、"人民公敌"，而事实上，他既不是鬼，也不是神，而是像我们一样有七情六欲、喜怒哀乐、有感情有理性、有欢乐有痛苦、有优点有缺点的活生生的人。但他这个普通人与其他一些普通人所不同的，是他渴望真诚的理解，渴望与人开诚布公的交流，渴望与人肝胆相照，渴望人人都能选择他自己的人生道路，也就是说，他历来是宽以待人，站在别人的角度考虑问题的，为此他说过违心的话，做过违心的事，也为后人留下一个个难解的谜。但这才是真正的胡适，若我们能把胡适还原到这样一位普通人的立场来看历史上的这些谜，就应该能够找到一个比较容易使人接受的答案。1924年4月泰戈尔来华前后胡适表现出的矛盾态度，也就可以得到很好的解释了。

　　[①]　本文原刊于《书屋》，2001年第3期，有删改。

চীনে রবীন্দ্রনাথ | 泰戈尔：中国之旅

一

泰戈尔当然是抱着文化交流的良好目的来的，没想到到了中国之后，却在中国思想文化界引起了轩然大波。以陈独秀、瞿秋白、茅盾等为代表组成了"驱泰大军"，"疾言厉色要送他走"，而梁启超、徐志摩等人则组成了"保泰大军"，千方百计为他辩护，一时间双方唇枪舌剑，一场鏖战。在这场论争中，胡适所扮演的角色显然是令人费解的。

泰戈尔是先到上海，然后经由南京、济南、天津到北京的。自泰戈尔到京后，胡适的名字就常常出现在关于泰戈尔的报道中。在京期间，胡适虽然没有象徐志摩那样与泰戈尔朝夕相处，但北京各界欢迎泰戈尔的重大活动他都参加了，如到火车站去接泰戈尔，陪伴泰戈尔游北海，参加北京学界为欢迎泰戈尔在海军联社举行的公宴，与徐志摩、林徽因一起陪诗人在草坪散步，开茶会，主持泰戈尔64岁的生日和命名典礼。后来徐志摩为表示对反对泰戈尔者的抗议决定罢译（泰戈尔在华讲演基本上都是徐志摩翻译的）后，胡适还承担了翻译的任务，对泰戈尔可谓恭敬之极，执尽弟子之礼。泰戈尔原计划在北京讲演六次，但没想到第一次公开演讲时就有人散发传单要撵他走，使得宾主都很难堪。在这种情况下，胡适"挺身而出"，对批评泰戈尔的人进行反批评。

5月10日上午，泰戈尔在真光影戏院对北京青年学生进行第二次公开演讲。在正式演讲前，胡适慨然登台，对国内的这股反泰力量进行警告。他说："外国对于泰戈尔，有取反对态度者，余于此不能无言。余以为对于泰戈尔之赞成或反对，均不成问题……吾尝亦为反对欢迎泰戈尔来华之一人，然自泰戈尔来华之后，则又绝对景仰之，盖吾以为中国乃一君子之国，吾人应为有礼之人。今泰戈尔乃自动地来中国，并非经吾人之邀请而来，吾人自应迎之以礼，方不失为君子国之国民。"① 但胡适的警告似乎并没奏效，因为在泰戈尔这次演讲过程中，还是有人散发驱逐泰戈尔的传单，名为"送泰戈尔。"泰戈尔因

---

① 《泰戈尔第二次讲演》，《晨报》，1924年5月11日。

为国内这股反对的力量太强而决定提前结束自己的北京之行,把原定的六次演讲缩减为三次。5月12日,他发表了在京的第三次演讲,实际上也等于他对北京的告别辞。在泰戈尔正式演讲前,徐志摩先登台作了对反对泰戈尔者进行谴责的演说,随后作为配合,胡适针对在讲演场上多次出现的反对泰戈尔的传单问题进行了辩护性的解释。他直截了当地说:"前天会场中发现'送泰戈尔'的传单,我见了很感觉不快。"①

泰戈尔来华引起的争论的焦点是以科学为基础的西方文明与注重精神的东方文明的关系问题。而实际上早在泰戈尔来华前,中国国内已经就这个问题开始了激烈的论战。胡适始终是这场论战的积极参加者,并且态度始终是明确的。

1923年2月,张君劢在清华园作了一次题为"人生观"的演讲,他用西方的生命哲学来界定人生观问题,认为科学是客观的,人生观是主观的。这种观点实际上包含着当时国内流行的对崇尚科学的风气的不满。对张君劢的这番言论最早提出反驳的是地质学家丁文江,他认为一切物质和非物质的学问,都能用科学的方法进行分析和研究,主张人类今日最大的责任与需要是把科学应用到人生问题上去。这场论争的实质,实际上是用科学还是用形而上学来指导人生和社会,要求社会走什么样的道路,而这个问题自五四以来一直是中国文化界争论的核心问题之一,所以张君劢与丁文江的这场论争恰如一根导火索,又在全国范围内引发了一场"科学与玄学的大论战",许多思想文化界的名人都卷入了这场论战,如胡适、吴稚晖支持丁文江,张东荪、杜宰平支持张君劢,而陈独秀、瞿秋白则运用马克思主义的观点对论战双方都进行了批判。在这场论争中,胡适始终是旗帜鲜明地鼓吹科学的人生观的。实际上,早在1922年3月25日,他就在北京的政法专门学校做过"科学的人生观"的讲演,明确表明了自己主张科学的态度,这比张君劢几乎早了一年。后来在为亚东图书馆出版的《科学与人生观》一书作的序中,他又借批判梁启超在《欧游心影录》中提出的"科学破产论",明确表示自己要"大声疾呼出来替科学辩护",因为中国目前"还不曾享着科学的赐福,更谈不到科学带来的'灾

---

① 《泰戈尔在京最后之演讲》,《晨报》,1924年5月13日。

难'。我们试睁开眼看看：这遍地的乩坛道院，这遍地的仙方鬼照相，这样不发达的交通，这样不发达的实业——我们哪里配排斥科学？……我们当这个时候，正苦科学的提倡不够，正苦科学的教育不发达，正苦科学的势力还不能扫除那迷漫全国的乌烟瘴气——不料还有名流学者出来高唱'欧洲科学破产'的喊声，出来把欧洲文化破产的罪名归到科学身上，出来菲薄科学，历数科学家的人生观的罪状，不要科学在人生观上发生影响！信仰科学的人看了这种现状，能不发愁吗？"① 泰戈尔最初答应讲学社于1923年10月来华，而这个时候科学派、玄学派以及陈独秀为代表的马克思主义派的争论正处于白热化阶段，一直到这一年的12月，胡适与陈独秀还在就这个问题进行着激烈的争论，泰戈尔答应这个时候来华，有人把他与这场论战联系起来似乎也有一定的道理。作为研究系和"玄学鬼们"的精神领袖，欧游回国后的梁启超以及张君劢、章士钊、梁漱溟等一直在和胡适、陈独秀这样主张西化的知识分子进行着论战，很自然地，这场科学与人生观的论战很快就又发展成为东、西文化的论战。当泰戈尔踏上中国的土地时，这新一轮的论战已经进行得如火如荼了。而胡适早在1923年4月就已针对梁漱溟鼓吹东方文化的著作《东西文化及其哲学》写了一篇批判文章《读梁漱溟先生的〈东西文化及其哲学〉》，毫不客气地批判梁漱溟关于东、西文化的论调"只是闭眼的笼统话，全无'真知灼见'。"泰戈尔一到中国就在各种形式的谈话和演讲中宣扬"东方文明，最为健全，"指责亚洲一部分青年否定亚洲自古就有的优秀文明，大肆鼓吹以东方的精神文明拯救西方的物质文明。这些话从泰戈尔这样一位世界著名诗人口中说出，而且与梁启超对第一次世界大战后的欧洲的反思颇多暗合之处，这当然会令梁启超及其追随者高兴，但这一高兴却使泰戈尔这个无辜者成了受攻击的靶子，并成了引发新一轮论战的导火线。不少人据此认为梁启超正是因为在科学与玄学的论战中失败了，所以才拉来这位与他观点一致的世界重量级文化大师为他撑腰鼓劲。

---

① 《科学与人生观》"序二"，北京：中国致公出版社，2009年，8页。

二

现在的问题是,历来在批判传统文化时非常激进、与梁启超等在东、西文化问题上又有过针锋相对的交锋的胡适为什么在欢迎泰戈尔时却又时时与梁启超互相配合,而且不但不借机落井下石,反而亲自出面为自己的"玄学朋友们说一句公道话。"而由他出面澄清这个问题,无疑比梁启超声明一千遍还更有说服力。难道泰戈尔的来华使胡适彻底改变了自己的立场?难道他对泰戈尔这个东方文明的鼓吹者真的完全认同了?我们显然很难找到足以让人信服的根据,在泰戈尔来华前后他的思想也不可能发生这么大的转变。泰戈尔在世界上赢得的大名与他在欧美演讲时大肆宣传东方文明因而大受欢迎很有关系,胡适对这些当然是知道的,但却颇不以为然,因为他认为西方人欢迎东方文明是出于一种"博物馆心理",他们所乐闻的是太极、风水、八卦、命相这类带有神秘意味的东方精神文明,是为了满足他们在西方已很难满足的怀旧感,客观上是希望东方越落后越好。1926 年 7 月,因为中英庚款顾问委员会在英国开会,胡适取道西伯利亚,有欧美之行,有很多欧美团体准备邀请他去演讲,但他都拒绝了,因为他认为自己对东西文化的看法不会象泰戈尔那样受到欧美人的欢迎,这在他于这一年的 9 月 5 日写给韦莲司的一封信里说得清清楚楚:"要是我去美国,我不想作公开演讲。我惟一的目的是去看老朋友,我没有任何东西可以告诉美国人民。到目前为止,我还没有找到我要在英国演讲的合适题目。……要是我发现自己假装有什么真知灼见要带给西方世界,我觉得那是可耻的。当我听到泰戈尔的演说,我往往为他所谓东方的精神文明而感到羞耻。我必须承认,我已经远离了东方文明……一个东方演说者面对美国听众时,听众所期望于他的,是泰戈尔式的信息,那就是批评讥讽物质的西方,而歌颂东方的精神文明……相反的,我写了一篇文章(离开中国前刚发表),在这篇文章里,我指责东方文明是完全唯物而又没有价值的,我赞扬现代西方文明能充分满足人类精神上的需要。诚然,我所给予东方文明的指责,比任何来自西方的指责更严苛,而我对西方现代文明的高度评价,也比西方人自己所说的更好。这样出乎常理的意见，一定会让那些对泰戈尔这种人趋之若鹜，而又期望听到所谓'东方'信息的人感到失望和震惊。"① 胡适信里提到的文章完成于 1924 年 6 月 6 日。在这篇文章里，胡适旗帜鲜明地批判了国内外保守的思想界的病态心理与错误议论"正投合东方民族的夸大狂，东方的旧势力就因此增加了不少的气焰；"他以新中国知识界领导人物的胸怀鼓励国人走出这些"老少人妖"散布的东方文明妙不可言的迷雾，对西方文明采取正确的态度。他针对东方文化的吹捧者批评西方文化的理论根据：西洋文明为唯物的，东方文明为精神的，具体而有说服力地指出这是一种偏见，其目的只是用来捍卫东方文化的吹捧者"变态的"精神上的优势，而实际上西方文明决不轻视人的精神和心灵上的种种要求，它能满足人精神和心灵上要求的程度，决非东方旧文明所能比。② 胡适的这种观点和当时国内正激烈地批判泰戈尔的人，如陈独秀，是一致的，而后者刚开始也是把胡适看作自己的同路人，如 1924 年 4 月 9 日，陈独秀曾给胡适写信，要他为共产党办的刊物《中国青年》的"反对泰戈尔"专号写文章，可见陈独秀此时是把胡适看做自己文化宣传工作上的战友的。

胡适这篇文章写成的时间距他发表为泰戈尔辩护的言辞还不到一个月，所以若说他当时对泰戈尔的欢迎是毫无保留的恐怕不实，至少他说这些话时内心是有矛盾的。但是否就能据此说他对泰戈尔的欢迎是违心的；或者就象郭沫若所批评的那样是出于一种慕名的冲动，一种崇拜偶像的冲动；或者说是附庸风雅，甚至可以说他虚伪，两面派？这些说法显然都不符合胡适的学问之道和做人之道，倒是他其中的一句话暗含了他欢迎泰戈尔的一个真实动机：中国是礼仪之邦，而泰戈尔又是世界上伟大人物，并且是自动到中国来的，出于一番好意，所以不论欢迎还是反对，在礼仪上应该符合"礼仪之邦"的身份。这才是生性宽容，又受过美国自由主义文化和政治训练的胡适为人处世的基本态度。这就像他既激烈批判中国旧的婚姻制度但又遵母命成婚并且一生不渝一样，就象他既说过赞同"全盘西化"的话，但最爱

---

① 周质平：《胡适与韦莲司：深情五十年》，北京：北京大学出版社，1998 年，第 61 页。
② 胡适：《我们对于西洋近代文明的态度》，《现代评论》，第 4 卷 83 期，1926 年 7 月 10 日。

钻的还是中国的国学旧纸堆一样,都是一个懂得人生的喜怒哀乐的活生生的人在正常的心态下所采取的正常的人生态度和学术态度,是一种求真、求自由的做人原则,虽然因此被人冠以"胆小君子"的桂冠,但本性难移。不论任何争论,"主张尽管不同,辩论尽管激烈",但却不应伤和气,不应拒绝别人说话的权利,"容忍比自由还重要。"而现在反对泰戈尔者连别人说话的自由都要剥夺,当然就谈不上什么容忍,这决非君子所应为也。他这种做法就象中国人待客,虽然心里可能不完全乐意,但出于礼貌照样还是把客人照顾得满意而回。这当然不能说是虚伪,而是为中国人所广泛认同的最基本的做人之道,是一种"礼"。

但胡适毕竟是有自己的原则和思想的,他对泰戈尔的欢迎当然绝对不只是出于这样一种纯朴的待客之道,他有自己的欢迎"动机"和角度。这个角度当然不是泰戈尔所宣扬的东方文明,而是因为泰戈尔是一个实际的语言革新者,是文学革命的先驱,而胡适留美归国后所取得的最大成就也是在文学革命方面,特别是在语言革命方面。胡适说自己当初"亦为反对欢迎泰戈尔之一人",这也是实话,但泰戈尔来华以后他就是因为找到了这个认同点而一变成为泰戈尔的欢迎者。实际上,胡适欢迎泰戈尔的这个角度在当时是有一定的代表性的,这些人往往受过西方的教育,认为泰戈尔是西方文明的敌人,是科学思想和物质进步的反对者,是顽固守旧的过时人物。所以当他们听说泰戈尔要来自己的国家游历时,第一个反应是敌意的,可当泰戈尔在中国与这样的知识分子见过面后,这些知识分子突然发现泰戈尔原来在某些方面是与自己完全一致的,他们的态度于是为之一变,由反对者变为积极的欢迎者。这一点连随同泰戈尔来华的英国人恩厚之都注意到了,他后来记载了这样一个戏剧性的场面:"当我们与北京的学者相会时,中国进步分子突然感到他们与泰戈尔思想有着巨大的一致性。同那时代的但丁与乔叟一样,泰戈尔与胡适两人都决心采用人民的口语作为文学表达的普通工具,以替代掌握在有限学者阶层手里的经典语言。一位激进的中国学者从饭桌的另一端跃起,拥抱泰戈尔,并用充满激情的语调说:现在,他不仅同泰戈尔一道分担共同经历的痛苦,而且也分担传统文化的卫道士亲手制造的苦难。"①

三

胡适对泰戈尔的这种有保留的欢迎，实际上表明了他对泰戈尔的思想有误解，至少可以说他对泰戈尔的理解是片面的。他也和当时国内的许多反对泰戈尔的人一样把泰戈尔宣扬东方精神文明与他排斥西方的物质文明和科学等同起来，这在他给韦莲司的信中已经表达得很清楚。实际上，泰戈尔恰恰是因为坚持拒绝抑制科学文明而长期得不到自己同胞的原谅。他一直在主张东方人学习西方科学来摆脱被压迫的地位，他说过："我们现在要和西方竞争，……要抵制他们的侵略，我们除非也把他们的科学学会了才成"，"若要求得真理的厚赠，我们一定先要学会那必要的科学。"② 实际上，泰戈尔也不是像胡适和国内的那些批评者所说的那样盲目排斥西方文明，相反，他并不主张盲目拒绝西方文化中的有利因素。他认为西方也有很多优秀的东西，但关键是不要模仿它。他也一再谆谆教诲青年人说："我再次指出，如果真理从西方来，我们应该接受它，毫不迟疑地赞扬它。如果我们不接受它，我们的文明将是片面的，停滞的。"③ 在中国他也一再强调他反对的只是把人降为机器的奴隶，反对滥用科学，反对把科学凌驾于一切之上，也就是说，他反对的是畸形的物质文明。同样，他也反对畸形的精神文明，但不是反对物质或精神本身。看来，胡适和中国那些在这方面批评泰戈尔的人是没能全面了解泰戈尔。这也正应了他在批评泰戈尔的反对者时所说的话："惟无论赞成或反对，均需先了解泰戈尔，乃能发生重大之意义，若并未了解泰戈尔而速加反对，则大不可。"④

---

① （印）克里希那·克里巴拉尼著，倪培耕译：《泰戈尔传》，桂林：漓江出版社，1984年，第383—384页。
② 泰戈尔著，甘子贻译：《东西文化的结合》，《东方杂志》1922年，第19卷10号。
③ （印）克里希那·克里巴拉尼著，倪培耕译：《泰戈尔传》，桂林：漓江出版社，1984年，第384—385页。
④ 《泰戈尔第二次讲演》，《晨报》，1924年5月11日。

第三章　徐志摩与泰戈尔①

1924年访华期间，在泰戈尔的批评者与赞美者中，后者的代表是徐志摩。

徐志摩是真心崇拜泰戈尔。在泰戈尔来华前，他俨然是泰戈尔的中国使者：他频繁地与泰戈尔通信，安排来华的具体细节，一有机会就宣传泰戈尔，在报刊上发表一系列的文章，如《太戈尔来华》、《泰山日出》、《太戈尔来华的确期》、《泰谷尔来信》、《泰谷尔最近消息》、《泰戈尔》，与其他欢迎者一起努力营造了一种热烈的欢迎气氛。他直视着泰戈尔在全世界造成的耀眼的光环，也把自己所能想到的最美的语言献给这位就要到中国来的诗人，并代表中国青年对此表现出由衷的欣喜和期待："现在他快到中国来了，在他青年的崇拜者听了，不消说，当然是最可喜的消息，他们不仅天天竖耳企踵的在盼望，就是他们梦里的颜色，我猜想，也一定多增了几分妩媚。"②

在具体的接待工作方面，他也和讲学社一起做了周密的安排，如他亲自在北京城西租了一间有暖气和现代化设备的房子，准备做泰戈尔来华后的下榻之所。他还受讲学社之托担任泰戈尔在华演讲时的翻译，并与王统照一起专门负责照料和陪同泰戈尔在华的一切活动。得此殊荣，1923年7月26日，他兴奋地给泰戈尔写信说："我已答应了讲学社在你逗留中国期间充任你的旅伴和翻译。我认为这是一个莫大的殊荣。虽然自知力薄能渺，但我却因有幸

---

① 本文原刊于《书屋》，2005年第9期，有删改。
② 徐志摩：《太戈尔来华》，《小说月报》，第14卷9号，1923年9月10日。

获此良机,得以随侍世上一位伟大无比的人物而难禁内心的欢欣雀跃。"

自泰戈尔一行抵达上海一直到 7 月间从香港回国,在这三个多月的时间里,徐志摩与泰戈尔几乎可以说是形影不离,同忧同喜。他用汉语中最美丽的词汇翻译泰戈尔的演说;陪诗人一同觐见中国末代皇帝溥仪;亲自参演泰戈尔名剧《齐德拉》以庆祝诗人 64 岁的生日;他还遵照诗人的愿望,要在中国办一份英文杂志,并在中国实验农村建设计划,可惜后来都流产了。泰戈尔显然也十分喜欢这个年轻人,在形影相随的日子里,两人结下深厚的友谊,并且经常互相交换诗和画。徐志摩称泰戈尔为"老戈爹",泰戈尔则为徐志摩起了个印度名字"素思玛",意为"月亮宝石"。后来泰戈尔在印度出版他的《在中国的演讲集》时还特地注明"献给我的朋友素思玛(徐志摩),赖他的友好帮助,把我介绍给伟大的中国人民。"

可以说,无论是在精神上、思想上还是在性情上,徐志摩与泰戈尔都是心心相印的。也可以说,泰戈尔是徐志摩一生最为崇拜的偶像,也是他最知心的朋友。

然而,可能就是因为这种极端的崇拜,使他没能向中国人客观介绍泰戈尔,而是带有强烈的个人情绪,把泰戈尔敬若神仙,从而使人认识不到诗人的真面目而产生精神上的隔阂。不少中国人,特别是有政治背景的人认为泰戈尔在中国大谈精神文明,博爱主义,会消磨人们的革命意志,所以认为有必要进行反击。徐志摩当然比泰戈尔更了解中国当时的国情,但他不但没有努力去消除这些隔阂,反而充当了泰戈尔所宣传的思想的传声筒,他赞美泰戈尔的一切,千方百计要使听众接受泰戈尔的思想。实际上,自欧洲回国以来,徐志摩一直是以西方文化使者的面目出现的,赞扬西方文化,批判中国传统文化,但泰戈尔一来,他态度为之一变,转而赞同泰戈尔对中国物质主义的批判和对东方文明的赞美,并顺便也说了许多附和的话。

泰戈尔来华之前,徐志摩就为了顺应泰戈尔而说了很多言过其实的话,如他在《太戈尔来华》一文中就不无夸张地说:"太戈尔在中国不仅已得普遍的知名,竟是受普遍的景仰。问他爱念谁的英文诗,十余岁的小学生,就自信不疑地答说太戈尔。在新诗界中,除了几位最有名神形毕肖的太戈尔的私淑弟子以外，十首作品里至少有八九首是受他直接或间接的影响的。"① 而实际上当时除了冰心之外，还谈不上有谁受到泰戈尔这么大的影响。另外，从他介绍泰戈尔的文字中，人们只感受到一种不可自抑的情感的奔泻，在珠玑般晶莹华丽的赞美语句下，并没让人看出他对泰戈尔的思想和作品有多了解。在对泰戈尔谈到中国准备欢迎他的热烈情景时，他都是以中国青年的名义对诗人表示满腔仰慕之情，而实际上他所说的"中国青年"只代表了当时知识青年的一部分，但他的浪漫气质以及自视甚高的心理使他总觉得自己的感受和观点应该与他人所共有，这样说出来的话就难免过头。甚至当泰戈尔已经意识到中国文化界对自己的态度并非如预期的那样众口一词时，徐志摩还千方百计在他面前掩饰。这虽然会使泰戈尔得到一些安慰，但也更使泰戈尔对来华访问一事感到失望。实际上，这种一味的吹捧在他们都感受到国内那种不和谐的气氛时更是在客观上增加了泰戈尔的不快和不平衡：如果当初徐志摩们并不是那样说大，泰戈尔或许就不会对中国之行抱着完全乐观的信心，这样也就不会造成如此大的反差，泰戈尔或许就不会这样悲哀。更有甚者，徐志摩后来竟然还替林长民代表当时的北京政府首领段祺瑞邀请泰戈尔再度访华。军阀政客邀请一个诗人来访问，无非是为自己增加一些政治资本罢了，只会使被邀请者更加受人唾弃，幸好诗人没有接受，否则他不但会受到更多的攻击，在历史上可能就要留下与封建恶势力勾结的罪名了，而徐志摩也就更难以摆脱干系了。

　　在对自己所欢迎的人的思想和学术没有仔细研究的前提下就表示热烈的崇拜或完全的否定显然是不理智的，也很容易造成误解：批评者因误解而对泰戈尔大肆攻击，欢迎者则因误解而过度抬高泰戈尔从而给他招致更激烈的批评。也许是泰戈尔头上的光圈散射的光辉让徐志摩眩晕不知自己了，也许是他无法理智地观照泰戈尔和自己，他好象对泰戈尔丰富多彩的作品视而不见，即使在谈到泰戈尔的诗时，他也好象是怕中国人怠慢了泰戈尔似的而只一心夸耀他的诗歌对中国的意义；他甚至回避谈诗人的诗，而只注重诗人那确实如泰山日出般光彩耀人的崇高人格，并用汪洋恣肆的笔墨，在想象中描

---

① 徐志摩：《太戈尔来华》，《小说月报》，第14卷9号，1923年9月10日。

绘这位东方巨人的伟大形象。

所以,从这个角度讲,泰戈尔可以说是被徐志摩这样的热烈的欢迎者"捧杀"的。这一点还是鲁迅分析得最透彻:

> 人近而古的,我记起了泰戈尔。他到中国来了,开坛讲演,人给他摆出一张琴,烧上一炉香,左有林长民,右有徐志摩,各各头戴印度帽。徐诗人开始介绍了:'叽里咕噜,白云清风,银磐……当!'说得他好象活神仙一样,于是我们的地上的青年们失望,离开了。神仙和凡人,怎能不离开呢?但我今年看见他论苏联的文章,自己声明道:'我是一个英国治下的印度人。'他自知道得明明白白。大约他到中国来的时候,决不至于还胡涂,如果我们的诗人诸公不将他制成一个活神仙,青年们对于他是不至于如此隔膜的。现在可是老大的晦气。①

徐志摩对泰戈尔受到激烈的批评当然感到非常愤怒,但他可能始终都没明白自己也应承担一定的责任,这是他性格的悲剧,也是其思想的悲剧。

当然,泰戈尔的尴尬也可以说是一个时代的尴尬。泰戈尔来时的中国,正是思想混乱,国势衰弱的时代,在物质和精神两方面可以说都正闹着饥荒,所以对任何外来的思想家,包括在泰戈尔前后到中国的罗素、杜威和杜里舒等,欢迎者或反对者都希望他们能带来一种拯救中国的灵丹妙药,而并不注重他们的思想和学术本身的价值,对泰戈尔也是这样。这样的欢迎或反对就都难免具有某种盲目性,容易演变成一种感情用事的不理智、不客观的批评或欢迎,也自然会产生许多"意不在酒"的"醉翁"。徐志摩也可算其中之一。

---

① 鲁迅:《骂杀与捧杀》,《鲁迅全集》(五),北京:人民文学出版社,2006年,615—616页。

第四章　林语堂、江绍原与泰戈尔[①]

1924年4月，泰戈尔受邀访华所引发的"泰戈尔之争"，实际上是中国现代思想文化自身矛盾的外在表现。林语堂和江绍原的"泰戈尔与耶稣"之争，就是其中颇具代表性的一例。

1923年9月10日，徐志摩在《小说月报》发表《太戈尔来华》一文，赞许泰戈尔"最初最后只是个诗人，"反对将其作为哲学家和宗教思想家。徐志摩还冷嘲热讽有人"研究他究竟有几分的耶稣教几分的印度教。这类的比较学也许在性质偏爱的人觉得有意思，于太戈尔之为太戈尔，是绝对无所发明的。"研究比较宗教学的江绍原记住了这段文字。

1924年4月27日，《政治生活周报》发表《致太戈尔的一封公开信》。火药味十足地指责泰戈尔宣扬的思想只有"吃饱了饭以后的人才能做到，"只有自诩为东方文化的保护者，或玄学鬼才会引为"同志"。中国正受列强压迫，鼓吹重虚幻重谦守重无为的东方文化，"无异于存心去拦阻人民向实际奋斗之路，去打倒他们最大的敌人——外国的帝国主义。"信中还希望泰戈尔就印度独立、以及取得独立之法——宪政运动，还是群众革命——表态。

这样的批评并非孤例，而是很有"群众基础"。实际上，自泰戈尔一踏上中国的土地，反对声就一直如影相随。他在上海，南京，北京的演讲会场，常出现反对他的传单，内容大同小异，都是批评他宣扬腐朽无用的东方文明是阻挡现代文明的进步，是逃避斗争，只会使中华民族短命。

---

① 本文原刊于《书屋》，2012年第6期，有删改。

国内反对泰戈尔的刺耳声音，江绍原听到了；欢迎者如潮的掌声，他也听到了。他也有机会见到泰戈尔。泰戈尔游北海，在海军联欢社举行的欢迎会，江绍原皆因其留美学生身份而受邀，但因为他远望到活动地点"都有一股又黑又浓的妖气直冲霄斗，"而他"身上向来不带避邪符，如何去得？"泰戈尔后来在北京的公开讲演，不幸又在他"能去听之前就停止了。"因此，江绍原一开始并不敢写关于泰戈尔的文章，不过他后来发现，虽然欢迎者和反对者"如此之多，叫喊的如此之响，"实际上也都同自己一样对泰戈尔并无多深的研究。于是，看到《政治生活周报》上的公开信，他的泰戈尔情结被激活了。

1924年5月18日起，他在《晨报副镌》分四期连载《一个研究宗教史的人对于泰戈尔该怎样想呢》（另三期在6月4日、13日，7月2日）。基于泰戈尔的著作，他首先回答了《政治生活周报》提的问题。

江绍原正告欢迎或反对泰戈尔者：泰戈尔是印度人，是爱印度的人，是为印度努力的人。他的诗歌、戏曲也都是为教育本国人所作，并非为博取什么世界荣誉，至于外国人读了喜欢还是不喜欢，从中学到什么，都不关他的事。

泰戈尔宣传东方文明是否就是提倡不抵抗主义？江绍原通过比较分析泰戈尔与印度文化的关系，得出结论："印度的自由，专靠政治运动得不到手；若用强暴的手段去得，更是犯了叛逆印度理想的罪。宪政运动无益，武力革命有害。唯一的争自由的方法，是印度固有的传统的理想改造印度生活。"江绍原以耶稣为例，推崇泰戈尔采取的第三种民族复兴之路。"信他们祖国历代相传的宗教理想，根本上健全，泰戈尔与耶稣初无二致；主张精神自由为真自由，泰戈尔又与耶稣恍如一人。他们俩的民族所感受的痛苦和待决的问题一样；他们俩所拟的（不能博得急进派的同情的）到自由的路也一样。他们俩的时代，国家，智识程度，思想背景，尽管不同，但他们的精神是同的。"泰戈尔与耶稣都在民族危亡之际，同胞都视暴力斗争为争民族独立的不二选择之时，而独能提倡超国家主义的道德与爱，"所以泰戈尔能对耶稣表同情。"中国反对泰戈尔的人，就和反对基督教和耶稣的人一样，都不是"不了解"耶稣或泰戈尔，而是"不了解为什么人受了旁人的欺负不起来抵抗。"他们本希望泰戈尔能成为中国暴力革命的同盟者,却没想到他竟持如此懦弱的民族复兴思想,自然要激烈评判他!

而欢迎者徐志摩、梁启超等为了回击批评者,则一味强化泰戈尔的诗人身份,江绍原认为效果适得其反,这样反而加深了批评者对泰戈尔的反感。泰戈尔若真以诗人的身份来华,他就不应该处处批评中国的"物质主义"和暴力革命。诗人却很少谈诗,本身就让人怀疑其动机。另外,即使中国的批评者承认泰戈尔是诗人,也不会给他什么好脸色,因为在中国"圣人不作诗,作诗非圣人。"

那么,诗人泰戈尔为什么要来不需要诗人的中国?江绍原自问自答了几种可能:

1. 为游历而来?他先后游过欧美和日本,所以也应来中国。——不是。

2. 来中国寻找诗歌的灵感?所以逛逛西山,听梅兰芳,或找个什么"千金丽质"——也不是。

3. 来传播其诗歌和艺术观念?——也不完全是。

4. 来学佛的?——错了。

那么,泰戈尔到底为何而来?

江绍原未正面回答,只表示将"下回分解",遗憾的是他始终未解。倒是林语堂,因江绍原此文触动其一个思想之结,就"借这机会插说几句",结果与江绍原文来武往,进行了一场"泰戈尔与耶稣"之战。

林语堂对泰戈尔的反感,始于德国。

1921年8月,泰戈尔在德国巡回演讲,围绕"东西方文明问题",激烈批评西方文明,倡导东方精神生活。时在德国的林语堂是否听了泰戈尔的演讲,我们不确定,但有一点是肯定的,他觉得泰戈尔及其在德演讲本无足道哉,可德国人竟一窝蜂似地欢迎泰戈尔,甚至连咖啡馆都因此改名为"Café Rabindranath",他很不理解,只能感叹"外国商人赶热闹的本领实不亚于中国的文学界。"

林语堂坦承泰戈尔与其精神生活毫无关系,"不曾觉得他有什么意味,他曾给我何等的冲动。"他只看过泰戈尔的"一本诗集的三四首诗",并且觉得泰戈尔有点"mawkish, sentimental,十二分不合脾胃。"泰戈尔在北京过生日时，他也受邀参加并观看了《齐德拉》，不过也觉得此剧"并没有什么了不得的文学价值。"林语堂感兴趣的是：泰戈尔是一个亡国的印度人，而欢迎他的恰是亡其国者英美人，"其个人关系与政治关系明明是互相冲突，"泰戈尔会如何处理这种明显的矛盾？

林语堂认为，"泰戈尔大谈精神生活"，与变色龙一样，都是"动物所以谋生于新环境"的一种生存反应，是一种对于亡国环境的反应。泰戈尔今日享盛名受英人优遇，若提倡印度独立反对英国政府，必有许多不便，但对于印度的国运问题，又不能无主张，而"暗杀、革命、宪法改革"他又都干不了，或不想干，"于是乎无意中不自觉的提起这最方便最不碍人的精神运动精神聊慰法子。"他也相信，泰戈尔身处亡国之境，却格外受亡其国者优待，精神更痛苦。他是因为自认印度人敌不过英国人，所以才大谈所谓的精神复兴。如果不是因为环境的压制，他也未尝不可大声疾呼，提倡印度独立，然后再求"与宇宙和谐"及"处处见神"。林语堂并不鄙薄泰戈尔，只是觉得他的精神复兴论含有"精神聊慰之臭味。"

林语堂认为江绍原"所引的犹太人先知以赛亚用犹太的复兴的语言，以慰藉眼前遭蹂躏的犹太人"最为可笑，最无聊，是亡国奴说大话。江绍原将泰戈尔与耶稣相比，林语堂也"觉得不妥"，因为耶稣所说的"有人打你这边的脸，连那边也由他打"是在任何国情下都一定会说的，而泰戈尔所谓的"生活单纯"，"与宇宙和谐，"则是"什么诗人临时都可以凑得上的烂调，是应时而发的语。"当印度人都在寻求印度的独立强国之路时，泰戈尔却既不讲武力抵抗，也不讲不合作，也不讲宪法革命，却讲最速以一千年为期的爱的工夫，若如此可以救国立国，林语堂以居高临下的嘲笑姿态说，那么闭目祷告即可救印度了。①

欧洲人关注泰戈尔，主要着眼于东方思想对西方文化的疗救价值；而中国人关注泰戈尔，主要期待于他作为思想家和社会改革家对改变中国现实的价值。林语堂基于自己的政治思想对泰戈尔的批评，在当时的中国是很有代表性的。

---

① 林语堂：《一个研究文学史的人对于贵推该怎样想呢》，《晨报附刊》，1924年6月16日。

江绍原随即发表《泰戈尔与耶稣》① 一文，对林语堂进行反击。江绍原认为林语堂以动物的"反应"原则解释人类的精神生活是错误的，因为不是一切人的精神生活，都可用"对于环境的反应"来解释的。耶稣是个超自然的人，他的精神生活是超自然的精神生活，因此不能以反应的原则进行解释。泰戈尔谈精神生活也不是对亡国环境的反应。

林语堂以《吃牛肉茶的泰戈尔》② 作答。他明确表示，泰戈尔对于救国亡国的见解是"身境"影响所致（即所谓环境反应），即他受英国人尊崇欢迎所致。泰戈尔的精神复兴论不是出于纯粹的理智，而只是他为求身世及名誉之安全，迫不得已而发的言论。林语堂认为，泰戈尔不主张印度独立，并视英国人统治印度为天意，印度人不但不应该拒绝英国人，反而应颂扬英国的政功。所以，泰戈尔不但不会参加革命或宪政运动，而且会反对这类运动。他所鼓吹的唯一救国方法（保守印度人精神）完全与印度自治问题无关。因此，泰戈尔尽管可被称为诗哲，但其精神救国论则是"凑数的烂调，或无赖的敷衍。"耶稣肯为自己的见解而死，因此不是应时的敷衍；泰戈尔的诗歌也决不是敷衍，但是其政治论却是敷衍。崇尚幽默的林语堂此时仍不忘幽默一击：泰戈尔的种种怪论与他"被英国人请去吃牛肉茶托士有关。"

江绍原针锋相对，以《"贪食好酒"和"税吏及罪人的朋友"耶稣与吃"英国人的牛肉茶及托士"的泰戈尔》③ 一文回应林语堂。

江绍原承认，耶稣和泰戈尔都不像自己的同胞那样积极参加民族独立斗争，而且都劝自己的同胞去爱自己的仇敌。但林语堂讽刺泰戈尔是因为吃了英国人的牛肉茶才不反对英国人，江绍原则回报以讽刺，指出林语堂是戴着"生物学和文学史"的双料有色眼镜来看耶稣和泰戈尔。耶稣曾与犹太社会所不齿的罪人，以及替罗马人收税的税吏同桌吃喝，因此被"法利赛人和文士"攻击为"贪食好吃者"和"罪人税吏的朋友；"现在泰戈尔因应亡其国的英国人之请，同桌吃喝，就有一个"'研究文学史'的外国人讥笑他是因为吃了英国人的'牛肉茶'、'托士'，和'名令智昏汤'"，才兜售不抵抗主义报答

---

① 《晨报附刊》，1924 年 6 月 23 日。
② 《晨报附刊》，1924 年 6 月 27 日。
③ 《晨报附刊》，1924 年 7 月 6 日。

英国人。"换句话说，按照林语堂的观点，昔日的耶稣是因为嘴馋才肯爱罪人和税吏，今日的泰戈尔则是因为中了英国人牛肉茶的毒才提倡精神生活。"做贼的人骂起贼来最厉害；难道我们也须用这个眼光，说这位先生自己受了牛肉茶的毒所以骂起旁的吃牛肉茶的人最厉害？"林语堂认为耶稣肯为自己的主张而死，所以其主张就不是"敷衍"，而今日活着的泰戈尔的政治主张就是敷衍，江绍原对此也回以幽默一击：将来上帝如果肯给泰戈尔一个死的机会，"下一辈子的人也许肯信他一样不是敷衍"了。

林语堂此后未再予以回应。江绍原却认为林语堂根本没看懂自己的文章就对自己指手画脚，甚至暗讽自己有"汉奸性，"因此仍耿耿于怀，便又写了《为什么有人硬以为泰戈尔与耶稣不能比》。①"单骂泰戈尔不能证明泰戈尔与耶稣无比较；骂泰戈尔之外加上胡骂研究宗教史的人，也不能。即使你能证明研究宗教史的那个人是文妖和泰戈尔是甘心做亡国奴的怪物，然泰戈尔与耶稣不能比较，还是必须另去证明的。"江绍原认为，林语堂之所以坚持反对将泰戈尔与耶稣相比，是因为他相信自己是借耶稣抬高泰戈尔，而耶稣的精神和人格，是远远高于泰戈尔的。他指责林语堂患了"西洋人所谓心理学家的谬论（Psychologist's Fallacy）。"

江、林的"泰戈尔与耶稣"之争，也吸引了其他学者的关注，如朴念仁（即周作人）的《"太戈尔与耶稣"》，② 怀汀的《吃素与吃牛肉茶》③。周作人支持江绍原，但也表示不喜欢泰戈尔以宗教家与诗人的身份在中国谈政治及文化，因为"宗教的政治论与诗人的文化观总是不很靠得住的。"怀汀则支持林语堂，认为江绍原对林语堂的批评是借题发挥，因为林语堂不过是以牛肉茶代表泰戈尔"与英人来往亲密的象征。"

泰戈尔是1924年5月30日离沪赴日的，之后，除了陈独秀又陆续发表了一系列的激烈批评文章外，江绍原与林语堂的"泰戈尔与耶稣"之争，在国内思想文化界对泰戈尔已经普遍冷漠的背景下，就具有了延续中国泰戈尔热的特殊意义和价值。

---

① 《晨报附刊》，1924年6月30日。
② 《晨报附刊》，1924年6月30日
③ 《政治生活周报》，1924年7月13日。

相比较而言，江绍原比林语堂对泰戈尔的理解更全面、客观。除了与林语堂争论的四篇文章外，江绍原还先后在《晨报附刊》发表了《研究"塔果尔及其森林哲学"里面的翻译》（1924年5月13日）、《泰戈尔的Chitra与瞿世英的齐德拉》（1924年5月16日）、《谁配翻泰戈尔底"诗人的宗教"》（1924年6月6日）以及《太戈尔戏曲集第二集》（《现代评论》，1925年4月3日）。他除了从宗教史的角度比较了泰戈尔与耶稣，研究了泰戈尔的宗教思想外，还从翻译的角度，分析了泰戈尔在中国遭遇尴尬的时代原因。

因为立足于泰戈尔的作品，江绍原能从比较宗教学的角度，客观分析泰戈尔在中国被误解的社会、政治和文化原因。他指出，泰戈尔对自身的认识是清醒、客观的，只是中国人根本不给他客观表述自己的机会，而是千方百计出于各自目的蓄意将泰戈尔装扮成各种面孔的玩偶，却不去认真研究泰戈尔思想文化自身复杂性的印度文化根源。因此，他明确表示：只要立足中国视角，就永远不可能真正理解泰戈尔。在当时欢迎和批评泰戈尔的喧嚣声中，江绍原冷静的声音虽微弱且异类，但却可贵。

相对而言，晚年皈依基督成为虔诚基督徒的林语堂在批评江绍原对泰戈尔与耶稣的比较时，意气色彩明显大于研究色彩。他从文学史的角度研究泰戈尔的政治思想，耶稣只是其一把攻击的利器，从中并看不出他对基督教有多少研究。而他对江绍原的攻击越强，言辞越激烈，耶稣在其手中的工具性就越明显。

但遗憾的是，江、林之争实际上都仍主要关注泰戈尔与耶稣对民族复兴的态度和提出的复兴之道，而忽略了泰戈尔"诗人的宗教观"及基督教对本民族的精神价值和道德意义。所以，即使如江绍原这样的宗教研究者，也常常有借泰戈尔与耶稣为今人说法的嫌疑，林语堂就更不必说了。也许，这可从另一个角度说明泰戈尔来华引发的中国现代思想文化论争有多么复杂和激烈。

第五章　梁启超与泰戈尔

在中国文化由传统向现代过渡、转化的过程中，梁启超无疑是一个承上启下的关键人物。他能起到这样的作用，是因为他既秉承了中国传统文化的精髓，又具有了世界性的眼光，能在中外文化交流的大背景、大框架下，以"文学救国论"为中心，通过各种形式，输入西方文化，希望借以救亡图存。但 1918 底至 1920 年的欧游经历，使其目睹了西方文明导致的满目疮痍，从而刺激他由反中国传统文化又回归到中国文化传统，由激进回归"保守。"泰戈尔进入其视野并受到欢迎，与其前后的思想变化都密切相关。而国内思想文化界对其与泰戈尔关系的各种复杂态度，则从一个特殊的角度，表现出了中国近现代以来思想文化自身的复杂性及矛盾性。

初缘——《大中华》视野中的泰戈尔

《大中华》杂志创刊于 1915 年 1 月，目的有三："一曰养成世界智识；二曰增进国民人格；三曰研究真理真相以为朝野上下之南针。"梁启超作为主编，明确提出杂志的天职是关心"中国之前途，国民之自觉心，""并能了然于中国与世界之关系，以免陷于绝望苦闷之域，"了解"欧洲之原因结果，中国之存亡盛衰。"①《大中华》贯彻了梁启超的办刊思想，并成为介绍外国思

---

① 《大中华》"发刊辞"，《大中华》，第 1 卷 1 期，1915 年 1 月。

想文化，打开国人视野，增强国民世界智识，促进中外文化学术交流的重要平台。其中对泰戈尔的介绍和研究，在国内也堪称先驱。

1916年2月20日，《大中华》杂志（第2卷第2期）发表欧阳仲涛的文章《介绍太阿儿》，并附有"太阿儿手札"一幅，"太阿儿最近写真"一幅。同年，第2卷第8期刊出逐微所译《印度大思想家太阿儿自传》。在《大中华》杂志满纸"欧风美雨"中刊发有关泰戈尔的文章，一是因为泰戈尔为"印度文明之代表者，为东西两洋文明之调和者，为今后世界新思想之开宗者;"① 同时也是因为泰戈尔获得诺贝尔文学奖后在英国和日本受到了热烈欢迎。

欧阳仲涛之文侧重强调泰戈尔在欧洲的影响和在世界文化史上的地位。他称泰戈尔不仅仅是诗人，还是"预言者、哲学者、宗教家、教育家、印度之爱国者，梵界之中兴伟人。"并预言泰戈尔将开辟世界文明史的新纪元。让他觉得遗憾的是，现在亚洲出现了这样的伟人，连欧洲人都"伏地摩太阿儿之足以致最隆之敬"，而"吾震旦人士，至今无能称太阿儿者。巷有颜子而不知，耻矣。"逐微的译文则简明扼要地全面介绍了泰戈尔的生平及其政治观、宗教观、文学观。实际上，这两篇文章彼此互补，可以称为中国最早、最全面的泰戈尔研究。这也是梁启超与泰戈尔首次结缘。

真挚友谊——泰戈尔在北京

讲学社成立于1920年9月5日，是梁启超以罗素访华为契机而发起成立的，核心人物有林长民、蒋百里、徐志摩等。梁启超形象地将讲学社比做一个大商店："我们对于中国的文化运动，向来主张'绝对的无限制尽量输入'"。"只要是有价值的学说，我们不分门户，都要把他介绍进来。好像我们开一个大商店，只要是好货，都要办进，凭各人喜欢买那样就买那样。""我们要大开门户，把现在有价值的学说都要欢迎，都要灌输。"② 作为一个学术

---

① （欧阳）仲涛：《介绍太阿儿》，《大中华》，第2卷2期，1916年2月。
② 《讲学社欢迎罗素之盛况》，《晨报》，1920年11月10日。

性的、民间的、但与政治又有千丝万缕关系的团体,讲学社的成员身份复杂,思想主张差别很大,有主张玄学的,也有主张科学的,有西化派,也有传统文化派,但在欢迎外国学者来华讲学一事上,他们的态度是一致的。泰戈尔来华前,讲学社已经邀请了罗素、杜威、杜里舒来华,其中主谋,都是梁启超。

梁启超极其重视泰戈尔访华,并事无巨细地安排泰戈尔访华的相关事宜。泰戈尔在北京期间,梁启超还身体力行,与泰戈尔几乎可以说是形影不离。他的儿子梁秋实、梁思成也经常出现在各种欢迎会上。

4月23日下午3点,泰戈尔一行抵达天津,梁启超特意赶到天津车站迎接;

4月23日下午7点,泰戈尔抵达北京火车东站,梁启超、蔡元培、胡适等到车站迎接;

4月24日晨,梁启超等在泰戈尔寓所叙谈一小时;

4月25日下午,梁启超等陪同泰戈尔游北海。5点左右,梁启超主持欢迎泰戈尔茶话会,并致欢迎辞;

4月26日下午和27日上午,梁启超分别在北京师大和北京大学演讲,作为北京迎接泰戈尔的"预备的谈话",题目分别为《印度与中国文化之亲属的关系》和《绝对的爱》;

27日晚,梁启超参加了北京各学界代表在海军联社为泰戈尔一行举行的公宴;

4月30日,经梁启超协调,清华大学热情邀请泰戈尔一行入住清华园,并驻留近一周;

5月1日下午,梁启超在清华演讲"中印文化之关系及太氏之介绍",为泰戈尔当晚的清华演讲造势。"梁先生精神奋健,其气概诚令人钦佩,同学听讲后,受益良深;"①

5月8日晚,北京各界为泰戈尔庆祝64岁生日,梁启超赠泰戈尔中国名

---

① 《清华周刊》,第313期,1924年5月9日。

竺震旦,"希望我们对于他的热爱跟着这名儿永远嵌在他心灵上。我希望印度人和中国的旧爱借竺震旦这个人复活过来;"①

5月9日上午,讲学社邀请泰戈尔给北京青年作第一次公开演讲,梁启超在正式演讲前向听众介绍泰戈尔;

5月20日中午,梁启超和梅兰芳等设宴为泰戈尔饯行,期间梁启超向诗人求诗:"这次诗人漫游中国,必有佳句,以志鸿爪?"泰戈尔以《洛神》为题,赋诗一首,书于纨扇,赠予梅兰芳;②

5月20日晚,泰戈尔一行由北京出发赴晋,梁启超等到站欢送。

泰戈尔深感梁启超的盛情,并非常珍惜与梁启超结下的深厚友谊。他回国后出版了在中国的演讲集:"*Rabindranath Tagore：Talks in China*",其"序言",即梁启超在北京师范大学为欢迎他所做的演讲。

指"泰"骂"梁"——谁别有用心

自"五四"以来,中国的各种文化论争都不是真正的文化之争,而是在论争什么样的文化可以强国,从这种角度看,泰戈尔作为一位亡国诗人,本身就没资格来给尚未亡国的中国人上文化课。在中国当时复杂的政治、思想和文化背景下,泰戈尔的身份和主张使其不知不觉变成了国内思想矛盾冲突的新靶子,成为论争各方借以攻击对手的工具。梁启超就是其中一个主要的"受害者。"他对泰戈尔的真诚欢迎,被其批评者视为别有用心;他对泰戈尔的赞扬和辩护,被指责为费尽心机遮掩泰戈尔来华的真实目的,故意使人看不清泰戈尔作为诗人、哲学家的真正价值,从而将泰戈尔变成与中国世事隔绝的可居的奇货,变成可用于抬高自己的身价、借机炫耀自己的宝贝。

批评者这样指责梁启超似乎有充足的理由和证据。出面邀请泰戈尔的是梁启超所主持的讲学社,而对泰戈尔来华最热心宣传的《晨报》又是梁启超

---

① 《竺震旦诞生与爱情名剧"契玦腊"》,《晨报》,1924年5月10日。
② 梅兰芳:《忆泰戈尔》,《人民文学》,1961年5月号。

主持的"研究系"的机关报。泰戈尔在京期间,几乎所有的招待啊,欢迎演讲会啊,等等,都能看到梁启超的身影。当泰戈尔被攻击为封建腐朽人物时,梁启超则公开为之辩护。

梁启超就是这样处处赞扬泰戈尔,时时维护泰戈尔,使人很难不相信他在处心积虑"袒护"泰戈尔,所以批评者就很自然地将其与泰戈尔捆绑在一起加以批判。批评者认为梁启超作为正受到进步思想界批判的"玄学鬼"和"研究系"的代表,因为在论争中失败了,所以才拉来泰戈尔这位与他观点一致的世界级大师来助战。如陈独秀就常常将泰戈尔、梁启超、研究系、封建军阀相提并论。"有一小研究系,向散布反对太戈尔传单的青年说:'你反对太戈尔,何不去反对曹锟?'"[①] "研究系的人,一面崇拜欢迎太戈尔,一面却主张中国人带了枪炮到蒙古去!"[②] "太戈尔一到北京,竟染上了军警和研究系的毛病,造谣诬陷而已。"[③] 并称梁启超和泰戈尔"携着手大倡其心灵生活与精神文明",犹如自己吃饱吃撑了,却忘记了普天下人的饥饿,"好个没良心的东方文化的代表者!"[④] 即使在今天,仍有人持这种观点:"对于在不久前的东、西方文化的论战及'科学与玄学之争'中因主张精神物质二元论而一度受到攻击的梁启超来说,泰戈尔在中国发表的大量言论无疑是一种最好的兴奋剂,使梁启超深受鼓舞。有泰戈尔这样的思想与文学巨匠大声疾呼重视东方精神文明的价值,梁启超回归中国本土文化的信心更加坚定,主张也更加激越了。"[⑤]

责任与信仰——梁启超为什么欢迎泰戈尔

针对泰戈尔和自己的激烈批评,梁启超不会不知道,不过他并未为自己辩解。实际上,于情于理,梁启超对泰戈尔都会由衷地、真诚地欢迎。

---

① 陈独秀:《反对曹大总统? 马蜂桥四号!》,《向导》,第62期,1924年4月23日。
② 陈独秀:《崇拜太戈尔的主张派兵征服蒙古》,《向导》,第62期,1924年4月23日。
③ 陈独秀:《太戈尔与金钱主义》,《向导》,第68期,1924年6月4日。
④ 陈独秀:《太戈尔与梁启超》,《向导》,第63期,1924年4月30日。
⑤ 杨天宏:《新民之梦——梁启超传》,成都:四川人民出版社,1995年,第329页。

作为讲学社的负责人，邀请和欢迎泰戈尔来华，梁启超责无旁贷。而即使没有讲学社，梁启超也有责任欢迎泰戈尔访华——据徐志摩说，泰戈尔和梁启超是 1921 年 10 月高尔斯华绥在伦敦发起成立的国际著作者协社（International Writers' Club）仅有的两名东方会员，而这个组织的宗旨，就是为了"著作家游历时，各部应相互招待，敦睦友谊。"因为"文学家……就爱私人的交谊，与不事铺张却真有同情的接待。"①

梁启超对印度文化始终抱敬仰态度，也一直重视中印文化交流。他通过研究佛教在中国的传播史，认识到印度文化对中国文化影响很大，中国的哲学、文学、音乐、医学、雕刻、数学、天文等都接受过印度文化的影响，历史上也曾有很多印度哲人来中国传播印度文化。但进入近代以来，因复杂的政治和社会原因，中印两国文化竟有数百年几乎断绝了交流。梁启超希望借助泰戈尔访华，使已经中断的中印文化交流重新薪火相传，因"中印两国，同为文化的母国，就中印两国说，印度文化，实为中国的老哥，中国转为老弟。"他认为印度人来中国，不像西方人来中国为争利权，为伸张势力，也不像中国人到西方，只为学枪炮之精，或工商之发达，而是只为求人类幸福。"泰戈尔作为印度文化的代表来到中国，中国人不但要打开胸襟欢喜承受这位老哥哥的亲爱，更要用加倍的亲爱奉献给老哥哥，请他带回印度，借此恢复中印之间的文化交流："问问盼望咱们两家久断复续的爱情，并不是泰谷尔一两个月游历昙花一现便了。……泰谷尔这次来游，不过替我们起了一个头，倘若因此能认真恢复中印从前的甜蜜友谊和有价值的共同工作，那么，泰谷尔此游才真有意义啊。"② 这显然也是梁启超欢迎泰戈尔的真正目的。既然在泰戈尔身上寄托了恢复中印文化交流的重任，梁启超自然会全身心欢迎他。

梁启超欢迎泰戈尔，也因为他寄希望于佛教能救国。清末民初，各种救亡思潮蜂拥而起，教育救国、实业救国、科学救国、宗教救国……佛教所倡导的"普度众生"观，也因此成为一部分维新志士的精神武器。梁启超从

---

① 徐志摩：《国际著作者协社》，《徐志摩散文全编》（上），韩石山编，天津：天津人民出版社，2005 年，286—287 页。

② 梁启超：《印度与中国文化之亲属的关系》，《晨报副镌》，第 98 期，1924 年 5 月 3 日。

1896 年起就开始关注印度与佛教,并颇有研究。他称佛教为"宇宙间唯一真理",是"最重实践"的一门科学,佛教因具六大优点:智信而非迷信,兼善而非独善,入世而非厌世,无量而非有限,平等而非差别,自力而非他力,[①]所以具有救亡强国的功能。梁启超对泰戈尔本人的思想、学说、作品并无多深研究,但他视泰戈尔为印度文化的代表,只此一点,他就有足够的理由欢迎他。

最重要的是,梁启超真心赞成泰戈尔的思想主张,并心有戚戚。《大中华》杂志时期的梁启超关注泰戈尔,还主要是因泰戈尔获得诺贝尔文学奖,并受西方世界欢迎;泰戈尔访华时的梁启超,则已结束欧洲之行,完成了从反对中国传统文化、崇尚西方文明到欲以中国文明拯救西方文明的思想转变,由激进回归"保守。"他坚信西方文明已经破产,东方文明将流行于世界。这和泰戈尔宣扬东方文明优于西方文明的主张是一致的。国内批评者也是因为看到了梁启超与泰戈尔这种思想的一致性,所以才将两人联系起来予以攻击。

显然,对泰戈尔来华别有用心者并非梁启超,而是认为梁启超别有用心者。即使没有泰戈尔来华,梁启超也会、而且也一直在受到进步思想界的抨击,泰戈尔只不过为其批评者提供了一个新的攻击的理由。所不同的,只是因泰戈尔的影响太大,而导致对梁启超的抨击力度也更大而已,对其批评的实质,却无根本变化。这说明,中国思想文化界围绕泰戈尔来华的论争,实质上仍只是中国思想文化矛盾斗争的内在组成部分。

---

① 梁启超:《论佛教与群治之关系》(1902 年),《梁启超全集》(第四卷·新大陆游记),北京:北京出版社,1999 年,906—910 页。

第六章　泰戈尔与周作人

1861年5月7日，印度诗人泰戈尔诞生；1967年5月7日，中国作家周作人病逝。冥冥之中，周作人与泰戈尔似乎有前世今生的缘分。的确，在中印两国现代文化交流史上，两人曾有过一段神交：一次是在中国新文化运动中，泰戈尔是周作人批判封建礼教的靶子；一次是在1924年泰戈尔访华前后，周作人因自身的复杂而对泰戈尔的态度亦变得复杂。探讨周作人的泰戈尔观的内涵及成因，不但有益于我们认识泰戈尔与中国现代思想文化的复杂关系，而且可以使我们更具体、细致地了解周作人这个中国现代思想文化史上的复杂个体所以复杂的一些原因。

"撒提"与"人的发现"及礼教

1918年，距泰戈尔获得诺贝尔文学奖已经五年，但他在中国还几乎不为人所知，仅有的一些介绍或研究文章，主要也都是在其诺贝尔文学奖光辉照耀下的赞美。但就在这一年的12月15日，周作人在《新青年》上发表《人的文学》，惊世骇俗地公开批评泰戈尔是东方封建守旧思想的代表：

> 印度诗人Tagore做的小说，时时颂扬东方思想。有一篇记一寡妇的生活，描写她的"心的撒提"（Suttee），（撒提是印度古语、指寡孀与她丈夫尸体一同焚化的习俗）。又一篇说一男人弃了他的妻子，在英国别

娶，他的妻子，还典卖了金珠宝玉，永远的接济他，一个人如有身心的自由，以自由别择，与人结了爱，遇着生死的别离，发生自己牺牲的行为，这原是可以称道德事。但须全然出于自由意志，与被专制的因袭礼法逼成的动作，不能并为一谈。印度人身的撒提，世间都知道是一种非人道的习俗，近来已被英国禁止，至于人心的撒提，便只是一种变相。一是死刑，一是终身监禁。照中国说，一是殉节，一是守节。原来撒提这字，据说在梵文，便正是节妇的意思。印度女子被"撒提"了几千年，便养成了这一种畸形的贞顺之德。讲东方化的，以为是国粹，其实只是不自然的制度习惯的恶果。譬如中国人磕头惯了，见了人便无端的要请安拱手作揖，大有非跪不可之意，这能说是他的谦和美德么？我们见了这种畸形的所谓道德，正如见塞在坛子里养大的、身子像萝卜形状的人，只感着恐怖嫌恶悲哀愤怒种种感情，决不该将他提倡，拿他赏赞。①

"撒提"，梵语"Sati"的汉译，原意是"贞洁的妇女"，后演化成印度教的一种礼教：丈夫死后，妻子即随同丈夫的尸体自焚，死妻则成为礼教所称许的节妇。

周作人之前，国内涉及泰戈尔的介绍或研究文章仅有：钱智修的《台莪尔氏之人生观》（1913）、陈独秀的《敬告青年》（1915）、仲涛的《介绍太阿儿》（1916）、逐微译《印度大思想家太阿儿自传》（1916）、乐海的《塔果尔眼中之亚细亚》（1916）、钱泰基译《东西文化论衡为印度诗圣苔戈尔而作》（1917）、成的《印度诗人塔果尔传》（1917）、宋春舫的《国运与文学》（1918）；翻译的泰戈尔作品则只有陈独秀译的《赞歌》（1915）、胡学愚译的《印度名人台峨尔氏在日本之演说》（1916）、天风、无我译的《雏恋》、《卖果者言》、《盲妇》（1917）、刘半农译的《诗二章》、《海滨》（1918）。这些文章和作品都没涉及"撒提"制度，也看不出泰戈尔对"撒提"的态度。

中国人"生了四千余年"，却还几乎不知道自己是人，不知道什么是人，周作人为此深感痛心，因此才写出《人的文学》、《平民的文学》等投向封建

---

① 周作人：《人的文学》，《新青年》，第5卷6号，1918年12月15日。

文化的匕首一般的文章，就是"从新要发见'人'，去'辟人荒'"，"希望从文学上起首，提倡一点人道主义思想"。他从"人的发现"，进而实现了"女性的发现"，对束缚了中国妇女数千年的贞操观、"守节"、"殉节"等违背人性的传统道德进行了激烈抨击。"撒提"所涉节妇之意，与中国封建礼教如出一辙，成为周作人批评的靶子，也在情理之中。①

而实际上，与此时的周作人一样，泰戈尔也是一位人道主义作家，是一生都致力于改变印度封建陋俗的社会改革家。他在作品中描写印度社会的种种陋习，并非提倡，恰是要揭露东方文化愚昧残忍的一面，并进而废除。

泰戈尔对印度妇女受到的精神和肉体折磨与痛苦尤表同情。他一向反对种姓歧视、性别歧视，对"撒提"这种戕害妇女、虐杀人性的残酷礼教，他在一些作品中进行过无情揭露和深刻鞭挞，如短篇小说《摩诃摩耶》，以及两篇叙事诗，即《丈夫的重获》和《婚礼》，但他并无作品赞美"撒提"。也就是说，即使从泰戈尔的作品中，也看不出他维护"撒提"制度，更谈不上赞美这种制度，而是只能看出他是坚决反对"撒提"制度的。

那么，周作人是如何从泰戈尔的作品中读出他对"撒提"的"赏赞"？无非三种可能：他未读，但听说过，或真读了，但没读懂，或读懂了，但"醉翁之意不在酒"：他批评泰戈尔赞美"撒提"制度，只是以印度封建礼教之"恶"，破解中国封建礼教之"恶"。

作为新文化运动的主将，周作人对东方文化及提倡东方文化的人，都是反感的。他视东方文明的提倡者为"假道学"、"伪君子"："我所顶看不入眼而顶想批评的就是那些假道学、伪君子"。② 泰戈尔俨然以东方文化的代言人出现在世人面前，自然惹周作人不喜。所以说，周作人是因为先否定东方文化，所以才否定印度——印度文化与中国封建文化都属于他认为应该被抛弃的旧文化；印度国民的精神，与中国国民的奴性，也可视为同质——再否定提倡印度民族精神复兴的泰戈尔，然后才是否定最能体现印度封建文化劣根性的"撒提"制度。他拿泰戈尔借题发挥，也就在所难免了。

---

① 周作人：《人的文学》，《新青年》，第5卷6号，1918年12月15日。
② ③周作人：《我最》（署名：岂明），《语丝》，第47期，1925年10月5日。

周作人之前，只有陈独秀对泰戈尔稍有"微词"："吾愿青年之为托尔斯泰与达噶尔（R. Tagore，印度隐遁诗人），不若其为哥伦布与安重根！"[①] 所以，泰戈尔在中国的第一个批评者，应是周作人。

中国青年与"群众运动"及"醉翁"

20世纪20年代始，新文化运动开始落潮。随着中国政治黑暗的加剧，各种封建思想开始返潮、泛滥，新文化阵营也逐渐分化。在阴冷如铁的现实面前，周作人慢慢失去了早期的"热和力"。

1923年7月30日，他致信徐玉诺：

> 我是寻路的人。我日日走着路寻路，终于还未知道这路的方向。
>
> 现在才知道了：在悲哀中挣扎着正是自然之路，这是与一切生物共同的路，不过我们意识着罢了。
>
> 路的终点是死，我们便挣扎着往那里去，也便是到那里以前不得不挣扎着。[②]

在周作人就这样"挣扎"了约一年之后，泰戈尔于1924年4月12日抵沪，开始了其颇不平静的中国之旅。

此时的中国，时事纷乱，思想矛盾层叠交杂，社会和文化环境让人迷茫，甚至绝望。在这样的复杂情势下，泰戈尔带来的印度声音，使中国人看到了另一种特质与中华文化具有可比性、可互为参照的东方文化，这对急于寻求中国文化出路的中国知识分子来说，无疑具有积极的启迪和建设意义。然而，也正由于当时中国这种特殊的政治和文化环境，中国思想文化界围绕泰戈尔掀起了轩然大波。陈独秀、瞿秋白、茅盾等组成了"驱泰大军"，"疾言厉色

[①] 陈独秀：《敬告青年》，《青年杂志》，第1卷第1号，1915年9月15日。
[②] 周作人：《寻路的人——赠徐玉诺君》，何乃平编：《恬适人生》，广州，花城出版社，1991年版，第150页。

要送他走";而梁启超、徐志摩等人则组成了"保泰大军",千方百计为他辩护。

实际上,泰戈尔在中国受到批判,与他被视为封建复古守旧派的代表有关。泰戈尔提倡东方文明,反对西方文明,被反对者视为站在崇古复古的立场上反对现代化,是美化封建秩序和封建意识。他还因此被看做过时人物,甚至被骂为提倡裹脚的狂人。陈独秀从反封建、反传统的立场,批评泰戈尔是个极端排斥西方文化、极端崇拜东方文化的人,说他只是"多放莠言乱我思想界,"只会导致中国社会的落后与挨打;而他抨击科学及物质文明,奢谈精神文化,无异于劝人"何不食肉糜"的昏君,和"牧师们劝工人'向上帝求心灵的安慰胜过向厂主做物质的争求'同样混帐,象这样颠倒乖乱,简直是个糊涂虫,还配谈什么'爱'"。① 陈独秀在这里所说的"老少人妖"实际上所指的就是中国当时正在进行的一场东西文化论争中的那些文化保守派,其主要代表除梁启超外,还有张君劢、章士钊、梁漱溟等。实际上,周作人从新文化阵营退出,也和他意识到中国传统思想文化势力过于强大有关:"现在思想界的趋势是排外与复古,这是我三年前的预料,'不幸而吾言中',竺震旦先生又不幸而适来华,以致受'驱象团'的白眼,更真是无妄之灾了。"② 只不过陈独秀等与文化保守派呈对峙之势,而周作人则是"知难而退"。

泰戈尔访华期间,恰是周作人酝酿思想转向的关键时期。就在同年的11月17日,周作人提出了新的文化救国之道,即复兴中国传统文化:"中国现在所切要的是一种新的自由与新的节制,去建造中国的新文明,也就是复兴千年前的旧文明。……舍此中国别无得救之道。"③ 泰戈尔在华宣扬东方文明,劝诫中国不要走西方的道路,要固持中国传统文化的精髓,与周作人思想,有诸多切合之处。按理,周作人应加入"保泰大军",但其实不然。在这场"泰戈尔之战"中,周作人自居中庸,"在反对与欢迎两方面都不加入",④ 却

---

① 陈独秀:《太戈尔与东方文化》(署名实庵),《中国青年》,第27期,1924年4月18日。
② 周作人:《"大人之危害"及其他》(署名陶然),《晨报附刊》,第107期,1924年5月14日。
③ 周作人:《生活之艺术》,《语丝》,第1期,1924年11月17日。
④ 周作人:《"大人之危害"及其他》(署名陶然),《晨报附刊》,第107期,1924年5月14日。

又对欢迎和反对泰戈尔的人各打五十大板。

而实际上,貌似公允、中立的周作人又一次扮演了"醉翁",只不过这次"知堂舞泰,意在群众"!这个曾经的泰戈尔的批评者,这次成了泰戈尔的支持者,只不过支持的理由,与泰戈尔的思想及文学,并无直接关系。

泰戈尔访华前后,周作人的相关言论并不多,计有《"大人之危害"及其他》,《太戈尔与耶稣》。此外,就是一些文章中的零星表述,如《国粹与欧化》(1922年2月作,收入《自己的园地》)、《问星处的预言》,及与友人的通信(如致孙伏园信,1924年5月13日)。

周作人坦承:自己虽然买过几部泰戈尔的书,但实际上"不懂泰戈尔。"但中国是礼仪之邦,而泰戈尔又是世界上伟大人物,并且出于好意自动到中国来,因此他"觉得地主之谊的欢迎是应该的。"他也相信梁启超、张君劢、章士钊、梁漱溟等文化保守派有借"他老先生的招牌来发售玄学"的嫌疑,并认为"不正当",但"至于那些拥护科学的人"因泰戈尔在中国反复宣扬以东方的精神文明战胜西方的物质文明而就"群起反对",并就此批判泰戈尔反对科学,"虽然其志可嘉,却也不免有点神经过敏了。"(《"大人之危害"及其他》)因为泰戈尔一直在主张东方人学习西方科学来摆脱被压迫的地位。他所反对的只是把人降为机器的奴隶,反对滥用科学,反对把科学凌驾于一切之上,也就是说,他反对的是畸形的物质文明,也反对畸形的精神文明,而并不是反对物质或精神本身。

实际上,此时的周作人已根本不相信外来的思想文化能改变中国,尤其是国人的思想——"思想的力量在群众上面真可怜地微弱;""我们说借招牌卖玄学是不正当,也只是说手段的卑劣,并不相信它真能使中国玄化。"他以佛教为例。佛教传入中国两千多年,但除了化成中国固有的拜物教崇拜外几乎没对中国文化产生什么根本的影响。泰戈尔"无论什么样了不得",影响总不及释迦文佛,因此,"要说他的讲演于将来中国的生活会有什么影响,我实在不能附和。"他冷静地预见到,中国人虽然现在热热闹闹地或欢呼或批判泰戈尔,但结果"不过送一个名字,刊几篇文章,先农坛真光剧场看几回热闹,蔬菜馆洋书铺多一点生意罢了,随后大家送他上车完事,与杜威、罗素(杜里舒不必提了)走后一样。"(《"大人之危害"及其他》)——郭沫若也将中国人请泰戈尔、罗素、杜威来中国讲演视为"乡下人办神会，抬起神像走街一样的热闹。但是神像回宫去了，他们留给我们的是些什么呢？——啊，可怜！可怜只有几张诳鬼的符箓！然而抬神像的人倒因而得了不少的利益。"①郭沫若属于周作人所谓听闻泰戈尔来华就"急急皇皇奔走呼号，好像是大难临头"的"热心"反泰者之一，(《"大人之危害"及其他》)只不过郭沫若反对的是欢迎泰戈尔的人不懂泰戈尔，而周作人暗讽的则是反对泰戈尔的人不懂泰戈尔。但两人都看出了欢迎者对泰戈尔只是盲目崇拜。

反对泰戈尔者的理由之一是：泰戈尔的哲学不可能救中国，所以不必过于担心泰戈尔对中国的影响。周作人疑惑的是：反对泰戈尔的人"不知到底怕的是什么"，对泰戈尔如临大敌，惊慌失措，驱逐手段无所不用其极，又似乎使人相信泰戈尔的哲学足以毁灭中国。周作人对此颇不以为然："现在热心的人似乎怕全国的人会跟了泰翁走去，这未免太理想了。中国人非常自大，却又非常自轻，觉得自己只是感情的，没有一点理智与意志，遇见外面的风浪，便要站立不住，非随波逐流而去不可。我不是中国的国粹派，但不相信中国人会变得如此不堪，如此可怜地软弱。我只是反对地觉得中国人太顽固，不易受别人的影响。倘若信如大家所说，中国遇见一点异分子便要'阻遏它向上的机会'，那么这种国民便已完全地失了独立的资格，只配去做奴隶，更怨不得别人。"(《"大人之危害"及其他》)曾经力图启蒙中国民众的周作人，显然此时已对民众的觉醒不抱希望了。

实际上，周作人真正担心的，并非国人会不会被泰戈尔"裹挟"而去，而是中国青年是否正在被非理性的狂热"裹挟"着。眼前发生的纷纷扰扰、明争暗斗的"泰戈尔之战，"使经历过五四运动的风雷激荡，亲历过社会动乱，并且深谙历史更替规律的周作人产生"似曾相识"之感。他认为，中国人易为偏见和盲从驱使，从而易造成社会和思想的混乱，进而对人性和理性造成践踏。以史为鉴，他从泰戈尔之争的背后，看出了这种国民性的再次浮现。他觉得，对泰戈尔的反对，已演变成了这样的"群众运动"。

周作人并非庸人自扰。

---

① 郭沫若：《太戈尔来华的我见》，《创造周报》，第23号，1923年10月14日。

实际上，自泰戈尔一踏上中国的土地，有组织的反对行动就一直如影相随。他在上海、南京、北京的演讲会场，都有人现场散发反对他的传单："我们为什么反对泰戈尔"，"送泰戈尔"，内容主要包括：

1. 我们在古老东方文明下受尽了苦，包括男尊女卑、崇拜帝王、压迫百姓、封建制度、等级制度及盲从礼教。泰戈尔博士企图维护我们文明的这些腐朽无用方面，我们只好反对他。

2. 我们接触现代文明感到很大羞辱。文明必须改进：人力耕种、手工业制造、舟楫慢行、印刷落后、道路崎岖、卫生差劲。我们是为了现代文明进步而反对泰戈尔博士。

3. 所谓的东方精神文明只不过是内战、自私地割据、伪善、欺骗、掠夺、罪恶的孝道以及鄙视（女性）的缠足。我们怎能不反对这些害人的事情呢？

4. 中国人对列强的侵略与国内军阀压迫麻木不仁，他们的生命与安全濒临危险。泰戈尔博士要废除民族与政治，用灵魂的安慰取代。这是逃避现实，是懒汉聊以自慰之道，不适合我们。泰戈尔博士用这些来使我们民族短命，我们非反对他不可。

5. 泰戈尔博士和同善会亲善，这是一个中国道教、佛教联合的卑鄙邪恶组织。泰戈尔博士口口声声"天国"、"上帝"、"灵魂"。如果靠这些可以使我们不受苦，那人类就不必致力于改造世界了？我们反对阻碍受压迫阶级与民族的自决与斗争的泰戈尔博士。[①]

[①] 魏丽明：《1924年泰戈尔访华的历史意义》，王邦维、谭中主编：《泰戈尔与中国》，北京，中央编译出版社，2011年版，第17页。反对泰戈尔的传单系由当时的中共北京区委组织散发的。1924年6月1日，《中国共产党党报》第四号刊出了北京区委的《京区报告》，其中谈到："区委新出一《政治生活》，第一期在京销三千份，重印两千份。……关于反对太戈尔的宣传，除《政治生活》外，又散了几千份传单。"《政治生活》第一期可称为"反对泰戈尔"专号，集中刊发了数篇文章，包括"致太戈尔的一封公开信"，吴稚晖的"婉告太戈尔"，和森的"英美协会欢迎太戈尔"，汀的"银钟……幽谷"，健叔的几篇杂感，包括"令人恐怖的诗哲"、"三人耳"、"今之古时仙人"、"怅惘"，对泰戈尔及其中国的欢迎者进行了全面的激烈批判。这一期杂志销了五千份，再加上"几千份"传单，影响不可谓不大。见中央档案馆编：《中共中央文件选集》（1921—1925），北京，中共中央党校出版社，1989年版，第275页。

这些反对泰戈尔的理由，一言以蔽之，都是批评泰戈尔宣扬腐朽无用的东方文明是阻挡现代文明的进步，是逃避斗争，只会使中华民族短命，对中国的革命是一副消极的催化剂，所以有志于中国将来前途者应该尽到自己作为有为中国青年的责任，反对泰戈尔。

茅盾在晚年写的回忆录《我走过的道路》中也证明了这一点："泰戈尔的访华，使当时的一部分知识分子十分激动，也引起了共产党的注意，中央认为，需要在报刊上写文章，表明我们对泰戈尔这次访华的态度和希望。……当时，就泰戈尔之来中国宣传'东方文化'而表示反对者，有好多人写文章，发表的地方也不光是《觉悟》。这是响应共产党对泰戈尔的评价，也是对别有动机而邀请泰戈尔来中国'讲学'的学者、名流之反击。"①

此时已推崇"缓进的革命"的周作人对青年的"激进革命"热情一直心怀忧惧。1924年7月5日，在听闻北洋军阀政府要取缔新思想，并且《自己的园地》也在查禁之列后，他著文《问星处的预言》，认为取缔新思想的，"决不只是衮衮诸公为然，便是青年也是如此。但看那种严厉地对付太戈耳的情形就可知道。倘若有实权在手，大约太翁纵不驱逐出境，《吉檀伽利》恐不免于没收禁止的罢。"② 1924年5月，他就北京大学杨先生给女学生写情书引起学生激烈反应一事给孙伏园写信抱怨：

> 我真不懂中国的教育界怎么会这样充满了法利赛的空气，怎么会这样缺少健全的思想与独立的判断，这实在比泰戈尔与文化侵略加在一起还要可怕呀。
>
> 我又听说这事件发生的前后有好些大学生夹在中间起哄。这也是一个很可悲的现象，即是现代青年的品性的堕落。事前有放谣言的人，在便所里写启事的GG等，事后有人张贴黄榜，发檄文，指为北大全校之不幸，全国女子之不幸，又称杨先生的信是教授式的强盗行为，威吓欺骗渔猎女生的手段，大有灭此朝食，与众共弃之之概。……我不禁要引用

---

① 茅盾：《我走过的道路》（上），北京，人民文学出版社，1988年版，第245、248页。
② 周作人：《问星处的预言》（署名朴念仁），《晨报附刊》，第154期，1924年7月5日。

杨先生信里的话来做考语："唉！这都叫做最高学府的学生！"……

中国自五四以来，高唱群众运动社会制裁，到了今日变本加厉，大家忘记了自己的责任，都来干涉别人的事情，还自以为是头号的新文化，真是可怜悯者。我想现在最要紧的是提倡个人解放，凡事由个人自己负责去做，自己去解决，不要闲人在旁吆喝叫打。①

北京大学的"杨先生事件"就发生在泰戈尔访华期间，围着杨先生起哄的青年学生中，可能就有散发反对泰戈尔传单的人，而且两者采取的"革命"手段也大同小异。中国青年对待泰戈尔的暴烈态度，实际上也被周作人视为"现代青年的品性的堕落"的例证之一，也成为周作人青年运动恐惧症的一个新触发点。

茅盾等担心的是中国青年会中泰戈尔的毒，如陈独秀在《太戈尔是一个什么东西》中就说："太戈尔初到中国，我们以为他是一个怀抱东方思想的诗人，恐怕素喜空想的中国青年因此更深入魔障，故不得不反对他，其实还是高看了他。"② 沈泽民则认为泰戈尔提倡东方精神，"可谓迷恋骸骨，与中国现在一般国粹派，毫无二致。这种思想若传播开来，适足以助长今日中国守旧派的气焰，而是中国青年思想上的大敌！"③ 周作人担心的则是中国青年会中"群众运动"的毒。显然，周作人此时已经从"五四"战场上的文化革命斗士，颓唐成只忙于种自己的园地、追求"胜业"的自由知识分子了。

泰戈尔与耶稣及"隐士"

1924年5~7月，围绕泰戈尔访华，林语堂和江绍原之间曾爆发过一场"泰戈尔与耶稣"之争。这场论战也引起了周作人的关注。

---

① 周作人：《一封反对新文化的信》，1924年5月13日，见《周作人书信》，止庵校订，北京，北京十月文艺出版社，2011年版，第21？22页。
② 陈独秀：《太戈尔是一个什么东西》（署名实庵），《向导》，第67期，1924年5月28日。
③ 沈泽民：《太戈尔与中国青年》（署名泽民），《中国青年》，第27期，1924年4月18日。

1924年5月18日起,江绍原先后发表了《一个研究宗教史的人对于泰戈尔该怎样想呢》等文章,将泰戈尔与耶稣相提并论,认为他们都相信本民族的传统宗教理想,都主张"精神自由为真自由"。"他们俩的民族所感受的痛苦和待决的问题一样;他们俩所拟的(不能博得急进派的同情的)到自由的路也一样。他们俩的时代,国家,智识程度,思想背景,尽管不同,但他们的精神是同的。"泰戈尔与耶稣都在民族危亡之际,同胞都视暴力斗争为争民族独立的不二选择之时,而独能提倡超国家主义的道德与爱。"中国反对泰戈尔的人,就和反对基督教和耶稣的人一样,都不是"不了解"耶稣或泰戈尔,而是"不了解为什么人受了旁人的欺负不起来抵抗。"他们本希望泰戈尔能成为中国暴力革命的同盟者,却没想到他竟持如此懦弱的民族复兴思想,自然要激烈评判他!①

林语堂反对江绍原的观点。他先后发表了《一个研究文学史的人对于贵推该怎样想呢》等文章。江绍原将泰戈尔与耶稣相比,林语堂"觉得不妥",因为耶稣所说的"有人打你这边的脸,连那边也由他打"是在任何国情下都一定会说的,而泰戈尔所谓的"生活单纯","与宇宙和谐,"则是"什么诗人临时都可以凑得上的烂调,是应时而发的语。"当印度人都在寻求印度的独立强国之路时,泰戈尔却既不讲武力抵抗,也不讲不合作,也不讲宪法革命,却讲最速以一丁年为期的爱的工夫,若如此可以救国立国,林语堂以居高临下的嘲笑姿态说,那么闭目祷告即可救印度了。②

江、林论战期间,周作人发表《"太戈尔与耶稣"》,认为江、林一个从宗教史的角度,一个从文学史的角度来看泰戈尔与耶稣,难免会产生分歧。周作人认为,泰戈尔与耶稣"大体总是相像的了,"因为他们都"愿为'道'——但不愿为政治而受难。其是非可以由后人各自批评,但在他们自己这办法是很对的。"泰戈尔的政治和文化主张在中国受到批判,但在印度并未招致婆罗门教徒的怨恨,因为"他的思想是印度的传统的,并不与旧思想冲

---

① 江绍原:《一个研究宗教史的人对于泰戈尔该怎样想呢》,《晨报副镌》,第111、126、134、151期,1924年5月18日、6月4日、13日、7月2日。
② 林语堂:《一个研究文学史的人对于贵推该怎样想呢》,《晨报副镌》,第137期,1924年6月16日,署名东君

突，也不自称是梵天化身。"林语堂认为泰戈尔的诗不是敷衍，但其政治论都是"敷衍"，只是"为求身世及名誉之安全。"① 周作人不同意这种观点，因为泰戈尔的"政治意见与诗的思想并不相矛盾，倒是一致的，"所以若"他的诗不是敷衍，那么他的政论也一定不是敷衍，因为两者都是出于同一源泉的。"②

在"泰戈尔之战"中一直自称保持中立的周作人最后明确表示："我对于太戈尔也有一点不满，这并非别事，便是他以宗教家与诗人而来谈政治及文化，……宗教的政治论与诗人的文化观总是不很靠得住的。"(《"太戈尔与耶稣"》) 林语堂称周作人的这种观点与自己是根本相同的，但仍坚持认为，泰戈尔所以宣扬"印度人精神文明的烂调"，仍是因为他"个人在英治下甚顺适甚得意"，所以仍得称之为"敷衍。"③

泰戈尔在中国受到激烈批判，与一部分中国人将之看成某种政治势力的代表有关，也与他对中国人的"谆谆教诲"有关。在这一点上，周作人与国内某些泰戈尔的批评者态度又是一致的。在来中国之前，泰戈尔并非毫无顾忌，他担心自己作为一个诗人，对灾难深重的中国不会有多大实质性的帮助："只做什么无聊的诗歌，我如何对得起中国盼望我的朋友？"④ 而实际情况是：如果他到中国只谈诗，他的处境可能要好得多。而一部分中国知识分子，特别是有政治背景的人，在泰戈尔身上看出的或希望从泰戈尔来华所得到的，恰也不是他诗歌方面的成就，而是他此行所带有的救国济世的使命。如孙中山就亲笔给泰戈尔写信邀请他来华。1924 年 4 月，泰戈尔来华途经香港，孙中山即从广州派人去看他，告知他自己有病，不能相会，并说："中国的生命中心是在北京，印度代表的工作应该从北方开始。"⑤ 在孙中山等人看来，泰戈尔与甘地一样都是印度革命的领袖，泰戈尔此行并非是以诗人身份来中国

---

① 林语堂：《吃牛肉茶的泰戈尔——答江绍原先生》，《晨报附刊》，第 147 期，1924 年 6 月 27 日，署名东君。

② 周作人：《"太戈尔与耶稣"》，《晨报附刊》，第 150 期，1924 年 6 月 30 日，署名朴念仁。

③ 林语堂：《问竺震旦将何以答萧伯讷》，《晨报附刊》，第 163 期，1924 年 7 月 15 日，署名东君。

④ 泰戈尔：《在上海的第一次谈话》，《小说月报》，第 15 卷 8 号，1924 年 8 月 10 日。

⑤ （印）海曼歌·比斯瓦斯：《泰戈尔与中国》，《人民日报》，1958 年 5 月 8 日。

单纯游历，而是带着自己的什么济世良方来中国宣传一种救国救世的道路的，是作为一个救世主的身份来中国布道招徒的，是来中国"开展工作"的。而泰戈尔似乎惟恐人们这样看他，所以4月18日在上海的首次公开讲演中，他就首先声明自己此次来中国，并非是一个传道者，带着什么福音；只不过是为求道而来的。好像是一位进香人，来对中国文化行敬礼；但他接着说到，他不曾想只看见工业主义、物质主义正日益吞噬着高尚的精神文化，因而惊呼中国文明面临危机。①

泰戈尔在中国的谈话和讲演中，就是这样一方面强调自己的诗人身份，一方面又处处流露、切切宣扬东方文明优于西方文明，而在当时以救亡图存、科学救国为宗旨的知识分子看来，这种主张无异于一种不抵抗主义、一种亡国奴哲学。遗憾的是，甚至在受到激烈批评后，泰戈尔仍对中国当前的物质主义表示不解。1924年5月29日，他在上海所作的告别辞中还在说："你们一部分的国人曾经担着忧心，怕我从印度带来提倡精神生活的传染毒症，怕我摇动你们崇拜金钱与物质主义的强悍的信仰。我现在可以吩咐曾经担忧的诸君，我是绝对的不会存心与他们作对。"② 在国危民艰的时代背景下，泰戈尔的这种声音在一部分中国人听来难免觉得刺耳难耐。就是热烈欢迎他的人，也感觉到这些话在中国这样的背景下确实有点虚妄，如徐志摩就这样说过："我自己听他讲的时候，我觉得惭愧，因为他鼓励我们的话差不多是虚设的。他说我们爱我们的生活，我们能把美的原则应用到日常生活上去，有这回事吗？我个人老大的怀疑，也许在千百年前我们的祖宗当得起他的称赞，怕不是现代的中国人。"③ 而有"左翼"背景、正鼓励民众通过艰苦的奋斗改变中国黑暗现实的知识分子，自然也就从政治角度激烈批评泰戈尔。这就表明，泰戈尔来华成了当时国内各种政治势力表明自己立场和态度的一个导火索了。

从《人的文学》对泰戈尔的误读，到《"太戈尔与耶稣"》中相对客观的分析、研究，周作人的泰戈尔观也从主观逐渐客观了。这个过程，也是他从

---

① 泰戈尔：《东方文明的危机》，《文学周报》，第118期，1924年4月21日。
② 泰戈尔：《告别辞》，《小说月报》，第15卷8号，1924年8月10日。
③ 泰戈尔：《清华讲演》之徐志摩"附述"，《小说月报》，第15卷8号，1924年8月10日。

易冲动的青年到担心青年易冲动的隐士的"成长"过程。只不过他并非"甄士隐"（真是隐），因为从他在"泰戈尔之战"中的态度，仍可看出那个对文化、政治保持着敏锐的洞察力和热情的"人的发现者"。

显然，他虽在"采菊东篱下"，但见到"南山，"却并不"悠然"！

第七章 中国接受泰戈尔略史

第一次"泰戈尔热"（1913—1924）

1913年12月，泰戈尔以英译诗集《吉檀迦利》获诺贝尔文学奖。当年10月，《东方杂志》（第10卷第4号）就刊发了钱智修的文章《台莪尔之人生观》，并附有一幅泰戈尔像。之后，《青年杂志》、《大中华》杂志、《清华周刊》也陆续发表有关泰戈尔的传记及研究文章。一些知识分子开始翻译、介绍泰戈尔的作品，如陈独秀、郭沫若、王统照等，并通过模仿泰戈尔的作品开始创作，如冰心、王统照等。但此时这些零星的介绍并不足以构成中国的"泰戈尔热"，中国对泰戈尔总体上来说还是冷淡的。

进入20年代，受欧洲"泰戈尔热"的促动，泰戈尔开始广泛受到国人的关注，中国的报纸杂志对泰戈尔的热情也逐渐浓厚起来。从1920年起，《少年中国》、《小说月报》、《民国日报·觉悟》、《东方杂志》、《民铎》、《时事新报·学灯》、《晨报副刊》、《创造周报》、《文学周报》、《向导》、《中国青年》等都发表了泰戈尔的作品及有关介绍和研究文章；《东方杂志》，《小说月报》，《佛化新青年》都出了"太戈尔专号"；另外，商务印书馆、上海泰东图书馆、上海大同图书馆还推出了泰戈尔的译文集，如瞿世英所译《春之循环》（1921年），郑振铎所译《飞鸟集》（1921年），景梅九、张墨池所译《人格》（1921年），王独清所译《新月集》（1923年）等；许地山、瞿世英还在文学研究会内组织了"太戈尔研究会"，为中国最早的专门研究一个文学家的学会；《晨报》、《申报》等报纸也纷纷报道泰戈尔访华的消息，追踪诗人在国外的行踪，并为文学、文化界欢迎泰戈尔的这股热烈气氛"推波助澜。"泰戈尔的重要作品都陆续有了中文译本，他的思想和人格开始得到广泛研究。泰戈尔的东西方文明观，其爱国主义精神，积极肯定现世生活的态度，以及清新宜人，歌颂大自然的诗歌、小说，都令中国人为之倾倒。但因中国特殊的国势和文化背景，中国思想文化界也围绕泰戈尔访华爆发了激烈的争论。

平淡期（1925—1949）

1924年5月30日，泰戈尔离沪赴日，"泰戈尔热"也随之逐渐降温。

中国革命、文化斗争的需要以及世界形势的变化，使中国知识分子逐渐将兴趣转移到政治和革命上来，即使是作家，也致力于以笔为枪。泰戈尔的"静"和"爱"的作品和思想与中国现实的距离越来越远，中国人对其态度也趋于平淡，甚至冷淡。研究方面，陈独秀连续发表一系列批评文章，林语堂和江绍原围绕"泰戈尔与耶稣"进行了一场笔战，1925年4月商务印书馆出版了郑振铎的《太戈尔传》，1941年泰戈尔逝世后中国文化机关团体举行泰戈尔追悼会的集中报道，1943年《东方杂志》刊出姚枬译《泰戈尔评传》，其余就多是一些回忆性的文章。这种沉寂状态，让一向热心介绍泰戈尔的郑振铎不由得感慨："太戈尔的诗，仿佛是好久没有人谈起了。"①

沉默期（1950—1980）

新中国成立之初，泰戈尔几乎无人问津。1956年，周恩来在印度加尔各答国际大学接受名誉博士时，赞扬泰戈尔是憎恨黑暗、争取光明的伟大印度

---

① 郑振铎：《泰戈尔诗杂译》序，《文学周报》，第231期，1926年6月27日。

人民的杰出代表，恢复了中国人对泰戈尔的热情。季羡林、梅兰芳相继发表相关回忆文章，并出版了一些泰戈尔的翻译作品。1961年，为纪念泰戈尔诞辰百年，人民文学出版社出版了10卷本《泰戈尔作品集》。但1962年，中印边境战争爆发，泰戈尔再次被冷落。直到1979年季羡林发表《泰戈尔与中国》，黄心川发表《略论泰戈尔的哲学与社会思想》，这种沉寂才逐渐打破。

第二次"泰戈尔热"（1981年至今）

1981年，以纪念泰戈尔诞辰120周年纪念活动为起点，中国的泰戈尔研究逐渐恢复并繁荣，形成中国第二次"泰戈尔热。"具体表现在：

泰戈尔作品得以全面翻译，2000年河北教育出版社推出24卷本《泰戈尔全集》，为中国的泰戈尔研究，提供了迄今最完整的资料。

有专门研究机构，和一支稳定、专业的研究队伍。1982年，中国印度文学研究会成立，并定期举办学术研讨会，推动了泰戈尔研究进一步深化。以高效和科研机构为中心，一批专业研究队伍逐步成为泰戈尔研究的生力军。

研究范围不断扩大，研究质量不断提升。泰戈尔作品的思想、艺术、语言、文学观、美学观、教育观、宗教观、人生观，泰戈尔的世界性价值等，都重新纳入中国研究者的视野，并不断深化，出现了一大批具有开拓性、创新性的研究成果，形成了泰戈尔研究的新高潮。

基本内容与态度

近百年来，中国接受和研究泰戈尔，基本围绕以下几个方面：

一、泰戈尔访华对恢复与发展中印文化交流的意义。

泰戈尔怀抱着对中国的真诚之爱访问中国，不但恢复了中印两国的文化交流，而且拓展了两国交流的领域，使两国在文化、文学、宗教、哲学、艺术等方面全面恢复和开始了交流，并通过创办印度国际大学中国学院，促使成立中国中印学会，使这种交流一直延续下去，源源不断。

二、泰戈尔来华与中国思想文化界的态度

泰戈尔是五四后期到过中国，并对中国思想文化、文学产生过很大影响的外国作家之一。但因特殊时代的思想文化背景，使这次交流伴随着一连串的误解与争论。中国现代思想文化界自身的各种内在矛盾和斗争，因泰戈尔访华而重新分化与整合，并基于不同的思想文化背景而表现出不同态度：

1. 欢迎者的态度：对于泰戈尔的来访，上海的徐志摩、张君劢、瞿菊农、郑振铎，北京的梁启超、蔡元培、胡适、蒋梦麟、梁漱溟、辜鸿铭、熊希龄，甚至溥仪，纷纷以各种形式深表欢迎。

2. 批判者的态度：对泰戈尔批判最激烈的，是五四新文化运动成果的捍卫者和左翼文化人士，其中主要是陈独秀、鲁迅．郭沫若、沈雁冰、瞿秋白、吴稚晖、沈泽民、林语堂等。

3. 中立的态度：周作人、江绍原、张闻天等知识分子，在批判和赞美的喧闹声中，能始终以理性的宽容态度，对泰戈尔来华持客观的评价。周作人明确表示自己"不懂得泰戈尔"，但认为应以平常心对待泰戈尔访华；张闻天则一丝不苟地系统介绍了泰戈尔的宗教观、文学观、教育观、政治观、妇女观等；江绍原则认为围绕泰戈尔访华的思想论争双方实际上都是借泰戈尔为浇自己胸中块垒的靶子，根本没给泰戈尔自己说话的机会。

4. 论争焦点。

焦点一：泰戈尔是否反对科学。泰戈尔在中国反复谈到以东方的精神文明战胜西方的物质文明，因此批评者就批判他反对科学，而泰戈尔所反对的只是畸形的物质文明，就如他反对畸形的精神文明，而不是反对物质或精神本身。1924年5月12日，泰戈尔在北京的最后一次演讲中说："在今日东西方文化发达及互助借重之时，我们至少要有评判的眼光……我非反对物质文明及科学文明，不过我以为科学是附丽于人生的，非人生为科学的，人的生活，要与物质文明，同时发达，不能任物质文明，超过人生。"①

焦点二：泰戈尔是否是中国国内"玄学派"和"研究系"请来的援兵。

---

① 胡适译，《晨报》1924年5月13日。

1923年，反对科学的张君劢和崇尚科学的丁文江之间爆发了一场"科学与玄学之争"，并辐射全国。胡适、吴稚晖支持丁文江；张东荪、杜宰平支持张君劢；陈独秀、瞿秋白则运用马克思主义的观点对论战双方都进行了批判；梁启超貌似不偏不倚，实际上袒护张君劢。泰戈尔来华之时，恰是论战正酣之时。有人认为梁启超因在这场论战中失败了，所以借泰戈尔撑腰。

焦点三：泰戈尔提倡东方文明，反对西方文明是否就是复古。反对者据此认为，在中国迫切需要反帝反封建之时，泰戈尔则站在崇古复古的立场上反对现代化，美化封建秩序和封建意识，抹杀阶级和阶级斗争观点，以抽象的人性论腐蚀人们的斗志。

焦点四：泰戈尔是否政治势力的代表。中国知识分子，特别是有政治背景的人，在泰戈尔身上看出的、或希望从泰戈尔来华所得到的，并不是他诗歌方面的成就，而是他带来的"救国济世"的药方。如孙中山等就将泰戈尔视为甘地一样的印度革命的领袖。

焦点五：泰戈尔的思想、人格与文学价值孰轻孰重。欢迎者和反对者多关注泰戈尔的思想、人格，或极尽攻击之能事，或极尽溢美之词，却忽略了泰戈尔最大的成就在其文学。

三、泰戈尔与中国现代作家的关系。

泰戈尔对中国现代文学产生了深远影响，很多中国现代作家，如冰心、郭沫若、王统照、许地山等，就是从翻译泰戈尔作品开始走上文学道路的，并形成了中国现代文学史上独具特色的"泰戈尔作家群。"另外，泰戈尔的创作风格，尤其是其清新简约的诗，对五四新诗的诗风，也产生了直接的影响。

当然，中国的泰戈尔研究丰富且复杂，但总的来看，目前一般集中在在东、西方文明冲突的大背景下，解读泰戈尔1924年访华演讲中的东、西方文化观及对中国和亚洲的意义，泰戈尔对中印文化交流的贡献，泰戈尔与中国知识分子的私人情谊及对中国作家的影响；而欧美学者的相关研究，则集中在比较泰戈尔在西方和在中国的不同影响，其中不乏对东方文化和中印文化关系的偏见。相关研究看似广博（数量和主题），实则单一（材料和观点重复），重史料整理而轻深度分析和跨文化比较研究。因此，虽然泰戈尔与中国关系的相关研究已近百年，但一些最基础、最关键的问题，如20世纪初中国现代知识分子的"救亡启蒙"心理如何影响了泰戈尔和其他访华外国思想家、文学家与中国现代思想文化的交流,以及这些交流如何影响了中国现代思想文化的进展;中国现代思想文化的内在结构性矛盾与泰戈尔的深层关系,以及围绕泰戈尔访华再次分裂与整合的史实和原因;泰戈尔访华与中国现代文学流派之间的关系及对中国文学的整体影响;泰戈尔在中国与在日本、欧美产生的不同影响的跨文化比较分析等,至今都未展开或未取得富有成效的研究成果。因此,从历史的角度看,泰戈尔与中国关系的研究,依然任重道远。

附录 中国关于泰戈尔的介绍、研究论文、著作目录（1900—2012）

中国关于泰戈尔的介绍、研究论文、著作目录（1900——2012）

年份	题目/书名	作者	刊物/书目/出版社	期数/页数	日期	其他
1913年	台莪尔氏之人生观	钱智修	东方杂志	第10卷第4号	10月1日	
1915年	敬告青年	陈独秀	青年杂志	第1卷第1号	9月15日	
1916年	介绍太阿儿	仲涛	大中华	第2卷第2期	2月20日	
	太阿儿手札		大中华	第2卷第2期	2月20日	
	太阿儿最近写真		大中华	第2卷第2期	2月20日	
	印度大思想家太阿儿自传	逐微（译）	大中华	第2卷第8期	8月20日	
	塔果尔眼中之亚细亚	乐海	环球	第1卷第2期	7月15日	
	印度名人台峨尔氏在日本之演说	胡学愚	东方杂志	第13卷第12号	12月10日	
1917年	东西文化论衡为印度诗圣苔戈尔而作	（美）立孟阿勃脱（Lyman Abbott）著，钱泰基译	青年进步创刊号		3月	
	印度诗人塔果尔传	成	清华周刊	第106，110，111期	4月26日，5月24日，31日	
1918年	国运与文学	宋春舫	清华周刊·第四次临时增刊	第4期		
	人的文学	周作人	新青年	第5卷6号	12月15日	

（续表）

年份	题目/书名	作者	刊物/书目/出版社	期数/页数	日期	其他
1920年	"太戈尔的诗十七首"序	黄仲苏	少年中国	第1卷第8期	2月15日	
	太戈尔传	黄玄	少年中国	第1卷第9期	3月15日	
	遥寄印度诗人泰戈尔	冰心	燕大季刊	第1卷第3期		
	泰戈尔《放假日子到了》序	西神	小说月报	第11卷第5号		
1921年	印度文家太戈尔的行踪	沈雁冰	小说月报	第12卷第3号	3月10日	
	"在加尔各答途中"译者跋	许地山	小说月报	第12卷第4号	4月10日	
	关于泰戈尔的通信——瞿世英致郑振铎		时事新报·学灯，4月14、15日；晨报，4月1日至3日			
	关于泰戈尔的通信——郑振铎致瞿世英		时事新报·学灯，4月19—21日			
	太谷尔来华消息	玄珠	文学周报	第1号	5月10日	
	太戈尔之山林讲学	王光祈	申报		8月4日	
	德国欢迎印哲台莪尔的盛况	俞颂华	东方杂志	第18卷第15号	8月10日	
	爱罗先珂童话集—《狭的笼》译者附记	鲁迅	鲁迅全集（十），第222页		8月16日	
	台莪尔与东西文化之批判	愈之	东方杂志	第18卷17号	9月10日	
	与印度泰谷尔谈话	冯友兰	新潮	第3卷第1号	10月1日	
	演完太戈尔的《齐德拉》之后	瞿世英	戏剧	第1卷第6期	10月30日	
1922年	台莪尔自我扩大与赫尔褒兹自然征服论争辩书后	敬庵	亚洲学术杂志	第1卷第2期		
	东西方文化及其哲学	梁漱溟	上海商务印书馆	1月初版		
	太戈尔传	郑振铎	小说月报	第13卷第2号	2月10日	
	太戈尔对于印度和世界的使命	张闻天	小说月报	第13卷第2号	2月10日	

（续表）

年份	题目/书名	作者	刊物/书目/出版社	期数/页数	日期	其他
	太戈尔的艺术观	郑振铎	小说月报	第13卷第2号	2月10日	
	太戈尔的妇女观	张闻天	小说月报	第13卷第2号	2月10日	
	太戈尔之诗与哲学观	张闻天	小说月报	第13卷第2号	2月10日	
	太戈尔的人生观与世界观	瞿世英	小说月报	第13卷第2号	2月10日	
	泰戈尔哲学	宗白华	时事新报·学灯		写于6月28日，发表于8月16日	
	昨夜梦见太戈尔	郭沫若	创造季刊	第1卷第2号	8月25日	
1923年	台莪尔的东西文化联合运动	化鲁	东方杂志	第20卷第2号	1月25日	
	太谷耳传	吕一鸣	新民意报副刊朝霞		3月19日	
	太戈尔的人格观	王统照	民铎	第4卷第3号、4号	5月1日、6月1日	
	东方文化与世界革命	屈维它	新青年（季刊）	第1期	6月15日	
	诗人之太戈尔		晨报·文学旬刊	第4期	7月1日	
	读郑振铎译的"飞鸟集"	梁实秋	创造周报	第9号	7月7日	
	读"飞鸟集"	赵荫堂	文学周报	第79期	7月12日	
	论"飞鸟集"的译文	西谛	文学周报	第79期	7月12日	
	再论"飞鸟集"的译文——答梁实秋君	郑振铎	文学周报	第80期	7月22日	
	太戈尔学说概观	王希和	东方杂志	第20卷第14号	7月25日	
	太戈尔国际大学近况	鲁	东方杂志	第20卷第14号	7月25日	
	致太戈尔信四封	徐志摩			1924年7月26日—1925年4月30日	
	塔果尔哲学的简择	泰羲	佛化新青年	第1卷第8号		
	太谷尔的国际大学	化鲁	文学周报	第83期	8月13日	
	文坛消息：关于泰戈尔来华		晨报·文学旬刊	第9期	8月21日	

（续表）

年份	题目/书名	作者	刊物/书目/出版社	期数/页数	日期	其他
	太戈尔"新月集"译序	郑振铎	文学周报	第85期	8月27日	
	太戈尔的思想及其诗	瞿菊农	东方杂志	第20卷第18号	9月1日	
			文学旬刊	第10号	9月1日	
	欢迎太戈尔	郑振铎	小说月报	第14卷第9号	9月10日	
	泰山日出	徐志摩	小说月报	第14卷第9号	9月10日	
	太戈尔来华	徐志摩	小说月报	第14卷第9号	9月10日	
	太戈尔传	郑振铎	小说月报	第14卷第9、10号	9月10日、10月10日	
	太戈尔的思想与其诗歌的表象	王统照	小说月报	第14卷第9号	9月10日	
	给我力量……	周越然	小说月报	第14卷第9号	9月10日	
	太戈尔和托尔斯泰	宫岛新三郎著，仲云译	小说月报	第14卷第9号	9月10日	
	夏芝的太戈尔观	夏芝著，高滋译	小说月报	第14卷第9号	9月10日	
	太戈尔与音乐教育	吉田弦三郎著，仲云译	小说月报	第14卷第9号	9月10日	
	太戈尔的戏剧和舞台	武田丰四郎著，仲云译	小说月报	第14卷第9号	9月10日	
	关于太戈尔研究的四部书	西谛	小说月报	第14卷第9号	9月10日	
	太戈尔的重要著作介绍	徐调孚	小说月报	第14卷第9号	9月10日	
	太戈尔的来函	晨报·文学旬刊记者	晨报·文学旬刊	第13号	10月1日	
	泰戈尔的妇女论	叶启芳	妇女杂志	第9卷10期	10月1日	
	太戈尔来华的确期	徐志摩	小说月报	第14卷第10号	10月10日	
			文学周报	第94期	10月29日	
	太戈尔的家乘	得一	小说月报	第14卷第10号	10月10日	
	音乐家的太戈尔	樊仲云	小说月报	第14卷第10号	10月10日	
	太戈尔来华的我见	郭沫若	创造周报	第23号	10月14日	
	太戈尔研究最需要的两本书	王统照	晨报·文学旬刊	第273期	10月21日	

(续表)

年份	题目/书名	作者	刊物/书目/出版社	期数/页数	日期	其他
	我们为什么欢迎泰谷尔	实庵	中国青年	第2期	10月27日	
	太戈尔研究指南	毕树棠	清华周刊	第293期	11月9日	
	中文杂志内关于太戈尔的著作		清华周刊	第293期	11月9日	
	英文杂志内关于太戈尔的著作		清华周刊	第293期	11月9日	
	太戈尔的论文和传记		清华周刊	第293期	11月9日	
	太戈尔的小说		清华周刊	第293期	11月9日	
	太戈尔的诗歌		清华周刊	第293期	11月9日	
	太戈尔的戏剧		清华周刊	第293期	11月9日	
	新鲜的呼声——读《小说月报·太戈尔号》内高滋君译的夏芝的《泰戈尔观讨论》	张非怯	创造周报	第29号	11月25日	
	郑译《新月集》正误	成仿吾	创造周报	第30号	12月2日	
	泰果尔批评	闻一多	时事新报·文学副刊		12月3日	文后有郑振铎"编者附言"
	太谷尔主义	王靖	新人杂志	1卷78期		
	太谷尔传	青年	新人杂志	1卷78期		
	太戈尔之生涯与思想	直民	学生	第10卷9号		
1924年	介绍太古儿		紫罗兰华片	第15期		
	致恩厚之信四封	徐志摩			1924年1月22日—1929年6月29日	
	太戈尔的恋爱观	龙今吾	妇女杂志	第10卷第2期	2月1日	
	泰谷尔来信	徐志摩	晨报副镌	第48期	3月7日	
	优婆尼沙昙之哲学及其在文学上之地位	瞿世英	小说月报	第15卷第3号	第15卷3号	
	欢迎太戈尔	坚瓠	东方杂志	第21卷第6号	3月25日	

（续表）

年份	题目/书名	作者	刊物/书目/出版社	期数/页数	日期	其他
	读王靖译的《泰谷尔小说》后之质疑	华清	创造周报	第46号	3月25日	
	甘地与太戈尔	王舰	民国日报·觉悟		3月30日	
	上海欢迎太戈尔大会记		学生	第11卷4号	4月5日	
	欢迎太戈尔先生	小说月报记者	小说月报	第15卷第4号	4月10日	
	太戈尔到华的第一次记事	小说月报记者	小说月报	第15卷第4号	4月10日	
	印度诗人太戈尔略传	诵虞	小说月报	第15卷第4号	4月10日	
	研究太戈尔的书籍提要	调孚	小说月报	第15卷第4号	4月10日	
	太戈尔的新著		东方杂志	第21卷第7号	4月10日	
	印度泰谷尔明晨抵沪		申报		4月11日	
	太戈尔的恋爱观		清华周刊·书报介绍副刊	第10期	4月11日	
	太戈尔的著作及思想要点	瞿世英	时事新报·学灯		4月11日	
	塔果尔思想之评价		心华杂志	第2期		云南成德中学
	太戈尔今日可到沪		晨报		4月12日	
	欢迎太戈尔	正广	中国青年	第2卷第26期	4月12日	
	印度诗人太戈尔即将抵沪		申报		4月12日	
	太戈尔昨抵沪		晨报		4月13日	
	印度诗人太戈尔昨已到沪		申报		4月13日	
	对于太戈尔的希望	雁冰	民国日报·觉悟		4月14日	
	太戈尔与中国新闻社记者谈话		申报		4月14日	
	太戈尔之来华感想谈		申报		4月14日	
	四团体欢迎太戈尔之茶会		申报		4月14日	
	为太戈尔游华吟	王警涛	申报		4月15日	
	太戈尔在杭讲演预志		申报		4月15日	

(续表)

年份	题目/书名	作者	刊物/书目/出版社	期数/页数	日期	其他
	太戈尔昨日赴杭		申报		4月15日	
	各团体欢迎太戈尔筹备会纪		申报		4月15日	
	太戈尔将来京		晨报		4月15日	
	印度诗圣太戈尔文日抵沪		大公报		4月15日	
	沪学界欢迎太戈尔		晨报		4月16日	
	太戈尔的国家观念与东方	瞿秋白	向导	第61期	4月16日	
	反对太戈尔	伊	民国日报·觉悟		4月16日	
	欢迎泰戈尔第二次筹备会纪		申报		4月16日	
	太戈尔到杭之电讯		申报		4月16日	
	太戈尔今午返沪		申报		4月17日	
	太戈尔道经香港情形		申报		4月17日	
	欢迎太戈尔筹备昨闻		申报		4月17日	
	印诗人太戈尔在杭讲演纪		申报		4月18日	
	太戈尔游览西湖		晨报		4月18日	
	太戈尔与中国青年	泽民	中国青年	第27期	4月18日	
	过去的人——太戈尔——家庭与世界	秋白	中国青年	第27期	4月18日	
	太戈尔与东方文化	实庵	中国青年	第27期	4月18日	
	太戈尔来华后的中国青年	亦湘	中国青年	第27期	4月18日	
	欢迎泰谷尔——应从何种意义欢迎之		时事新报		4月18日	
	印诗人太戈尔在杭讲演纪		申报		4月18、19、20日	
	太戈尔欢迎会记		申报		4月19日	
	各团体昨晚欢宴太戈尔		申报		4月19日	
	泰谷尔最近消息	志摩	晨报附刊	第87期	4月19日	

（续表）

年份	题目/书名	作者	刊物/书目/出版社	期数/页数	日期	其他
	告欢迎太戈尔的人	代英	民国日报·觉悟		4月19日	
	各团体欢迎泰戈尔记		民国日报		4月19日	
	孙中山电邀太戈尔游粤		申报		4月19日	
	瞿译《春之循环》的一瞥	唐汉森	创造周报	第49、50号	4月19、27日	
	太戈尔的小说	俞长源	申报		4月20日	
	太戈尔来京有期		晨报		4月20日	
	太谷尔思想之背景	简又文讲，何志新记	晨报副镌	第88，89期	4月20、23日	
	泰戈尔23日晚来京		晨报		4月21日	
	太戈尔的新著介绍—春之降临	诵虞	文学周报	第118期	4月21日	
	太戈尔的我观	诵虞	文学周报	第118期		
	杂感一则	澄	文学周报	第118期	4月21日	
	太戈尔过缅甸时的演说		文学周报	第118期	4月21日	
	东方文化的危机——太戈尔讲	记者	文学周报	第118期	4月21日	
	印度诗哲与飞来峰上之雕刻		晨报		4月22日	
	太戈尔在宁讲演纪		申报		4月22日	
	沪团体欢迎泰戈尔大会纪		大公报		4月22日	
	今晚抵京之太戈尔		晨报		4月23日	
	象的民族	实庵	向导	第62期	4月23日	
	天下没有不吃饭的圣人	实庵	向导	第62期	4月23日	
	反对曹大总统？马蜂桥四号！	实庵	向导	第62期	4月23日	
	崇拜太戈尔的主张派兵征服蒙古	实庵	向导	第62期	4月23日	
	各界热烈欢迎太戈尔		晨报		4月24日	
	皇会声中的太戈尔	稚晖	民国日报·觉悟		4月24日	

(续表)

年份	题目/书名	作者	刊物/书目/出版社	期数/页数	日期	其他
	评太戈尔在杭州上海的演说	实庵	民国日报·觉悟		4月25日	
	太戈尔昨静养一天		晨报		4月25日	
	听太戈尔诗哲讲演感言	达纡庵	申报		4月25日	
	泰戈尔过济盛况补志		大公报		4月25日	
	太戈尔过鲁之盛况		晨报		4月26日	
	太戈尔之略史与其思想一斑	耿光	申报		4月26日	
	太戈尔抵京		申报		4月26日	
	泰戈尔之在南京	董凤鸣	晨报附刊	第92期	4月26日	
	英美协会欢迎泰戈尔		晨报		4月26日	
	英美协会招待太戈尔时之演说		申报		4月26日	
	碧水绿茵之北海与须发皓白之印度诗哲		晨报		4月26日	
	太戈尔底迷途	洪熙	民国日报·觉悟		4月27日	
	致太戈尔的一封公开信		政治生活	第1期	4月27日	
	婉告太戈尔	稚晖	政治生活	第1期	4月27日	
	英美协会欢迎太戈尔	和森	政治生活	第1期	4月27日	
	银钟……幽谷	汀	政治生活	第1期	4月27日	
	令人恐怖的诗哲	健攻	政治生活	第1期	4月27日	
	三人耳	健攻	政治生活	第1期	4月27日	
	今之古时仙人	健攻	政治生活	第1期	4月27日	
	怅惘	健攻	政治生活	第1期	4月27日	
	太戈尔底迷途	洪熙	民国日报?觉悟			
	泰戈尔明日与北京学生相见		晨报		4月27日	
	今日下午之泰戈尔演说		晨报		4月28日	
	泰戈尔昨天游览御花园		晨报		4月28日	
	北京英美协会欢迎太戈尔		申报		4月28日	

（续表）

年份	题目/书名	作者	刊物/书目/出版社	期数/页数	日期	其他
	讲学社招待太戈尔游北海		申报		4月28日	
	为反对太戈尔者进一解	汪奕林	时事新报		4月28日	
	反对太戈尔之反响	顾棣真	时事新报		4月29日	
	太戈尔抵京后之概况		申报		4月29日	
	纪泰戈尔之雩坛演说		大公报		4月29日	
	泰戈尔对京学界演说		晨报		4月29日	
	成功为诗人堕落之始		晨报		4月29日	
	太戈尔在法源寺之讲演		申报		4月30日	
	梁任公之迎太讲演		申报		4月30日、5月1日	
	北京画界欢迎会席上泰戈尔之演说		晨报		4月30日	
	太戈尔与梁启超	实庵	向导	第63期	4月30日	
	好个友爱无争的诗圣	实庵	向导	第63期	4月30日	
	太戈尔	ERNEST RHYS 著，杨甸葛、钟余荫译述	上海新文化书社		1924年4月版	
	泰戈尔起居注		大公报		4月30日（第1张第2页）	
	评"人类第三期之世界"	泽民	中国青年	第31期	5月	
	太戈尔在先农坛之演讲		申报		5月1日	
	泰戈尔在清华讲演		晨报		5月2日	
	印度与中国文化之亲属的关系	梁启超	晨报副镌	第98期	5月3日	
	泰戈尔底陪衬者	天庐	民国日报·觉悟		5月5日	
	诞辰将近之泰戈尔		晨报		5月6日	
	太戈尔与清帝及青年佛化的女居士	实庵	向导	第64期	5月7日	
	双方视线以外（太戈尔的欢迎与反对）	郭增恺	文学旬刊	第34期	5月8日	

(续表)

年份	题目/书名	作者	刊物/书目/出版社	期数/页数	日期	其他
	鲁迅日记关于演出《齐德拉》的记录	鲁迅	鲁迅全集（十五）	第511页		
	教育家的太戈尔	杜元载	晨报副镌	第102、103、104号	5月7日、5月9日、5月10日	
	竺震旦诞生与爱情名剧契决腊		晨报		5月10日	
	泰戈尔的中国名——竺震旦	梁启超	饮冰室文集之四十一	1924年		
	《华盖集续编·马上日记之二》	鲁迅	鲁迅全集（三）	第360页		
	泰戈尔先生去后	应	清华周刊	第313期	5月9日	
	关于泰戈尔的新闻三则		清华周刊	第313期	5月9日	
	与"中国的太谷尔"谈话记	梁朝威	清华周刊	第313期	5月9日	
	欢迎太戈尔		清华周刊	第313期	5月9日	
	太氏介绍		清华周刊	第313期	5月9日	
	哲人谈话		清华周刊	第313期	5月9日	
	泰戈尔到京后之所闻		清华周刊	第313期	5月9日	
	泰谷尔著作介绍	吴汉章	清华周刊·书报介绍副刊	第11期		
	太戈尔寿辰志盛		大公报		5月10日	
	泰戈尔昨天讲演纪略		晨报		5月10日	
	泰戈尔第二次讲演		晨报		5月11日	
	告崇拜及反对太戈尔的人	远定	民国日报·觉悟		5月11日	
	我的理想及实现的泰戈尔先生	瑞棠	晨报附刊	第105期	5月12日	
	太戈尔生日之盛会		申报		5月12日	
	泰戈尔在京最后之演讲		晨报		5月13日	
	研究"塔果尔及其森林哲学"里面的翻译	绍原	晨报附刊	第106期	5月13日	

（续表）

年份	题目/书名	作者	刊物/书目/出版社	期数/页数	日期	其他
	评太戈尔之来华感想谈		海潮音社	第5期		
	泰谷尔与佛化新青年会 1.丁香花下泰谷尔之佛音；2.约泰氏赏丁香之中英合函		佛化新青年	第2卷第2号	5月13日	
	佛化新青年会欢迎泰谷尔氏因纪二绝	庄藕宽	佛化新青年	第2卷2号	5月13日	
	我们究竟为什么要欢迎泰谷尔	灵华	佛化新青年	第2卷2号	5月13日	
	希望老诗人的泰果尔变为佛化的新青年	太虚	佛化新青年	第2卷2号	5月13日	
			海潮音	1924年第5期		
	泰谷尔来华与佛化新青年世界宣传队之出发	毅甫	佛化新青年	第2卷2号	5月13日	
	泰戈尔之大爱主义	张宗载	佛化新青年	第2卷2号	5月13日	
	泰谷尔与大乘佛法	宁达蕴	佛化新青年	第2卷2号	5月13日	
	泰果尔与佛化新青年	大圆	佛化新青年	第2卷2号	5月13日	
			海潮音	1924年第5期		
	桑梓甘棠之塔果尔氏	杨毓芬	佛化新青年	第2卷2号	5月13日	
	泰谷尔与世界和平	张明慈	佛化新青年	第2卷2号	5月13日	
	我对于太哥尔来华之感言	袁烈咸	佛化新青年	第2卷2号	5月13日	
	"大人之危害"及其他	陶然	晨报附刊	第107期	5月14日	
	泰戈尔有意游俄		晨报		5月15日	
	与泰戈尔谈话记	德	清华周刊	第314期	5月16日	
	太戈尔与东方文化—读太氏京沪两地讲演后的感想	雁冰	民国日报·觉悟		5月16日	
	泰戈尔的CHITRA与瞿世英的齐德拉	绍原	晨报附刊	第109期	5月16日	
	太戈尔赴西山休养		大公报		5月16日	
	太戈尔将游苏俄		申报		5月17日	

（续表）

年份	题目/书名	作者	刊物/书目/出版社	期数/页数	日期	其他
	一个研究宗教史的人对于泰戈尔该怎样想呢	江绍原	晨报副镌	第111、126、134、151期	5月18日、6月4日、6月13日、7月2日	
	不了解的欢迎与不了解的驱逐	济人	晨报附刊	第112期	5月19日	
	泰戈尔	徐志摩	晨报副镌	第112期	5月19日	
	辟反对泰戈尔者	陈复	时事新报·学灯		5月20日	
	太戈尔关于佛教之谈话		申报		5月20日	
	告反对泰戈尔者		时事新报·学灯		5月21日	
	太戈尔离京赴晋		申报		5月23日	
	太戈尔论儿童教育	从予	东方杂志	第21卷第10号	5月25日	
	太戈尔之国际大学	瞿世英	东方杂志	第21卷第10号	5月25日	
	国际大学的旨趣	从予	东方杂志	第21卷第10号	5月25日	
	近二十年来的十大作品与十大作家	诵虞	东方杂志	第21卷第10号	5月25日	
	太戈尔与北京	独秀	向导	第67期	5月28日	
	巴尔达里尼与太戈尔	独秀	向导	第67期	5月28日	
	太戈尔是一个什么东西	实庵	向导	第67期	5月28日	
	张君劢宅中之欢送太戈尔会		申报		5月30日	
	送太戈尔	求实	民国日报·觉悟		6月1日	
	个人对于泰戈尔之感想	陆懋德	晨报附刊	第125期	6月3日	
			清华周刊	第317期	6月6日	
	诗人却不爱谈诗	实庵	向导	第68期	6月4日	
	太戈尔与金钱主义	实庵	向导	第68期	6月4日	
	崇拜军阀底罪恶	一平	向导	第68期	6月4日	
	什么话		向导	第68期	6月4日	
	肉麻世界		向导	第68期	6月4日	
	谁配翻泰戈尔底"诗人的宗教"	绍原	晨报附刊	第128期	6月6日	
	反对太戈尔便是过激	独秀	向导	第69期	6月11日	

（续表）

年份	题目/书名	作者	刊物/书目/出版社	期数/页数	日期	其他
	印度诗圣泰戈尔翁和中国		台湾民报	第2卷第10号	6月11日	
	一个研究文学史的人对于贵推该怎样想呢	东君	晨报附刊	第137期	6月16日	
	泰戈尔在汉口辅德中学之演讲	王鸿文记	文学旬刊	第39期	6月21日	
	泰戈尔与耶稣	绍原	晨报附刊	第143期	6月23日	
	吃牛肉茶的泰戈尔——答江绍原先生	东君	晨报附刊	第147期	6月27日	
	太戈尔与耶稣	朴念仁	晨报附刊	第150期	6月30日	
	泰谷尔与佛化新青年	宁达蕴编	北京佛化新青年会		6月初版	
	来年之印度诗人太戈尔	苏维霖	台湾民报	第2卷第12号	7月1日	
	在上海的第一次谈话	泰戈尔讲，徐志摩译	时事新报·学灯		7月1日	
			小说月报	第15卷8号	8月10日	
	泰戈尔的思想和中国	H. E.	新学生	第23期	7月	
	问星处的预言	朴念仁	晨报附刊	第154期	7月5日	
	"贪食好酒"和"税吏及罪人的朋友"耶稣和吃"英国人的牛肉茶及托士"的泰戈尔	江绍原	晨报附刊	第155期	7月6日	
	吃素与吃牛肉茶	怀汀	政治生活		7月13日	
	精神生活与金钱	独秀	向导	第74期	7月16日	
	神童与诗圣	独秀	向导	第75期	7月23日	
	泰戈尔与中国人	辜鸿铭	辩论报（法国）		7月24日	
	为什么有人硬以为泰戈尔与耶稣不能比	江绍原	晨报附刊	第127期	7月27日	
	论照相之类 11月11日		鲁迅全集（一），人民文学出版社	第195页，全书同	2006年	
	清华讲演	泰戈尔讲，徐志摩译并附述	小说月报	第15卷8号	8月10日	

（续表）

年份	题目/书名	作者	刊物/书目/出版社	期数/页数	日期	其他
	告别辞	泰戈尔讲，徐志摩译并附记	小说月报	第15卷8号	8月10日	
	介绍文学家的明信片		小说月报	第15卷8号	8月10日	
1925年	太戈尔传	郑振铎编	上海商务印书馆		4月初版	
	精神文明东方文化段祺瑞	实庵	向导	第105期	3月7日	
	徐志摩赴欧之任务		申报		3月15日	
	太戈尔戏曲集第二集	江绍原	现代评论	第1卷第17期	4月3日	
	班禅与张天师	实庵	向导	第114期	5月10日	
	中国文学所受的印度伊斯兰文学底影响	许地山	小说月报	第16卷第7号	7月10日	
	伤逝	鲁迅	鲁迅全集（二）	第114页	10月21日	
	"公理"的把戏	鲁迅	鲁迅全集（三）	第179页	12月18日	
1926年	记太戈尔的和平学院	樊仲云	教育杂志	第18卷第11期		
	王汉伦将演太戈尔英文名剧《爱神》		申报		5月7日	
	聂云台代表泰戈尔大学文那学院征求赞助		申报		7月9日	
	马上日记之二	鲁迅	世界日报副刊		7月19日、23日	
			鲁迅全集（三）	第360页		
	太戈尔作品之初次介绍至中国	秋山	小说世界	第14卷第7号	8月18日	
	印度诗圣泰戈尔与友人合影		良友画报	第9期	10月15日	
1927年	无声的中国	鲁迅	鲁迅全集（四）	第15页		
	辞"大义"	鲁迅	鲁迅全集（三）	第481页	9月4日	
1928年	致安德鲁信一封	徐志摩			7月	
	太戈尔底国际大学一瞥	谭云山	大江月刊	创刊号	10月15日	
1929年	现今的新文学的概观	鲁迅	未名（半月刊）	第2卷第8期	5月25日	
			鲁迅全集（四）	第137页		

211

(续表)

年份	题目/书名	作者	刊物/书目/出版社	期数/页数	日期	其他
	通讯（复张逢汉）	鲁迅	鲁迅全集（七）	第131页	6月25日	
	太戈尔的"有闲哲学"	微知	东方杂志	第26卷第15号	8月10日	
1930年	太戈尔与反英运动	谷非	现代文学	第1卷第3期	9月16日	
	印度文学	许地山	上海商务印书馆		10月版	
	太戈尔与爱因斯坦共谈真理问题	哲生	东方杂志	第27卷第19号	10月10日	
	泰戈尔在巴黎	铭竹	文艺月刊	第1卷3号	10月15日	
	泰戈尔访问爱因斯坦	杨昌溪	现代文学	第1卷5期	11月16日	
	苏俄邀请太戈尔赴俄		现代文学	第1卷第6期	12月16日	
1931年	诗圣与学圣（附太戈尔与爱因斯坦照片）		文艺新闻（上海）	第2号	3月23日	
	太戈尔的近况	张光人，杨昌溪	青年界	第1卷1期	3月30日	
	画家泰戈尔		中国新书月报	第1卷第9期		
	太戈尔与威尔斯论民族主义		国闻周报	第8卷第16期	4月27日	
	泰戈尔谈俄罗斯		文艺新闻（上海）	第57号	5月30日	
	美国女人对于太戈尔的惊奇		东方杂志	第28卷第12号	6月25日	
1932年	波斯王请客、诗哲（太戈尔）乘飞机		文艺新闻（上海）	第57号	5月30日	
	泰戈尔论妇女	T. TAGORE 著 林苑文	创化	第2期	6月1日	
	关于泰戈尔和甘地的两本书	漫铎	大陆（1932年）	第1卷第5号	11月1日	
	诗人泰戈尔举行个展		现代（上海）创刊号		5月1日	
1933年	回忆太戈尔来华漫游	墨园	并州学院月刊	第1卷第2号	2月1日	
	《萧伯纳在上海》序	鲁迅	鲁迅全集（四）	第514页	2月28日	
	关于太戈尔及中国读书界		涛声（上海）	第2卷第41期	10月21日	
	邵力子被泰戈尔催眠	景川	学校生活	第16期		

(续表)

年份	题目/书名	作者	刊物/书目/出版社	期数/页数	日期	其他
	太戈尔安乐居拜访记	霭华	旅行杂志	第7卷第12号	12月出版	
1934年	泰戈尔与国际大学	胡明春	艺风（杭州）	第2卷第2期	2月1日	
	泰戈尔提倡印度都市应表现本邦的文化		国际译报	第6卷第2期	3月16日	
	太戈尔论神及民族文化	杨昌溪	文艺月刊	第5卷4号	4月1日	
	太戈尔论苏俄	R. Tagore 缪庆邦	国际译报	第6卷第10—11期	8月1日	
			文化月刊	第1卷第8期		
	太戈尔的新村运动	钧国	国际译报	第6卷第9期	7月1日	
	辜鸿铭先生与太戈尔先生合影		人间世	第12期	9月20日	
	骂杀与捧杀	鲁迅	鲁迅全集（五）	第615—616页	11月19日	
1935年	谭云山谈筹建中国学院		申报		2月25日	
	太戈尔与中国文化	谭云山	国衡	第1卷第5期	7月10日	
1937年	泰戈尔的《覆舟》	宋清山	文艺月刊	第10卷2号	2月1日	
	致太戈尔先生书	戴传贤	新亚细亚	第13卷第4期	4月1日	
	印度诗哲泰戈尔病剧		国际言论	第4集	11月1日	
	印度诗圣泰戈尔不允阻止排日		国际言论	第4集	11月1日	
	泰戈尔为西班牙内战宣言		文摘	第2卷第2期	8月1日	
1938年	泰戈尔的祈祷		天风	第5卷第2期	1月10日	
	印度人民援助我国，举行中国日，召开抗日会议，名诗家泰戈尔亦有宣言发表		新华日报		1月11日	
	泰戈尔氏痛斥日寇		新华日报		12月23日	
1939年	印度三杰（甘地、泰戈尔、尼赫鲁）同情我国抗战		新华日报		2月10日	
	泰戈尔致书尼赫鲁斥日寇猖狂		新华日报		9月12日	

（续表）

年份	题目/书名	作者	刊物/书目/出版社	期数/页数	日期	其他
	诗圣太戈尔与中日战争	谭云山编	重庆：独立出版社			
	印度人民对我抗战同情	谭云山编	重庆：独立出版社		5月	
1940年	泰戈尔致蒋介石信		新华日报		1月17日	
	泰戈尔在我家	陆小曼	良友画报（影印本）	第157期	8月15日	
	泰戈尔大学访问记	潘君拯译	天下事	第1卷第18期	10月15日	
	甘地、尼赫鲁、泰戈尔在印度马德拉斯举行的世界教会会议发表谈话，表示支持中国抗战，愿以物资援华	龚育之 主编	中国二十世纪通鉴		1月1日	
	泰戈尔来华	龚育之 主编	中国二十世纪通鉴		1月1日	
	胡适、梁启超等为泰戈尔64岁诞辰祝寿	龚育之 主编	中国二十世纪通鉴		1月1日	
1941年	太戈尔之挽歌	望生	中和月刊	第2卷第11期	7月1日	
	悼印度诗人太戈尔	谢人堡	三六九画报	第10卷第13期，第188号	8月30日	
	马相伯泰戈尔萧伯纳	张若谷	永安月刊	第29期		
	泰戈尔与爱因斯坦论实在与真理	张荫麟	思想与时代	第2期	9月1日	
	泰戈尔的哲学	谢幼伟	思想与时代	第3期	10月1日	
	印度诗圣泰戈尔病逝		新华日报		8月8日	
	蒋委员长电唁泰戈尔家属		新华日报		8月12日	
	东方文化协会电唁泰戈尔家属		新华日报		8月13日	
	港中外人士追悼泰戈尔		新华日报		8月20日	
	追悼泰戈尔，渝昆两地明日分别举行		新华日报		11月28	
	泰戈尔先生追悼大会筹备会启事		大公报		11月28、29日	

(续表)

年份	题目/书名	作者	刊物/书目/出版社	期数/页数	日期	其他
	陪都各界昨追悼印度诗哲泰戈尔		新华日报		11月30日	
	昆明七学术团体追悼泰戈尔		新华日报		12月1日	
	纪念泰戈尔——一篇未曾讲演的演讲稿	柳无忌	时事新报·学灯（渝版）	第155期	12月8日	
	印度诗哲泰戈尔挽词	方东美	时事新报·学灯（渝版）	第155期	12月8日	
	十七年前一个暖和的下午——忆泰戈尔	长之	时事新报·学灯（渝版）	第155期	12月8日	
	《纪念泰戈尔》等编辑后语	宗白华	时事新报·学灯（渝版）	第155期	12月8日	
1942年	回忆泰戈尔氏来华讲学情形	张君劢	再生	第80期	2月20日	
	纪念太戈尔	静闻	诗创作	第13期		
	悼太戈尔翁	木槲	艺文集刊	第1辑	8月	
	回忆太戈尔	云彬	野草	第3卷第1期		
	泰戈尔论甘地	贾午译	时与潮	第11卷第6期		
1943年	泰戈尔评传	姚枬译	东方杂志	第39卷第8号	6月30日	
	悼泰戈尔先生并论及绘画	徐悲鸿	文学创作	第2卷第1期	5月1日	
1945年	印度文学第8章"太戈尔"	柳无忌	中国文化服务出版社		2月	
	谈太戈尔献诗集GITANJALI	张炳星	自刊		8月	
1946年	泰戈尔传	塞克女士著，李志纯译	文艺先锋	第8卷第5—6期		
	泰戈尔与夏芝的距离	将星煜	文化先锋	第6卷第7期		
1947年	近代印度文化之创造人泰戈尔及其事迹	周子亚	亚洲世纪	第1卷第1期	5月1日	
1948年	太戈尔片论	阿垅	人世间	第2卷第5—6期	7月10日	
	泰戈尔的音乐	山灵译	时与潮副刊	第10卷第3期	9月1日	

(续表)

年份	题目/书名	作者	刊物/书目/出版社	期数/页数	日期	其他
	泰戈尔与世界文化	周子亚	读书通讯	第149期		
1955年	访泰戈尔故居	周而复	人民文学	7月总67期		
	泰戈尔的歌曲	石真	新观察	7月总116期		
1956年	周恩来访问国际大学		新华半月刊	第6期		
1957年	泰戈尔和他的"两亩地"	石真	语文学习	9月总72期		
1958年	泰戈尔与中国	（印）海曼斯·比斯瓦斯	人民日报		5月8日	
1961年	纪念印度诗人泰戈尔诞生一百周年		美术	第3期	4月1日	
	泰戈尔传	连士升	香港文学研究社			
	忆泰戈尔	梅兰芳	人民日报	5月号		
	首都文艺界纪念泰戈尔诞生100周年		戏剧报	1961/Z3	5月31日	
	Rabindranath Tagore In China	胡适	收入《胡适英文文存1 中国文学与社会》，外语教学与研究出版社	2012年3月	写于1961年8月1日	
1965年	泰戈尔传	连汉光	台湾东海出版社			
1978年	资产阶级的自我批评——评泰戈尔的长篇小说《沉船》	王雅升	外国文学研究	第2期		
1979年	榕树·七叶树·歌声（访泰戈尔大学）	顾子欣	战地增刊	第1期		
	新月的幻想和破灭——泰戈尔的《新月集》	彭瑞智	湖北外国文学学会年刊			
	略论泰戈尔的哲学和社会思想	黄心川	哲学研究	第1期	1月31日	
	泰戈尔与中国	季羡林	社会科学战线	第2期	5月1日	
	追求于"无望的希望"之中（读泰戈尔的《吉檀迦利》）	林之非	外国文学研究	第4期	12月31日	

（续表）

年份	题目/书名	作者	刊物/书目/出版社	期数/页数	日期	其他
1980年	泰戈尔怎样对待荣誉	华宇清	语文战线			
	5月 首都文化界集会纪念泰戈尔诞生100周年	龚育之 主编	中国二十世纪通鉴		1月1日	
	泰戈尔与印度音乐	陈露茜	音乐爱好者	第1期	2月15日	
	关于泰戈尔的侄曾孙泰无量	吴晓铃	新文学史料	第2期	5月22日	
	新月的幻想和破灭	林之非	外国文学研究	第2期		
	一篇耐读的作品（读泰戈尔的《素芭》）	席必庄	甘肃文艺	第6期		
	试论《戈拉》的思想成就	孟宪义	北方论丛	第6期		
	泰戈尔格言诗索句	明	河北大学学报（哲学社会科学版）	第4期		
1981年	泰戈尔的歌词艺术	陈露茜	词刊			
	《戈拉》人物形象小议	祝玉蓉	荆州师专学报	第1期		
	薄伽梵歌初探	张保胜	南亚研究	第1期	4月2日	
	泰戈尔先生与徐悲鸿的友谊	廖静文	南亚研究	第2期		
	泰戈尔生平、思想和创作	季羡林	社会科学战线	第2期	5月1日	
	影坛的泰戈尔	严敏	艺术世界	第4期		
	印度伟大作家泰戈尔	曲国斌	光明日报		5月6日	
	首都各界人士集会，纪念印度伟大作家泰戈尔诞辰一百二十周年		光明日报		5月6日	
	印度伟大诗人泰戈尔	宋诒瑞	人民日报		5月7日	
	纪念泰戈尔	沫子	文学报		5月7日	
	泰戈尔在中国	张光璘	外国文学	第5期	5月31日	
	访泰戈尔故居	詹得雄	文汇报		5月8日	
	《泰戈尔诗选》译者序	冰心			6月23日	
	献给爱情和人生的歌（介绍泰戈尔的《园丁集》）	林之非	外国文学研究	第2期	7月2日	

（续表）

年份	题目/书名	作者	刊物/书目/出版社	期数/页数	日期	其他
	我的老师泰戈尔与杭州	魏风江	浙江日报		8月2日	
	梅兰芳和泰戈尔	梅绍武	文汇报		8月6日	
	泰戈尔学术讨论会在北京开幕		光明日报		8月8日	
	论泰戈尔人道主义	董华钧	华东师范大学学报	第5期		
	评泰戈尔的《弃绝》	柳鸣九	文汇月刊	第6期		
	泰戈尔	石真	百科知识	第8期		
	徐志摩与泰戈尔的信	林霁摘译	文汇月刊	第11期		
	徐志摩和泰戈尔	赵家璧	文汇月刊	第11期		
	泰戈尔在我家作客——兼忆志摩	陆小曼	文汇月刊	第11期		
	屈从受难反抗（读泰戈尔短篇小说《一个女人的来信》）	文林	语文教学之友	第6期		
	泰戈尔的中国名字	大卫、佐恩	人物	第6期		
	鲁迅、泰戈尔在探索时期的诗歌之比较	陈俐	四川师院学报	第4期		
	纨扇挥毫传挚情（梅兰芳和印度诗人泰戈尔的一段珍贵友谊）	石真	影剧艺术	第6期		
	"在纤小的新月的世界里"（读泰戈尔的《新月集》）	文铮	星星	第11期		
	怀念诗人泰戈尔与圣蒂尼克坦	常任侠	南亚研究	第2期	7月2日	
	泰戈尔与印度古典舞蹈	星点	南亚研究	第2期	7月2日	
	泰戈尔先生与徐悲鸿的友谊	廖静文	南亚研究	第2期	7月2日	
	泰戈尔的思想和创作	张光璘	南亚研究	第2期	7月2日	
	现代诗歌	泰戈尔；倪培耕	诗探索	第2期	7月2日	
	鲁迅、泰戈尔在探索时期的诗歌之比较	陈俐	四川师院学报（社会科学版）	第4期	8月29日	

(续表)

年份	题目/书名	作者	刊物/书目/出版社	期数/页数	日期	其他
	我国举行泰戈尔学术讨论会		国外文学	第3期	10月1日	
	泰戈尔	赵晨	山东文艺出版社		11月	
	泰戈尔的《什么是艺术》和《吉檀迦利》试解	金克木	南亚研究	1981/Z1	12月31日	
	我国最早翻译的泰戈尔诗歌	张侠	南亚研究		12月31日	
1982年	图片 ②周扬、梅益、胡愈之同志在泰戈尔纪念大会上	苏一平;白鹰 主编	中国文艺年鉴		1月1日	
	泰戈尔的爱国歌曲	钱仁康	人民音乐	第1期	1月31日	
	怀念印度诗人泰戈尔	魏风江	人民日报		2月25日	
	泰戈尔对日本侵华政策的批判	林承节	历史教学	第3期	4月1日	
	不着泥土的痕迹,没有痕迹的足印(介绍泰戈尔的《飞鸟集》)	彭瑞智	外国文学研究	第1期	4月2日	
	泰戈尔讲演推崇东方文化	魏开肇	北京日报		4月22日	
	简析泰戈尔的《沉船》	万梅青	江西师范学院南昌分院学报	第1期		
	泰戈尔	涌泉	集邮	第3期		
	泰戈尔—中国人民的伟大朋友	张光	文化交流	第4期		
	象新月一样美丽、明朗、深远——读《新月集》随记	徐刚	散文	第4期		
	阳刚与阴柔(惠特曼和泰戈尔)	章智明	美育	第6期		
	天坛·泰戈尔·松竹梅	谢国桢	紫禁城	第3期	6月30日	
	泰戈尔和梅兰芳的友谊	吴晓玲	戏剧电影报		12月5日	
	中印文化关系史论文集	季羡林	三联书店			

219

(续表)

年份	题目/书名	作者	刊物/书目/出版社	期数/页数	日期	其他
1983年	泰戈尔小说的基本主题	王雅生	呼兰师专学报	第1期		
	略论泰戈尔短篇小说的批判倾向	朱焕文	抚顺师专学报（综合版）			
	"放下足也是在走路"——鲁迅、泰戈尔在探索时期的诗歌之比较	陈俐	阿贝师专教学与研究	第1期		
	泰戈尔的教育思想	刘国楠；崔岩砺	南亚研究	第1期	4月2日	
	泰戈尔人道主义思想浅识	陈若帆	河北大学学报	第1期	4月2日	
	忆印度伟大诗人泰戈尔先生	曾圣提	南亚研究	第2期	7月2日	
	印度大诗人泰戈尔在清华园	孙敦恒	社会科学战线	第4期	8月29日	
	泰戈尔传略	何乃英	天津人民出版社		10月	
	泰戈尔和中国	戈宝权	南亚研究	第3期	10月1日	
	《沉船》的主题和人物	冯金辛	外国文学研究	第3期		
	我国现代文学史上的一次泰戈尔热	张光璘	外国文学研究	第4期	12月31日	
	谈《吉檀迦利》的思想倾向	陶德臻	电大文科园地	第6期		
	从《吉檀迦利》看泰戈尔诗的哲理性	斯宝昶	电大语文	第11期		
	从《戈拉》看泰戈尔中长篇小说的社会意义和艺术手法	刘宝珍	《东方研究论文集》，北京大学出版社		4月初版	
	冰心与泰戈尔	方锡德	文艺论丛，上海文艺出版社	第18期		
	泰戈尔传略	何乃英著	天津人民出版社		10月初版	
	印度论文集	金克木	中国社会科学出版社			
	论泰戈尔	张光璘	中国社会科学院南亚研究所			

(续表)

年份	题目/书名	作者	刊物/书目/出版社	期数/页数	日期	其他
1984 年	泰戈尔的《弃绝》剖析	陈挺	语文学习			
	勇猛的斗士，恬静的诗人：浅谈泰戈尔的诗歌和小说创作	示喜	衡阳师专学报	第 1 期		
	簌簌微语，微诵有得：简评《飞鸟集》	刘宝珍	国外文学	第 1 期		
	各具异彩的两颗明珠：泰戈尔的《摩诃摩耶》与《芳邻》	李黎	齐齐哈尔师范学院学报	第 1 期		
	谈《沉船》的泛爱思想	蒋承勇	台州师专学报	第 1 期		
	诗一般美丽的世界——读泰戈尔《新月集》感想	杨利娟	师范教育	第 1 期		
	从《一瞬目光》看泰戈尔的想象	麦春芳	玉林师专学报	第 2 期		
	浅论泰戈尔的戏剧创作	如珍	南亚研究	第 2 期	7 月 1 日	
	哲学家泰戈尔	（印）V·S·纳罗婆尼著 宫静译	南亚译丛	第 2 期		
	泰戈尔中长篇小说的艺术成就	董友忱	外国文学研究	第 2 期	7 月 1 日	
	泰戈尔《沉船》浅析	邱克	滁州师专学报	第 2 期		
	试论泰戈尔抒情诗的泛神论思想	潭加洛	广州师院学报	第 3 期		
	坐在千百万双瞳人里的歌：泰戈尔和他的诗歌小说	壬夫	文学青年	第 3 期		
	印度音乐的瑰宝：简介泰戈尔和他的《怯懦就是耻辱》	薛范	歌曲	第 5 期		
	诗人泰戈尔的绘画	王铺	文艺欣赏	第 8 期		
	泰戈尔的《新月集》	浦漫汀	东方少年	第 12 期		

(续表)

年份	题目/书名	作者	刊物/书目/出版社	期数/页数	日期	其他
	说静：从泰戈尔的静来看陶渊明的静		比较文学论文集，南开大学出版社			
	泰戈尔评传	（印）圣笈多，S，C 著 董红钧译	湖南人民出版社		7月	
	泰戈尔传	（印）克里巴拉尼著 倪培耕译	漓江出版社		9月	
	泰戈尔和中国新诗	柳鸿	当代外国文学	第4期	12月30日	
	泰戈尔传：外国文学研究资料丛刊	（印）克里希那·克里巴拉尼著，倪培耕译	漓江出版社		9月	
1985年	家庭中的泰戈尔		漓江出版社			
	泰戈尔评传	（印）纳拉万，V，S著 刘文哲、何文安译	重庆出版社		7月	
	《沉船》主题辨	梁工	河南大学学报	第1期		
	浅谈《四个人》	冯金辛	外国文学研究	第1期		
	我的老师泰戈尔：泰戈尔与国际大学师生欢渡佳节	魏风江	文化娱乐	第1期		
	"典型心灵"的感情乐谱——论泰戈尔短篇小说人物描写的抒情性	李黎	黑龙江教育学院学报	第1期		
	泰戈尔唯一的中国学生——魏风江	周祖佑	瞭望周刊	第7期	2月12日	
	试论泰戈尔的文艺观	华宇清	杭州大学学报	第1期	3月2日	
	爱人的礼物	泰戈尔；施蛰存	当代外国文学		4月2日	
	泰戈尔短篇小说艺术风格初探	梦禾	内蒙古民族师院学报（社会科学汉文版）	第1期	4月2日	
	试谈《沉船》的结构	房文斋	济宁师专学报	第1期		

(续表)

年份	题目/书名	作者	刊物/书目/出版社	期数/页数	日期	其他
	徐悲鸿对印度的美好回忆	廖静文	南亚研究	第2期	7月1日	
	泰戈尔政治抒情诗的发展及其特点	周而琨	扬州师院学报	第3期	10月1日	
	《徐悲鸿与泰戈尔》	徐静斐	《清明》	第4期		
	生命之永恒的惊奇：读《泰戈尔评传》	陈保平	书林	第5期		
	试论《鹦鹉的故事》及其他	吴晓铃	名作欣赏	第5期		
	泰戈尔的《沉船》主题辨	张晓菲	学术文摘	第6期		
	一篇别开生面的短小说：读泰戈尔的《漂亮邻居》	刘劲予	语文月刊	第7期		
	献给心中神灵的缠绵情歌：介绍泰戈尔的散文诗集《吉檀迦利》	王幅明	文学知识	第10期		
	《家庭中的泰戈尔》	黛维·梅特丽娜著，季羡林译	漓江出版社			
	泰戈尔评传	V·S纳拉万著，刘文哲何文安译	重庆出版社			
	泰戈尔的中国学生：访印度文学研究者魏风江	周长河	文学报		12月19日	
	泰戈尔传	（印）希瓦纳特·S·纳拉万，刘文哲、何文安译	重庆出版社			
1986年	论泰戈尔的《吉檀迦利》	杨传鑫	中南民族学院学报	第1期	3月2日	
	浅论泰戈尔的故事诗	邹节成	吉安师专学报	第4期		
	神秘、人道、探索：析泰戈尔的《吉檀迦利》	董红钧	中文自修	第5期		
	泰戈尔对中国作家的影响	倪培耕	南亚研究	第1期	4月2日	

(续表)

年份	题目/书名	作者	刊物/书目/出版社	期数/页数	日期	其他
	漫话诗人泰戈尔故居今昔	魏风江	南亚研究	第1期	4月2日	
	泰戈尔作品中的女性形象	宁宁	包头师专学报		4月2日	
	泰戈尔的哲学思想——认识论和方法论	宫静	南亚研究	第3期	10月1日	
	童心世界的恋歌：读泰戈尔《新月集》	思秋、雪夫	内蒙古社会科学	第5期		
	我的老师泰戈尔	魏风江著	贵州人民出版社			
1987年	咏历史，借古喻今 写现实，切中时弊——试论泰戈尔的早期创作	陈茂良	玉溪师专学报	第1期	3月2日	
	泰戈尔与雪莱	邓阿宁	重庆师院学报	第1期	4月2日	
	前不见古人 后可望来者——访泰戈尔的学生魏风江	孙艳	世界知识	第19期	5月14日	
	许地山与泰戈尔	周俟松；王盛	新文学史料	第2期	5月22日	
	哲人的梦游——泰戈尔的画	杨正润	文艺报		6月22日	
	试论王统照和泰戈尔诗歌的异同	蔡祥云；顾国柱	丽水师专学报	第3期	6月30日	
	泰戈尔短篇小说人物描写的独特性	李黎	求是学刊	第4期	8月29日	
	童心稚语无限情：读泰戈尔的《恶邮差》	佘树森	文学知识	第6期		
	泰戈尔美学思想管见	倪培耕	外国文学评论	第3期	10月1日	
	印度近现代伟大作家泰戈尔	张光璘	商务印书馆			
1988年	浅谈泰戈尔诗歌的意境美	刘清河	宁夏社会科学	第1期	3月1日	
	论泰戈尔对郭沫若诗歌创作的影响	陈永志	"郭沫若在日本"学术讨论会论文集（二）		5月1日	
	人是中心·人道的灵魂——从三个创作期看泰戈尔的现实主义趋向	董红钧	上海大学学报	第3期	6月29日	

(续表)

年份	题目/书名	作者	刊物/书目/出版社	期数/页数	日期	其他
	印度近代社会的投影：谈泰戈尔短篇小说的思想价值	阎惠中、刘鹏	唐山师专唐山教育学院学报	第3期		
	孙中山与泰戈尔的一段史话	王国全	广州研究	第6期	6月29日	
	1905——1908年的泰戈尔	林承节	南亚研究	第2期	7月1日	
	女主人公"出走"的断想——泰戈尔《摩词摩耶》阅读劄记	李恒方	开封教育学院学报	第2期	7月1日	
	神秘的透视：人的情感与心理：读泰戈尔的短篇小说	王国全	语文月刊	第5期		
	评泰戈尔后期政治抒情诗的创作心理	孟昭毅	天津社联学刊	第8期		
	冰心·泰戈尔·日本俳句·话说小诗	王珂	文学知识	第12期		
	回忆录 附我的童年		人民文学出版社		4月初版	
	泰戈尔论文学		上海译文出版社			
1989年	泰戈尔短篇小说的艺术成就	张朝柯	辽宁大学学报	第1期	3月2日	
	泰戈尔与教育	巴特尔	内蒙古社会科学（文史哲版）	第1期	3月2日	
	溥仪和泰戈尔	汪莱茵	紫禁城	第3期	6月30日	
	郭沫若和泰戈尔三题	陈永志	郭沫若学刊	第2期	7月2日	
	泰戈尔哲学思想的渊源及其特点	宫静	南亚研究	第3期	10月1日	
	论冰心对泰戈尔"爱的哲学"的借鉴	顾国柱	阜阳师范学院学报（社会科学版）	1989/Z1	12月31日	
	一个艺术家的宗教观—泰戈尔讲演集	唐绍邦译	上海三联书店			
1990年	泰戈尔论	何乃英	外国文学	第1期		
	丰子恺与泰戈尔	苏迟	杭州师范学院学报（社会科学版）	第1期	3月2日	

(续表)

年份	题目/书名	作者	刊物/书目/出版社	期数/页数	日期	其他
	成人的童话——泰戈尔《新月集》评析	杨俊才	丽水师专学报	第1期	3月2日	
	泰戈尔论	何乃英	国外文学	第1期	4月2日	
	冰心的诗和泰戈尔的《飞鸟集》	王连仲	山东社会科学	第3期	6月30日	
	泰戈尔与中国	刘江	文化译丛	第3期	6月30日	
	儿童的歌者——冰心泰戈尔比较谈	涓子	广西民族学院学报（哲学社会科学版）	第2期	7月2日	
	读泰戈尔诗一得	南山	固原师专学报	第3期	10月1日	
	评介泰戈尔的政治思想	晨风	国际政治研究	第3期	10月1日	
	王统照与泰戈尔	顾国柱	齐鲁学刊	第5期	10月28日	
	泰戈尔散文诗五首	白开元	国外文学	1990/Z1	12月31日	
	印度文学的多余人形象——长篇小说《沉船》中罗梅西形象试析	吕国安	西北第二民族学院学报	第2期		
	泰戈尔短篇小说新论	石斋	外国文学研究	第2期	7月2日	
	冰心"爱的哲学"与泰戈尔的"泛爱论"	唐元泰	国外文学	第2期	7月2日	
	自由的乐章，爱的颂歌：试论惠特曼与泰戈尔的诗歌创作	刘劲予	广东教育学院学报	第4期		
	泰戈尔哲学观初探	何乃英	外国文学研究	第4期	12月31日	
1991年	王维与泰戈尔诗歌比较	朱晓亚	徐州师范学院学报	第1期	3月2日	
	从泰戈尔和川端康成的道路所想起的：关于我国文学如何走向世界的思考	何乃英	辽宁商专学报	第1期		
	泰戈尔文学观初探	何乃英	宁夏大学学报（社会科学版）	第1期	4月2日	
	谈泰戈尔的教育思想	宫静	南亚研究	第2期	7月2日	
	论泰戈尔的人格追求	侯传文	南亚研究	第2期	7月2日	

(续表)

年份	题目/书名	作者	刊物/书目/出版社	期数/页数	日期	其他
	泰戈尔诗作新论	何乃英	北京师范大学学报	第4期	8月29日	
	从泰戈尔小说创作看其妇女观的衍变	甘丽娟	语文函授	第5期		
	泰戈尔逝世50周年纪念会举行		人民日报		8月8日	
	泰戈尔：一个伟大的人	罗宾德·萨卡尔著 王山译	文艺报		9月7日	
	我的琴弦从我生下来就已调定：泰戈尔的音乐	陈白明	文艺报		9月7日	
	北京各界人士一百余人隆重纪念泰戈尔诞辰130周年和逝世50周年	本记	南亚研究	第3期	10月1日	
1992年	"不是为那些害怕大潮的胆小鬼谱写的颂歌"：观泰戈尔和印度现代舞剧《纸牌王国》	欧建平	舞蹈	第1期		
	在海外哲学论坛上 记泰戈尔逝世50周年国际学术会议	于平	中国哲学年鉴		1月1日	
	外国文学 泰戈尔爱情诗选	方厚枢 主编	中国出版年鉴		1月1日	
	中国民主同盟杭州市委员会 印度向民盟盟员魏风江赠送泰戈尔塑像	梁克鼎	杭州年鉴		1月1日	
	泰戈尔的预见及其对当代的影响——巫白慧教授参加泰戈尔逝世50周年 国际学术讨论会的学术观感		齐齐哈尔师范学院学报（哲学社会科学版）	第1期	3月1日	
	泰戈尔政治思想评介——纪念泰戈尔诞辰130周年	郭晨风	南亚研究季刊	第1期	4月1日	
	评泰戈尔提倡复活"东方文化"及其反响	刘炎生	江西社会科学	第2期	4月30日	

(续表)

年份	题目/书名	作者	刊物/书目/出版社	期数/页数	日期	其他
	自然与泰戈尔诗歌的爱情旋律——从《新月集》、《园丁集》到《吉檀佳里》	李咏吟；黄小苹	绍兴师专学报	第3期	6月29日	
	泰戈尔在太原		山西大学学报（哲学社会科学版）	第2期	7月1日	
	从郭沫若对于泰戈尔"神像"的批判谈到郭沫若早期思想变化	丁言模	郭沫若学刊	第2期	7月1日	
	论泰戈尔美学思想的民族继承性	雨田	西北师大学报（社会科学版）	第5期	7月19日	
	真、谐之境：陶渊明与泰戈尔的艺术人生	艾可知	益阳师专学报	第4期	8月28日	
	泰戈尔与音乐	赵佳梓	人民音乐	第10期	10月27日	
	诗人泰戈尔——印度现代绘画的先驱	王镛	名作欣赏	第5期	10月27日	
	泰戈尔的民族教育思想	吴国珍	民族教育研究	第4期	12月30日	
	泰戈尔诗歌中的原型	徐坤	南亚研究	第4期	12月30日	
	泰戈尔与印度电影	崔岩砺	南亚研究	第4期	12月30日	
	泰戈尔的预见及其对当代的影响：巫白慧教授参加泰戈尔逝世50周年国际学术讨论会的学术观感		齐齐哈尔师范学院学报	第1期		
	泰戈尔的艺术生涯	余祥基	艺术世界	第2期		
	评泰戈尔提倡复活"东方文化"及其影响	刘炎生	江西社会科学	第2期		
	真谐之境：陶渊明与泰戈尔的艺术人生	艾可知	益阳师专学报	第4期		
	论泰戈尔的短篇小说《弃绝》	陈榕	天水学刊	第4期		
	泰戈尔诗歌的意象	（印）辛格著 徐坤译	沈阳出版社	9月出版		

(续表)

年份	题目/书名	作者	刊物/书目/出版社	期数/页数	日期	其他
	泰戈尔	宫静著	台北：东大图书公司			
1993年	新书选介 泰戈尔	孙晶	中国哲学年鉴		1月1日	
	创作部分 致泰戈尔	晓歌	中国诗歌年鉴		1月1日	
	洁白的茉莉 纯真的童心——读泰戈尔《第一次的茉莉》	张明曙	师范教育	第3期	4月1日	
	论泰戈尔的儿童文学创作	侯传文	外国文学评论	第1期	4月2日	
	论泰戈尔的散文诗	何乃英	南亚研究	第1期	4月2日	
	一篇引人入胜的诗意小说——泰戈尔《摩诃摩耶》赏析	章无忌	名作欣赏	第3期	6月30日	
	泰戈尔与中国文人	徐坤	南亚研究	第3期	10月1日	
	泰戈尔与川端康成人生观及其创作比较谈	乔丽媛	辽宁教育学院学报	第4期	12月31日	
	自由的飞鸟，灵魂的印迹：简析泰戈尔的《飞鸟集》	聂明澈	沈阳师范学报	第3期		
	浅析泰戈尔戏剧的人道主义思想	邹节成	吉安师专学报	第4期		
	印度大诗人泰戈尔	张光璘	蓝天出版社			
	中印人民友好关系史	林承节	北京大学出版社			
1994年	亚洲文学 泰戈尔哲理抒情妙语精华	陈浩	中国图书年鉴		1月1日	
	王统照与泰戈尔	姚淑英	松辽学刊（社会科学版）	第1期	2月5日	
	泰戈尔小说《弃绝》的结构特点	杨益萍	中文自学指导	第2期	2月15日	
	缩写泰戈尔	肖复兴	文学自由谈	第1期	2月15日	
	戛戛独造 金针度人——评《泰戈尔诗歌的意象》	李建欣	中国图书评论		2月15日	
	泰戈尔短篇小说中的悲剧意识	方爱武	池州师专学报	第1期	2月15日	

(续表)

年份	题目/书名	作者	刊物/书目/出版社	期数/页数	日期	其他
	泰戈尔与比较文学	孟昭毅	南亚研究	第1期	2月15日	
	泰戈尔诗的哲理意蕴	杨沐	贵州师范大学学报（社会科学版）	第1期	2月20日	
	泰戈尔短篇小说中的女性形象	邹节成	井冈山师范学院学报	第1期	2月28日	
	泰戈尔中期抒情诗的美学特征	姚瑞祥	江苏广播电视大学学报	第1期	3月28日	
	郭沫若与泰戈尔	袁荻涌	柳州师专学报	第1期	3月30日	
	一轮含爱溢美的新月——泰戈尔《新月集》思想艺术浅谈	彭子文	西昌师专学报（哲学社会科学版）	第3期	8月15日	
	泰戈尔抒情诗窥微	五燕	铁道师院学报	第3期	8月15日	
	论泰戈尔的《园丁集》	邹节成	井冈山师范学院学报	第4期	8月30日	
	泰戈尔与印度国际大学中国学院的建立	林立	史学月刊	第5期	9月25日	
	泰戈尔《摩诃摩耶》再探	王群	景德镇高专学报	第3期	9月30日	
	点点流萤 熠熠生辉——试评泰戈尔《流萤集》	邹节成	井冈山师范学院学报	第5期	10月30日	
	泛神论与泰戈尔散文诗的生命探索	蒋登科	西南师范大学学报（哲学社会科学版）	第4期	11月15日	
	泰戈尔短篇小说中的抒情风格	刘建	南亚研究	第4期	11月15日	
	泰戈尔的恋情	王基高	世界文化	第4期	11月20日	
	泰戈尔短篇小说特色浅说	钱琪	丹东师专学报	第4期	11月25日	
	郭沫若与泰戈尔	袁荻涌	开封大学学报	第4期	12月25日	
	泰戈尔对自然的情感态度略说	石秀峰	文科教学	第2期	12月30日	

（续表）

年份	题目/书名	作者	刊物/书目/出版社	期数/页数	日期	其他
	点点流萤熠熠生辉：试评泰戈尔《流萤集》	邹节成	吉安师专学报	第5期		
	中国名家论泰戈尔	张光璘	中国华侨出版社			
1995年	试论泰戈尔《茅庐集》	邹节成	吉安师专学报	第1期		
	亚洲文学 泰戈尔散文选	李家文	中国图书年鉴		1月1日	
	郭沫若与泰戈尔	袁荻涌	文史杂志	第1期	2月10日	
	试论泰戈尔《茅庐集》	邹节成	井冈山师范学院学报	第1期	2月28日	
	试论泰戈尔《摩诃摩耶》的社会价值	尚晖	淄博师专学报	第1期	3月15日	
	论我国五四时期对泰戈尔的接受	侯传文	东方论坛（青岛大学学报）	第1期	3月30日	
	《吉檀迦利》为何给泰戈尔造就如此殊荣？	刘凯	雁北师院学报	第2期	4月15日	
	试论泰戈尔的教育思想和实践	董爱琴	绍兴师专学报（哲学社会科学版）	第2期	4月30日	
	王统照与泰戈尔	姚素英	东北师大学报	第3期	5月23日	
	试评泰戈尔的《游思集》	邹节成	井冈山师范学院学报	第3期	6月30日	
	论泰戈尔的审美理想	肖四新	宜昌师专学报	第2期	6月30日	
	泰戈尔在华影响的负面效应	徐坤	苏州铁道师院学报	第3期	8月15日	
	对日本侵略罪行的严正谴责——泰戈尔1938年给日本诗人野口的两封信	任鸣皋	前进论坛	第8期	8月30日	
	略论泰戈尔访华前后的东西文化论战	卢秉利	武陵学刊	第5期	10月30日	
	泰戈尔与冰心笔下的儿童	陈文颖	中国现代文学研究丛刊	第4期	11月15日	
	泰戈尔诗歌思想探析	李孝佺	青岛大学师范学院学报	第4期	11月15日	

(续表)

年份	题目/书名	作者	刊物/书目/出版社	期数/页数	日期	其他
	试评泰戈尔的《游思集》	邹节成	吉安师专学报	第3期		
	深刻隽永，清新淡雅：谈泰戈尔的诗歌创作	易徵	中文自修	第8期		
	炉火情（泰戈尔谈话录）	黛维·梅特丽娜 著，季羡林译	漓江出版社			
1996年	泰戈尔的哲学观和文学观研究要略	走江	东方丛刊	第2期		
	亚洲文学 泰戈尔文集	李国平	中国图书年鉴		1月1日	
	亚洲文学 大师文集·泰戈尔卷	刘春荣	中国图书年鉴		1月1日	
	外国文学 大师文集泰戈尔卷	刘菊兰 主编	中国出版年鉴		1月1日	
	封二画家简介：泰戈尔：多才多艺的伟人	王红枚	人民论坛	第3期	3月15日	
	在儿童的新月之国里——泰戈尔《新月集》艺术探微	杨正瑀	云南师范大学学报（哲学社会科学版）	第2期	4月25日	
	泰戈尔之孙的中国情结	赵守辉	北京政协	第6期	6月15日	
	泰戈尔《沉船》国内评论撮要	负业	广西社会科学	第4期	8月15日	
	泰戈尔《吉檀迦利》国内评论要端蠡测	梁潮	广西社会科学	第4期	8月15日	
	《吉檀迦利》何以给泰戈尔带来如此殊荣？	刘鹏；彭树满	冀东学刊	第4期	8月15日	
	论泰戈尔诗歌的理想主义	熊南雁	高等函授学报（哲学社会科学版）	第4期	8月25日	
	论泰戈尔审美理想的人文价值	雨田	西北师大学报（社会科学版）	第5期	10月30日	
	泰戈尔象征剧美学初探	孟昭毅	贵阳师专学报（社会科学版）	第4期	11月15日	
	泰戈尔《沉船》，国内评论撮要	负业	广西社会科学	第4期		

(续表)

年份	题目/书名	作者	刊物/书目/出版社	期数/页数	日期	其他
	泰戈尔	许庆龙 劳斌	团结出版社			
	泰戈尔		中国和平出版社			
	《诺贝尔奖获得者的青少年时代：泰戈尔的故事》	林久初	福建少年儿童出版社			
1997年	谈泰戈尔诗歌的意象性叙述	王纯菲	东方丛刊	第1、2期		
	德泽春风满心田——泰戈尔的弟子受重托	应民	党史纵横	第1期	1月15日	
	泰戈尔的中国情——中印友好佳话	刘作忠	党史纵横	第1期	1月15日	
	试论《奥义书》对泰戈尔《吉檀迦利》的影响	殷人平	四川外语学院学报	第1期	1月30日	
	简论泰戈尔诗歌的思想和艺术	孙力	商洛师专学报	第1期	2月15日	
	浅论泰戈尔诗歌的理想主义——兼及泰戈尔对于西方的意义	熊南雁	湖北师范学院学报（哲学社会科学版）	第1期	2月28日	
	浅谈泰戈尔的小说创作	董红钧	上海大学学报（社会科学版）	第2期	4月25日	
	泰戈尔与民族传统文化	邹节成	吉安师专学报	第3期	6月30日	
	泰戈尔诗歌艺术新论	吴惠敏；骆锦芳	云南教育学院学报	第4期	8月10日	
	对泰戈尔的崇仰与抛别	邓牛顿	郭沫若与东西方文化		10月1日	
	中外著名文学家故事：泰戈尔	越阳	四川少年儿童出版社			
	泰戈尔	杨非，金康城	海南出版社			
1998年	光明如一个赤身裸体的孩子《大师文集·泰戈尔卷》编辑札记	刘春荣	出版广角	第1期	1月15日	
	泰戈尔与郭沫若、冰心	何乃英	暨南学报（哲学社会科学）	第1期	1月20日	

(续表)

年份	题目/书名	作者	刊物/书目/出版社	期数/页数	日期	其他
	泰戈尔中国行	刘作忠	贵州文史天地	第1期	2月15日	
	世界上唯一为两国国歌作词作曲的人 印度诗圣泰戈尔	曹力	贵州文史天地	第1期	2月15日	
	深邃和谐的自由之歌——解读泰戈尔的《吉檀迦利》	光玲玲；范传新	淮北煤师院学报（社会科学版）	第1期	2月15日	
	冰心的散文与泰戈尔的爱的哲学	张彩凤；袁继坤	妇女学苑	第1期	2月15日	
	美是人生真理的亲证——泰戈尔的美学思想	曾祖荫；嘉川	华中师范大学学报（人文社会科学版）	第2期	3月27日	
	泰戈尔的中国情	刘作忠	文史春秋	第2期	4月15日	
	泰戈尔和谐的美学观	宫静	文艺研究	第3期	5月20日	
	说"我前世一定是中国人"的泰戈尔	刘作忠	炎黄春秋	第7期	7月15日	
	关于《泰戈尔评传》的两点思考	肖淑芬	锦州师范学院学报（哲学社会科学版）	第3期	7月15日	
	独特的形象塑造 娴熟的艺术技巧——读泰戈尔的《游思集（其一）》	黄珠凤	南京广播电视大学学报	1998/Z1	8月15日	
	泰戈尔风波	马少华	书屋	第5期	10月15日	
	徐志摩诗歌与泰戈尔诗歌比较研究	陈义海	盐城师专学报（哲学社会科学版）	第4期	10月25日	
	郭沫若与泰戈尔的散文诗	傅正乾	郭沫若学刊		11月15日	
	熔诗情与哲理于一炉——泰戈尔宗教诗歌评述	张德福	南亚研究季刊	第4期	12月30日	
	泰戈尔	郎芳、汉人	辽海出版社			
1999年	泰戈尔笔下的"寡妇世界"	肖淑芬	锦州师范学院学报（哲学社会科学版）	第1期	1月15日	

(续表)

年份	题目/书名	作者	刊物/书目/出版社	期数/页数	日期	其他
	生命的泉水与涅槃的快乐——试论泰戈尔对郭沫若早期戏剧的影响	李大朋	吉林艺术学院学报	第1期	2月15日	
	迷失的礼物——泰戈尔的《新月集》读后	飘絮	职业技术教育	第4期	2月20日	
	泰戈尔的散文诗和人生探索	邹节成	吉安师专学报	第1期	2月28日	
	泰戈尔的大山情怀	晓阳	世界文化	第2期	3月1日	
	试论郭沫若与泰戈尔抒情诗的泛神论思想	车永强	华南师范大学学报（社会科学版）	第2期	4月15日	
	中印文化交流史上的一次误会——泰戈尔来华引起的风波	孙宜学；郭洪涛	同济大学学报（社会科学版）	第3期	9月30日	
	泰戈尔的"人生亲证"——泰戈尔人学思想探析	牟宗艳	理论学刊	第6期	11月20日	
	寂园飞鸟——泰戈尔传	侯传文	河北人民出版社			
	寂寞飞鸟——泰戈尔传	侯传文	河北人民出版社		1月	
	圣地灵音——泰戈尔其人其作	北城	安徽文艺出版社		5月	
	印度文化史	（印）A·L·巴沙姆主编，闵光沛等译	商务印书馆			
	20世纪文学泰斗·泰戈尔	吴文辉	四川人民出版社			
2000年	不可测的魔力——读泰戈尔《新月集》	伊漪	东方艺术	第1期	1月28日	
	泰戈尔的文学观	邹节成	吉安师专学报	第1期	2月29日	
	国际大学与泰戈尔的教育思想	余菲平	湘潭师范学院学报（社会科学版）	第2期	3月12日	
	泰戈尔哲学思想与中国现代作家	秦林芳	山东师大学报（社会科学版）	第2期	3月30日	

(续表)

年份	题目/书名	作者	刊物/书目/出版社	期数/页数	日期	其他
	理想主义的现实主义——泰戈尔短篇小说创作风格略说	石秀峰	集宁师专学报	第1期	3月30日	
	童心与理想——沈从文与泰戈尔笔下的儿童世界之比较	杨玉珍	吉首大学学报（社会科学版）	第1期	3月30日	
	泰戈尔太原行	东林	民国春秋	第3期	5月25日	
	泰戈尔获得诺贝尔奖的前前后后	陈训明	中华读书报		7月5日	
	泰戈尔的诗歌鉴赏观点略说	石秀峰	阴山学刊	第4期	8月30日	
	泰戈尔的"中国诗歌"与中国的田园山水诗比较略说	秀峰	集宁师专学报	第3期	9月30日	
	黑洞亮了——从译泰戈尔诗赠徐迟谈起	金克木	群言	第10期	10月7日	
	泰戈尔小说《沉船》的审美意识特征略说	石秀峰	赤峰教育学院学报	第6期	12月15日	
	大师与女性——漫谈泰戈尔与身边及其笔下的女性	李祝亚	贵州民族学院学报（哲学社会科学版）	第4期	12月27日	
	在印度政府赠送北京大学泰戈尔铜像揭幕仪式上的讲话	季羡林；刘建	南亚研究	第2期	12月30日	
	泰戈尔	何乃英	新蕾出版社			
	泰戈尔：在西方文化中的误读	刘燕	见曹顺庆主编《迈向比较文学的新阶段》，四川人民出版社			
	泰戈尔全集	刘安武、倪培耕、白开元主编，刘安武译	河北教育出版社		12月	
	"当代南亚丛书"《当代印度》	雷启淮主编	四川人民出版社			

(续表)

年份	题目/书名	作者	刊物/书目/出版社	期数/页数	日期	其他
2001年	泰戈尔与中国	孙宜学	河北人民出版社		1月	
	胡适与泰戈尔	孙宜学	书屋	第3期	3月15日	
	邮品纪念泰戈尔	丁元	中国邮政报		4月27日	
	泰戈尔叙事诗	怡文	文学报		5月31日	
	泰戈尔的宗教思想	刘建	南亚研究	第1期		
	泰戈尔农村题材短篇小说管窥	杜鹃	连云港职业技术学院学报(综合版)	第2期	6月30日	
	辜鸿铭评说泰戈尔	英溪	中国现代文学研究丛刊	第3期	7月30日	
	人性化：泰戈尔教育思想主题初探	刘自觉	山西大学师范学院学报	第3期	9月25日	
	生命·人格·上帝——泰戈尔、尼采比较研究	张莉	烟台师范学院学报(哲学社会科学版)	第3期	9月30日	
	泰戈尔是幸运的	郁龙余	读书	第10期	10月10日	
	泰戈尔诗歌论略	张中宇	安徽教育学院学报	第5期	10月28日	
	泰戈尔小说中的妇女观	谭洁	山西师大学报(社会科学版)	第4期	11月25日	
	印度人民的儿子——泰戈尔	刘开文	中国邮政报		12月14日	
	泰戈尔的哲学思想	朱明忠	南亚研究	第2期	12月30日	
	泰戈尔1924年访华在中国知识界的反响	尹锡南等	南亚研究季刊	第4期	12月30日	
	泰戈尔《吉檀迦利》的宗教思想试析	欧东明	南亚研究季刊	第4期	12月30日	
	胡适与20年代"泰戈尔之战"	孙宜学	人物	第10期		
	《泰戈尔诗选》导读	何乃英	辽宁大学出版社			
	泰戈尔谈中国	沈益洪编	浙江文艺出版社			
	泰戈尔诗选导读	何乃英	辽宁大学出版社			
	解读泰戈尔	郝岚	京华出版社		1月	

（续表）

年份	题目/书名	作者	刊物/书目/出版社	期数/页数	日期	其他
2002年	文学艺术 泰戈尔小说中的妇女观	潘胡锁	山西年鉴		1月1日	
	全面认识泰戈尔 深入理解泰戈尔——喜读《泰戈尔全集》	何乃英	国外文学	第1期	2月25日	
	泰戈尔文学起源思想探析	魏丽明	国外文学	第1期	2月25日	
	冰心小诗与泰戈尔、松尾芭蕉	李娟；廖锋	黔东南民族师专学报	第1期	2月25日	
	泰戈尔与中国现代文学	张羽	东北师范大学		3月1日	
	冰心小诗与泰戈尔、松尾芭蕉	廖锋	和田师范专科学校学报	第1期	3月15日	
	郭沫若与泰戈尔：认知与转变	杨建民	中华读书报		4月17日	
	泰戈尔与冰心诗歌宗教精神的比较分析	李骞	云南民族学院学报（哲学社会科学版）	第2期	4月25日	
	泰戈尔的文明观及其在东西方的反响	尹锡南	四川大学		5月13日	
	泰戈尔与西方	胡勇前	书屋	第5期	5月15日	
	鲁迅与泰戈尔	秦弓	鲁迅研究月刊		5月30日	
	泰戈尔眼中的东方和西方	石海峻	南亚研究	第1期	6月30日	
	解读泰戈尔获诺贝尔文学奖	尹锡兰	东方丛刊（广西师范大学中文系）	第2辑		
	"泰戈尔热"——五四时期翻译文学研究之一	秦弓	中国社会科学院研究生院学报	第4期	7月13日	
	泰戈尔是幸运的	郁龙余	师道	第3期		
	泰戈尔的自然观与自然诗	郁龙余	文史哲	第4期	7月29日	
	周作人对泰戈尔的误解	英溪	中国现代文学研究丛刊	第3期	7月30日	
	陈独秀的泰戈尔观	英溪	中国现代文学研究丛刊	第3期	7月30日	

(续表)

年份	题目/书名	作者	刊物/书目/出版社	期数/页数	日期	其他
	陈独秀与泰戈尔——一个有关"东方文化"的沉重话题	胡明	文艺争鸣	第5期	9月23日	
	泰戈尔散文诗的特色和中国品质	张思齐	兰州大学学报	第5期	10月10日	
	泰戈尔泛爱思想对徐志摩的影响	郝清菊	濮阳教育学院学报	第4期	11月20日	
	泰戈尔不是东方人吗	张戬	咬文嚼字	第12期	12月15日	
	试论泰戈尔短篇小说中的审美意象	苏永旭；赵晓玲	河南教育学院学报（哲学社会科学版）	第4期	12月30日	
	佛地梵天·印度宗教文明	欧东明	四川人民出版社		4月	
	泰戈尔	白开元等译	国际文化出版社			
2003年	各国文学 I000576 泰戈尔英诗汉译 飞鸟集 流萤集	李冰晨	中国图书年鉴		1月1日	
	外国人物传记 K000321 泰戈尔	杨牧之 主编	中国图书年鉴		1月1日	
	泰戈尔短篇小说的诗化特征	董红钧	上海大学学报（社会科学版）	第1期	1月15日	
	泰戈尔散文诗的创作和理论（上）——以中国宋代诗学为参照系的印度诗学比较研究	张思齐	阴山学刊	第1期	1月20日	
	瞿秋白论泰戈尔（一）	王文强	常州师范专科学校学报	第1期	2月15日	
	泰戈尔作品在中国的流传及影响	牛水莲	商丘师范学院学报	第1期	2月28日	
	父亲记忆中的泰戈尔来并讲学	崔霆钧	文史月刊	第3期	3月1日	
	泰戈尔散文诗的创作和理论（下）——以中国宋代诗学为参照系的印度诗学比较研究	张思齐	阴山学刊	第2期	3月20日	

(续表)

年份	题目/书名	作者	刊物/书目/出版社	期数/页数	日期	其他
	圆融的生——泰戈尔诗歌中的生命意识	彭立鸿	渝西学院学报（社会科学版）	第1期	3月30日	
	泛神论与"爱"的哲学——郭沫若与冰心接受泰戈尔的不同向度	杨华丽	胜利油田师范专科学校学报	第1期	3月30日	
	印度诗歌及泰戈尔对我国新诗诗体建设的影响	王珂	新疆师范大学学报（哲学社会科学版）	第3期	3月30日	
	泰戈尔·叶芝·庞德	杨建民	中华读书报		4月9日	
	泰戈尔：在西方现代文化中的误读以《吉檀迦利》为个案研究	刘燕	外国文学研究	第2期	4月25日	
	传统与现代爱情婚姻观的碰撞——读泰戈尔《沉船》	丁兴魁	河南图书馆学刊	第2期	4月25日	
	泰戈尔与中国抗日战争	高其荣	文史杂志	第3期	5月30日	
	试探泰戈尔恋母情结的成因及对其诗歌创作的影响	王贵发；陈全明	贵阳金筑大学学报	第3期	6月15日	
	泰戈尔：在中国现代文化中的误读——以《吉檀迦利》为个案研究	刘燕	新疆大学学报（哲学社会科学版）	第2期	6月21日	
	论泰戈尔的儿童美育思想	何胜	杭州师范学院学报（自然科学版）	第3期	6月25日	
	从冰心、泰戈尔的主体经验看翻译中积极接受的重要性	林佩璇	福建省外国语文学会2003年年会论文集		6月30日	
	从现实走向理想的悲歌——评泰戈尔的象征主义戏剧《邮局》	冉东平	广州大学学报（社会科学版）	第6期	7月30日	
	泰戈尔的中国情结	孙闻浪	湖北档案	第8期	8月15日	
	泰戈尔宗教诗歌中的文化内涵	张德福	外语研究	第4期	8月15日	
	陈独秀组织对泰戈尔的"围攻"——近世名人未刊函电过眼录	杨天石	百年潮	第8期	8月15日	

（续表）

年份	题目/书名	作者	刊物/书目/出版社	期数/页数	日期	其他
	短暂与恒久——论郭沫若与冰心对泰戈尔的不同接受	杨华丽	乐山师范学院学报	第8期	8月20日	
	20世纪初印度文豪泰戈尔访华逸事	孙闻浪	中国档案报		8月29日	
	我家有张泰戈尔相片	杨小佛	世纪	第5期	9月15日	
	浅谈泰戈尔散文诗创作时期的思想意识	曹宇旗	郑州经济管理干部学院学报	第3期	9月30日	
	泰戈尔关注东方对当代国际政治的启示	尹锡南	南亚研究季刊	第3期	9月30日	
	泰戈尔与许地山、冰心笔下的女性世界之比较	张羽	学术交流	第10期	10月25日	
	泰戈尔给中国文化名人的三首赠诗	白开元	印度文学研究集刊	第6期	11月	
	泰戈尔来访中国纪事	孙闻浪	文史春秋	第11期	11月10日	
	泰戈尔《吉檀迦利》的宗教内涵	苏蔓	成都航空职业技术学院学报	第4期	11月15日	
	王统照小说与泰戈尔的影响	顾国柱	上海财经大学学报	第6期	12月20日	
	泰戈尔诗学与西方文论	侯传文	外国文学研究	第6期	12月25日	
	自由主义民族主义——泰戈尔民族主义思想探析	周骅	湘潭大学社会科学学报（研究生论丛）	2003/S1	12月30日	
	世界文明视野中的泰戈尔	尹锡南	巴蜀出版社			
	泰戈尔文学作品研究	唐仁虎等	昆仑出版社			
2004年	学术成果·论文 论泰戈尔的韵律诗学	侯传文	中国学术年鉴（人文社会科学版）		1月1日	
	论泰戈尔的韵律诗学	侯传文	外国文学评论	第1期	2月18日	
	瞿秋白《太戈尔的国家观与东方》读解——瞿秋白论泰戈尔（二）	王文强	常州工学院学报	第1期	2月29日	
	童真与想像中的诗意——读泰戈尔《纸船》	李云雷	语文建设	第3期	3月13日	

（续表）

年份	题目/书名	作者	刊物/书目/出版社	期数/页数	日期	其他
	"泰戈尔情诗"与网络误传	黄团元	学习月刊	第4期	4月25日	
	论泰戈尔的象征剧	周骅	湘潭大学		5月1日	
	试论泰戈尔中篇小说中的女性形象及其思想内涵	曾琼	湘潭大学		5月1日	
	"五四"时期的思想文化斗争——以泰戈尔访华为中心	郑大华	光明日报		6月8日	
	泰戈尔《新月集》爱的主题论析	胡舒莉	长江大学学报（社会科学版）	第3期	6月30日	
	20年代泰戈尔的接受以及闻一多格律诗的变奏	邓捷	2004年闻一多国际学术研讨会论文选		6月30日	
	泰戈尔访华与五四时期的思想文化论争	郑大华	"1920年代的中国"国际学术研讨会论文集		7月1日	
	诗与思的张力——细读泰戈尔诗选三首	侯传文	名作欣赏	第8期	8月1日	
	你是天空，你也是鸟巢——浅论泰戈尔英文诗歌《吉檀迦利》的泛神论思想	吴燕	广西青年干部学院学报	第4期	8月30日	
	话语转型与诗学对话	侯传文	四川大学		9月15日	
	水雾缭绕的峰峦——我演泰戈尔	石维坚	中国戏剧	第11期	11月30日	
	泰戈尔论印度社会问题	尹锡南	南亚研究	第2期	12月30日	
	读《吉檀迦利》，体会泰戈尔的艺术观	宋悦	石家庄经济学院学报	第6期	12月30日	
	泰戈尔与中国现代文学	张羽	云南人民出版社			
	梵典与华章——印度作家与中国文化	郁龙余等	宁夏人民出版社			
	泰戈尔，你属于谁	《人文素养读本》编委会	北岳文艺出版社			
2005年	泰戈尔在美国的冷遇	周晓云	中华读书报		1月5日	

(续表)

年份	题目/书名	作者	刊物/书目/出版社	期数/页数	日期	其他
	泰戈尔妇女观新探	杨玉珍	湖南社会科学	第1期	1月30日	
	东方诗学的话语转型——从泰戈尔诗学的几个关键词说起	侯传文	山东社会科学	第2期	2月5日	
	胡适与泰戈尔访华	史云波；董德福	安徽史学	第1期	2月15日	
	生命的永恒——激情与爱——简评泰戈尔散文诗集《吉檀迦利》	黄元英	渝西学院学报（社会科学版）		2月28日	
	诗学对话与文化输出——泰戈尔诗学比较研究余论	侯传文	求索	第2期	2月28日	
	错位的现代性——评20年代泰戈尔与陈独秀的冲突	任惠敏	鲁迅研究月刊	第3期	3月15日	
	中国知识分子对泰戈尔来华事件的误读	任文惠	首都师范大学		4月1日	
	泰戈尔与"五四"新诗	张娟	曲阜师范大学		4月1日	
	泰戈尔文学作品中的宗教体验	李金云	福建师范大学		4月1日	
	《女神》与日本泰戈尔热	刘静	江汉论坛	第5期	5月25日	
	泰戈尔的中国梦在这里实现——印度国际大学中国学院概览	李明	世界汉学	第1期	5月30日	
	建国以来的"泰戈尔与中国现代文学"研究综述	张娟	新余高专学报	第3期	6月30日	
	泰戈尔与中国	孙宜学	广西师范大学出版社		7月	
	从冰心、泰戈尔的主体经验看翻译中积极接受的重要性	林佩璇	福州大学学报（哲学社会科学版）	第3期	7月20日	
	泰戈尔的艺术理论初探	杨晓莲	四川外语学院学报	第4期	7月25日	

(续表)

年份	题目/书名	作者	刊物/书目/出版社	期数/页数	日期	其他
	论泰戈尔戏剧在中国的"冷遇"	杨玉珍	外国文学研究	第4期	8月25日	
	泰戈尔诗学和谐论	侯传文	东方论坛.青岛大学学报	第4期	8月30日	
	徐志摩如何"捧杀"了泰戈尔	孙宜学	书屋	第9期	9月6日	
	泰戈尔论诗歌	侯传文	外国文学研究	第5期	10月25日	
	泰戈尔·叶芝·庞德	杨建民	世界文化	第11期	11月1日	
	泰戈尔的中文笔名	沈琴	文史杂志	第6期	11月25日	
	童真的美与善——泰戈尔《新月集》解读	伊漪	闽江学院学报	第6期	12月25日	
	论泰戈尔前期诗学思想	侯传文	南亚研究	2005/S1	12月30日	
	发现泰戈尔—影响世界的东方诗哲	尹锡南	台湾圆神出版社有限公司			
	《发现泰戈尔》在台湾出版	酉阳	南亚研究季刊	第4期	12月30日	
	泰戈尔画传	董友忱	华文出版社			
2006年	各国文学 I000223 泰戈尔诗集（中英文）	姚虹云	中国图书年鉴		1月1日	
	泰戈尔爱的哲学思想与"五四"新诗	张娟	唐山师范学院学报	第1期	1月20日	
	浅析泰戈尔诗歌的哲理意蕴	李雪梅	潍坊学院学报	第1期	1月30日	
	泰戈尔"人格论"探析	侯传文	外国文学评论	第1期	2月18日	
	《吉檀迦利》的赏析及有关译作评价思考——从泰戈尔到谢冰心	夏学胜；郦国兴	江西农业大学学报（社会科学版）	第1期	3月30日	
	泰戈尔美感学说探幽	张计森；邰润科	吕梁教育学院学报	第1期	3月30日	
	泰戈尔的中国笔名	沈琴	文史博览	第7期	4月5日	
	泰戈尔筹建中国学院始末	宁军	文史精华	第4期	4月6日	

（续表）

年份	题目/书名	作者	刊物/书目/出版社	期数/页数	日期	其他
	泰戈尔的散文诗与印度古典诗学	梁玲华	茂名学院学报	第2期	4月30日	
	略谈泰戈尔歌词的思想与艺术	张笛	山西青年管理干部学院学报	第2期	5月20日	
	泰戈尔与小狗	凌大	咬文嚼字	第6期	6月1日	
	谁的泰戈尔？——读《泰戈尔与中国》	留白	社会观察	第6期	6月10日	
	"泛神论"之与泰戈尔和郭沫若	卜红	中国土族	第2期	6月15日	
	中文泰戈尔传记文学作品简析	曾琼；刘曙雄	南亚研究	第1期	6月30日	
	泰戈尔访华与20世纪20年代中国文坛	杨萌芽	中州学刊	第4期	7月10日	
	泰戈尔潮在中国	卡玛尔·都塔；阿蒂提·贾；李会学	长江学术	第3期	7月15日	
	对中文泰戈尔传记文学的再思考	刘曙雄；曾琼	长江学术	第3期	7月15日	
	试论泰戈尔小说与戏剧创作中的象征主义构成	王燕	苏州科技学院学报（社会科学版）	第3期	8月30日	
	从《孟加拉风情》看乡村生活经历对泰戈尔的影响	石秀峰	集宁师专学报	第3期	9月30日	
	浅谈冰心对泰戈尔的译介	刘学云；訾小广	高等函授学报（哲学社会科学版）	第5期	10月25日	
	泰戈尔的东方传统与西方情结	韩斌育	世界文学评论	第2期	10月30日	
	从泰戈尔的两次访沪看其对中国新文学的意义	宋炳辉	都市文化——文学学术研讨会论文集		11月1日	
	1924年泰戈尔在清华活动考证	金富军	南亚研究季刊	第4期	11月30日	
	印度与中国—两大文明的交往和激荡	谭中、耿引曾	商务印书馆			

（续表）

年份	题目/书名	作者	刊物/书目/出版社	期数/页数	日期	其他
	走在世界与印度的连接线上—东方诗哲泰戈尔	王志艳	延边人民出版社			
2007年	泰戈尔与中国现代诗学	侯传文	文学评论	第1期	1月15日	
	爱的魔力——读泰戈尔《新月集》有感	周霞；陈璐	科教文汇（上旬刊）	第2期	2月5日	
	历史的契机 文化的融通——泰戈尔获诺贝尔文学奖之因探寻	袁梅	西南交通大学学报（社会科学版）	第1期	2月28日	
	对陈独秀批判泰戈尔复活"东方文化"的反思	艾丹	安庆师范学院学报（社会科学版）	第3期	3月25日	
	印度苏非派哲学与泰戈尔的宗教神秘主义	李文斌	湖北师范学院学报（哲学社会科学版）	第2期	3月26日	
	泰戈尔美学思想研究	李文斌	华中师范大学		4月1日	
	从泰戈尔诗的汉译看五四时期新诗语言的发展	王杨	苏州大学		4月1日	
	泰戈尔象征剧研究	丛萍	青岛大学		4月28日	
	泰戈尔自然诗、自然观、自然美学研究	郝玉芳	青岛大学		5月6日	
	泰戈尔笔下的中国形象	王汝良	青岛大学		5月8日	
	泰戈尔生态伦理思想研究	杨斌鑫	内蒙古大学		6月4日	
	泰戈尔短篇小说中的女性之死	丁瑜	株洲师范高等专科学校学报	第3期	6月15日	
	泰戈尔《孩子天使》赏析	徐艺玮	文学教育（上）	第6期	6月15日	
	误读中的驱逐：陈独秀对泰戈尔的批判	艾丹	党史研究与教学		6月25日	
	莫泊桑与泰戈尔短篇小说创作手法比较	杜鹃	中山大学学报论丛	第7期	7月15日	
	新时期郭沫若与泰戈尔关系研究回眸	石燕京	当代视野下的郭沫若研究		7月22日	

(续表)

年份	题目/书名	作者	刊物/书目/出版社	期数/页数	日期	其他
	爱的宗教哲学——冰心与泰戈尔诗歌之比较	韩燕红	名作欣赏	第16期	8月1日	
	诗化的人与人化的自然——论泰戈尔散文诗中的人与自然	姚佳妮	韩山师范学院学报	第5期	10月15日	
	浅谈泰戈尔的和谐教育思想	刘风云	现代教育科学	第10期	10月20日	
	陶渊明与泰戈尔诗中鸟的意象之异同	王娜	世界文学评论	第2期	10月31日	
	泰戈尔作品在中国的研究及翻译现状的思考	李金云	苏州科技学院学报(社会科学版)	第4期	11月15日	
	泰戈尔小说中的女性	施恩庄	科技信息(科学教研)	第33期	11月20日	
	泰戈尔戏剧中的宗教冲突及其解脱	徐志啸；李金云	社会科学战线	第6期	11月25日	
	泰戈尔论诗的接受	侯传文	外国文学	第6期	11月28日	
	泰戈尔与抗战	傅宁军	海内与海外	第8期		
	泰戈尔的中国情结	吕春	党史文汇	第12期	12月12日	
	抗日期间泰戈尔的中国情结	吕春	福建党史月刊	第12期	12月15日	
	论泰戈尔的自然观	郝玉芳	东方论坛	第6期	12月15日	
	瘠寐中的泰戈尔	高思义	中国时代经济出版社			
	不欢而散的文化聚会——泰戈尔来华讲演及论争	孙宜学	安徽教育出版社			
2008年	论泰戈尔散文诗集《吉檀迦利》的东西方文化双重影响	谭立	黑龙江史志	第2期	1月23日	
	中国现代文化史上的"泰戈尔热"——五四学界对泰戈尔的译介与研究(1920~1924)	艾丹	甘肃社会科学	第1期	1月25日	

(续表)

年份	题目/书名	作者	刊物/书目/出版社	期数/页数	日期	其他
	郭沫若接受泰戈尔心因探微——郭沫若与泰戈尔新论（之一）	石燕京	四川戏剧	第1期	1月25日	
	民族意识与世界意识的纠缠——从泰戈尔在中国的接受看20世纪文学思潮的一个侧面	宋炳辉	复旦学报（社会科学版）	第1期	1月25日	
	苦吟并求索教育自由王国的胡适和泰戈尔	翟广顺	天津市教科院学报	第1期	2月25日	
	从多元系统论看泰戈尔英诗汉译	张晓梅	华中师范大学		4月1日	
	泰戈尔诗歌中的生命美学建构	王秋君	陕西师范大学		4月1日	
	泰戈尔与现代性	周静	青岛大学		5月9日	
	泰戈尔诗学情味论	侯传文	中国海洋大学学报（社会科学版）	第3期	5月10日	
	郭沫若接受泰戈尔心因探微——郭沫若与泰戈尔新论（之二）	石燕京	四川戏剧	第3期	5月25日	
	试论泰戈尔诗歌的艺术特色	杨兰	才智	第11期	6月8日	
	甘地与泰戈尔对于科学问题的不同态度		南亚研究		6月15日	
	季羡林与泰戈尔	班固志;刘建	南亚研究	第1期	6月15日	
	自译：一种特殊形态的翻译——泰戈尔诗歌自译辨析	岳志华;霍俊明	北京教育学院学报	第2期	6月20日	
	泰戈尔来华对中国思想界的影响	董燕静	复旦大学		7月10日	
	泰戈尔对我国两位翻译家的影响	范晔	齐齐哈尔大学学报（哲学社会科学版）	第4期	7月15日	
	论泰戈尔诗歌中的思想性	刘舒展	科教文汇（上旬刊）	第8期	8月10日	
	张闻天的泰戈尔观	艾丹	党史研究与教学	第4期	8月25日	

(续表)

年份	题目/书名	作者	刊物/书目/出版社	期数/页数	日期	其他
	泰戈尔自然观中的生态哲学思想	李文斌	江汉大学学报（人文科学版）	第4期	8月31日	
	郑振铎与泰戈尔	冯新华	绥化学院学报	第5期	10月15日	
	泰戈尔泛神论思想与中国诗歌的现代转型	张娟	华南农业大学学报（社会科学版）	第4期	10月20日	
	泰戈尔究竟怎样影响了郭沫若	魏建	郭沫若研究三十年		11月14日	
	泰戈尔《河边的台阶》的结构主义文本分析	李渝	西南石油大学学报（社会科学版）	2008/00	11月15日	
2009年	泰戈尔自然美学简论	郝玉芳	燕山大学学报（哲学社会科学版）	第1期	3月15日	
	文化碰撞与心灵对话——徐志摩"康桥情结"与泰戈尔"人类第三期世界"比较研究	戴前伦	江西社会科学	第4期	4月25日	
	诗人的精神—泰戈尔在中国	孙宜学编	江西高校出版社		5月	
	泰戈尔女性思想嬗变	宋小娟	陕西师范大学		5月1日	
	后殖民语境下对泰戈尔民族观的再解读	徐雪涛	湖北社会科学	第5期	5月10日	
	泰戈尔究竟怎样影响了郭沫若	魏建	中国现代文学研究丛刊	第3期	5月15日	
	谈泰戈尔对中国现代文学的贡献	徐艳萍；谢娟	唐都学刊	第3期	5月15日	
	生态文明视阈中的泰戈尔	侯传文	外国文学评论	第2期	5月18日	
	"泰戈尔诗歌精选"丛书出版		外国文学		5月28日	
	中印文化哲学：泰戈尔与道家	侯传文	东方丛刊	第2期	6月15日	
	殖民地时期印度法律的文学书写——泰戈尔短篇小说《原来如此》的法律内涵	王鸿博	南亚研究	第2期	6月20日	

（续表）

年份	题目/书名	作者	刊物/书目/出版社	期数/页数	日期	其他
	泰戈尔笔下的中国形象	王汝良	东方论坛	第4期	8月15日	
	论泰戈尔思想和文学创作中的宗教元素	李金云	复旦大学		10月10日	
	阎锡山与泰戈尔	相京	文史天地	第11期	11月3日	
	与泰戈尔同行	徐德兰	江苏教育报		11月9日	
	泰戈尔散文诗对"五四"新诗体式的影响	张娟	齐鲁学刊	第6期	11月15日	
	从《戈拉》看泰戈尔对印度传统文化的态度	王转先	山西煤炭管理干部学院学报	第4期	11月25日	
	泰戈尔戏剧思想初探	侯传文	东方论坛	第6期	12月15日	
	泰戈尔与唯美主义	侯传文；王汝良	青岛大学师范学院学报	第4期	12月20日	
	"挟洋自重"和"借光自照"——1999年英文版《泰戈尔在中国的讲演》的启示	魏丽明	南亚研究	第4期	12月20日	
	《印度两大史诗和泰戈尔作品中的女性人物研究》	毛世昌	兰州大学出版社			
2010年	泰戈尔与现代主义	侯传文	中国海洋大学学报（社会科学版）	第1期	1月10日	
	论泰戈尔对中国现代早期散文诗的艺术影响	黄兵；朱必甲	咸宁学院学报	第1期	1月15日	
	叶芝、泰戈尔"神秘主义"的契合之处及意义	董洋	美与时代（下半月）	第1期	1月30日	
	泰戈尔游记中的东方与西方	傅馨蕾	科技信息	第4期	2月5日	
	哈佛大学举行"泰戈尔及其时代的亚洲观"学术会议	曾琼	国外文学	第1期	2月25日	
	泰戈尔与老子之"和谐论"哲学美学观的阐释与比较	王晓声	柳州师专学报	第2期	4月15日	

(续表)

年份	题目/书名	作者	刊物/书目/出版社	期数/页数	日期	其他
	诗化的哲学自然观——浅析泰戈尔与陶渊明诗歌中自然观之表现	舒子芹	北方文学（下半月）	第2期	4月25日	
	泰戈尔访华与革命文学初潮——从1924年泰戈尔访华讲学受到抵制说起	尹奇岭	安徽大学学报（哲学社会科学版）	第3期	5月10日	
	理解泰戈尔：新视野和新研究	泰昆	国外文学	第2期	5月25日	
	泰戈尔短篇小说的灵幻叙述与悲剧内涵	韩斌育	西华师范大学学报（哲学社会科学版）	第3期	5月25日	
	浅析泰戈尔小说中的女性形象	蒋明霞	文学界（理论版）	第5期	5月25日	
	泰戈尔国际学术研讨会在新加坡举行	尹锡南	南亚研究	第2期	6月20日	
	封闭的开放：泰戈尔1924年访华的遭遇	彭姗姗	清华大学学报（哲学社会科学版）	第4期	7月15日	
	泰戈尔与阎锡山因"乡村"结缘	相京	政府法制	第21期	7月20日	
	泰戈尔的音乐创作实践及其音乐美观	李文斌	江汉大学学报（人文科学版）	第4期	8月1日	
	泰戈尔与徐志摩：中印两颗诗心的碰撞与融合	王艳玲	兰台世界	第15期	8月1日	
	泰戈尔人格论的宗教内涵	李金云	理论界	第8期	8月10日	
	和谐的交响：泰戈尔诗歌的生态解读	韩飞虎	怀化学院学报	第8期	8月28日	
	泰戈尔与五四时期的思想文化论争	艾丹	人民出版社		10月	
	泰戈尔的婚姻观与婚姻实践	董友忱	长江学术	第4期	10月15日	
	泰戈尔的思想倾向与诗学特征	张思齐	大连大学学报	第5期	10月25日	
	80年后，泰戈尔的纷争还在	石剑峰	东方早报		11月1日	

(续表)

年份	题目/书名	作者	刊物/书目/出版社	期数/页数	日期	其他
	泰戈尔，中国和对民族主义的批评（节选）	帕沙·查特吉讲，王立秋译	南方周末		11月3日	
	科学与艺术：山顶上会合——欣赏泰戈尔《飞鸟集》	王直华	科技潮	第11期	11月5日	
	印度总统2010年5月访华时的讲话、致辞和2010年7月关于《泰戈尔作品集》中文版的翻译出版的祝词	普拉蒂巴·帕蒂尔；张晓红	深圳大学学报（人文社会科学版）	第6期	11月15日	
	"愿你们做中印文化交流的使者"	杜尚泽；廖政军；王磊	人民日报		12月16日	
	泰戈尔与中国	王邦维、谭中主编	中央编译出版社			
	话语转型与诗学对话：泰戈尔诗学比较研究	侯传文	中国社会科学出版社		5月	
2011年	批判与反思——泰戈尔女性思想解读	王中英	河北北方学院学报（社会科学版）	第1期	1月10日	
	泰戈尔与中国	阿莫尔多·沈；黄蓉	深圳大学学报（人文社会科学版）	第1期	1月15日	
	时代的误会：中国早期翻译介绍泰戈尔的三个阶段及两种态度	孙宜学	东方翻译	第3期		
	加强中印两大文明国之间的"恕道"	谭中	南亚研究	第4期	12月30日	
	泰戈尔是中印之间的金桥	谭中	深圳大学学报（人文社会科学版）	第1期	1月15日	
	1924年泰戈尔访华引发争议的根本原因——答国际知名学者阿莫尔多·沈之问	郁龙余	深圳大学学报（人文社会科学版）	第1期	1月15日	
	泰戈尔的大爱思想——泰戈尔与中国	毛世昌	兰州大学学报（社会科学版）	第1期	1月28日	

（续表）

年份	题目/书名	作者	刊物/书目/出版社	期数/页数	日期	其他
	从身份认同视角谈泰戈尔短篇小说——《活着还是死了》	徐萌萌	科教导刊（中旬刊）	第3期	3月15日	
	认同、误读与化用——论泰戈尔对《老子》的接受	侯传文	苏州科技学院学报（社会科学版）	第2期	3月15日	
	从"撒提"说开去——鲁迅的泰戈尔评价刍议	王燕	苏州科技学院学报（社会科学版）	第2期	3月15日	
	泰戈尔访华：反对者的批评	卢茂君	苏州科技学院学报（社会科学版）	第2期	3月15日	
	泰戈尔——熔东西文化于一炉的艺术家	何乃英	苏州科技学院学报（社会科学版）	第2期	3月15日	
	泰戈尔诗歌在西班牙语世界的传播和接受	尹锡南	南亚研究	第1期	3月20日	
	泰戈尔访华：回顾与辨误	王燕	南亚研究	第1期	3月20日	
	泰戈尔与苏联	刘建	南亚研究	第1期	3月20日	
	接受学视野下的泰戈尔研究	黄健平	重庆教育学院学报	第2期	3月25日	
	从操纵论看郑振铎翻译泰戈尔	张娟	四川外语学院		4月1日	
	中国文化机关团体举行泰戈尔追悼大会史料选	周晓	民国档案	第4期		
	泰戈尔短篇小说的生命叙事解读	徐萌萌	文学教育（中）	第4期	4月15日	
	泰戈尔文化身份的杂糅性探微	王菲菲	剑南文学（经典教苑）	第4期	4月25日	
	上海聆听东方智者的声音	邢建榕	文汇报		4月25日	
	泰戈尔对中国文学之影响	侯传文	团结报		5月7日	

（续表）

年份	题目/书名	作者	刊物/书目/出版社	期数/页数	日期	其他
	这里，是中印文化相会之地	廖政军	人民日报		5月9日	
	"泰戈尔给我取名'阿输迦王'"	田泳	深圳商报		5月12日	
	快美的诗情 超卓的哲理	冯爱珍	文艺报		5月13日	
	《泰戈尔与中国》论文集英文版在印发布	廖政军	人民日报		5月16日	
	教出中职语文课的"职业味"	王婷婷	学知报		5月23日	
	论泰戈尔"心灵表现说"的诗学观	程娟珍	漳州师范学院		6月1日	
	泰戈尔与上海	孙宜学	文汇读书周报		6月10日	
	泰戈尔短篇小说中的和谐之美	孙倩	洛阳师范学院学报	第6期	6月10日	
	泰戈尔诗歌中的生态智慧	石在中	外国文学研究	第3期	6月25日	
	中印小说"零余者"形象管窥——泰戈尔《探宝》与郁达夫《零余者》对读	王海峰	写作	Z1	7月1日	
	1924年泰戈尔访华对中印文化交流的影响	艾丹	中国校外教育	第14期	7月20日	
	追怀泰戈尔	彭龄；章谊	世界文化	第8期	8月1日	
	泰戈尔自译抒情诗蠡测	卢茂君	商丘师范学院学报	第8期	8月15日	
	加尔各答泰戈尔国际学术研讨会综述	刘建	国外文学	第3期	8月25日	
	《泰戈尔的中国之旅》展览在印度展出	倪政华	兰台世界	第20期	9月1日	
	爱因斯坦、泰戈尔、毕加索与真理问题	李建盛	艺术评论	第9期	9月4日	
	新月社与泰戈尔访华	郭晓勇	学理论	第25期	9月10日	
	泰戈尔与维多利亚·奥坎波的跨文化情愫	尹锡南	东方论坛	第5期	10月15日	

(续表)

年份	题目/书名	作者	刊物/书目/出版社	期数/页数	日期	其他
	1924年：泰戈尔的中国之行	王心文	湖北档案	第10期	10月20日	
	聆听泰戈尔的飞鸟歌唱	龚毅	公民导刊	第11期	11月7日	
	品读泰戈尔散文诗	王玉萍	当代贵州	第32期	11月15日	
	中国文化机关团体举行泰戈尔追悼大会史料选	周晓	民国档案	第4期	11月25日	
	论松尾芭蕉俳句与泰戈尔短诗的文化异同	侯巧红	许昌学院学报	第6期	11月30日	
	看永恒如何湮灭了瞬间——品泰戈尔《飞鸟集》	邵璐璐	走向世界	第35期	12月15日	
	追怀泰戈尔	彭龄；章谊	文艺报		12月30日	
	神·自然·爱——论泰戈尔之"自然观"在《飞鸟集》中的体现	孙柏林；田晶	思想战线	第2期	12月30日	
	"万世的旅人"泰戈尔	魏丽明等	中央编译出版社			
	泰戈尔传	（印）克里希那·克里巴拉尼著，倪培耕译	人民文学出版社		7月	
2012年	泰戈尔《素芭》中的悲剧因子	陆美娟	文学教育（上）	第1期	1月5日	
	1924年以来的中印画家交往拾遗	（印）阿密达瓦	深圳大学学报（人文社会科学版）	第1期		
	泰戈尔与上海	朱纪华	中西书局			
	《话语转型与诗学对话——泰戈尔诗学比较研究》评介	尹锡南	东方论坛	第2期		
	五四前后外国名哲来华讲学与中国思想界的变动	郑师渠	近代史研究	第2期		
	印度文学的森林书写	侯传文	南亚研究	第2期	6月20日	
	泰戈尔中国演讲及有关论争反思	侯传文	中国海洋大学学报（社会科学版）	第1期	1月10日	

（续表）

年份	题目/书名	作者	刊物/书目/出版社	期数/页数	日期	其他
	泰戈尔作品在日本的译介情况初探	吴毓华	浙江外国语学院学报	第1期	1月15日	
	翻译即改写——陈独秀对泰戈尔诗歌的译介与改写	黄静	海外英语	第2期	1月23日	
	吟唱自由之诗 泰戈尔戏剧《牺牲》观感	朱玉宁；董维拿	上海戏剧	第2期	2月5日	
	论泰戈尔短篇小说对边缘化女性的关注	孙燕君	剑南文学（经典教苑）	第2期	2月25日	
	泰戈尔的绘画创作实践及其绘画美学思想	李文斌	武汉理工大学学报（社会科学版）	第1期	2月28日	
	东方的希望	张西平	中华读书报		3月7日	
	论陈独秀对泰戈尔的批判	李丹丹	学理论	第9期	3月30日	
	浅论五四时期泰戈尔诗歌在中国的传播	童敏	佳木斯大学社会科学学报		4月15日	
	《话语转型与诗学对话——泰戈尔诗学比较研究》评介	尹锡南	东方论坛	第2期	4月15日	
	重读泰戈尔与世界主义	孟昭毅	外国文学研究	第2期	4月25日	
	泰戈尔与叶芝诗学思想比较	王晓声	西南大学		4月26日	
	对泰戈尔西方民族主义和孙中山民族主义思想的比较——以《民族主义》与《孙中山全集》为例	许宋莲	科技视界	第13期	5月5日	
	爱的诗人泰戈尔	袁苑	湖北社会科学	第5期	5月10日	
	泰戈尔与狄金森——道家生命智慧的诗性追求	康燕彬	英美文学研究论丛		5月31日	
	胡适出席了泰戈尔画展吗	沈平子	博览群书	第6期	6月1日	
	泰戈尔诗歌的感恩主题	陈佳岚	文艺报		6月1日	
	"泰戈尔与耶稣"	孙宜学	书屋	第6期	6月6日	

（续表）

年份	题目/书名	作者	刊物/书目/出版社	期数/页数	日期	其他
	歌词译介：填补泰戈尔诗歌译介空白	白开元	文艺报		6月13日	
	浅议泰戈尔的梵、人、自然统一观	冉思玮	文学界（理论版）	第6期	6月25日	
	生命律动的整体呈现与梵爱思想的主题观照——泰戈尔梵爱和谐思想对我国早期新诗主题生态的影响	戴前伦	当代文坛	第4期	7月1日	
	泰戈尔称赞阎锡山：有哲学家的风格	梁阁亭	文史博览	第7期	7月5日	

后 记

在键盘上故作庄严地敲打这些字时,我忽然意识到,我在泰戈尔与中国关系研究方面,竟已纠结了14个年头。当年在图书馆中一次次翻阅泛黄的旧期刊的寂寞日子,似乎又闪现在眼前;寻寻觅觅、历尽艰辛终于摸扒到相关资料的喜悦,此时似又在嘴角泛起。

2001年,我出版了第一本有关泰戈尔的书,名为《泰戈尔与中国》(河北人民出版社,2001年),内容较杂,包括"泰戈尔在华经历","泰戈尔在华演讲精选","泰戈尔来华争论文选";2005年,应广西师范大学出版社之邀,将其中的"泰戈尔在华经历"单独出版,仍以《泰戈尔与中国》为名。后来,我又陆续整理出版了《不欢而散的文化聚会——泰戈尔来华讲演及论争》(安徽教育出版社,2007年),《诗人的精神——泰戈尔在中国》(江西高校出版社,2009年),并发表了一系列相关论文。我似乎在其中越陷越深,但乐趣也越来越大。在逐步熟悉泰戈尔这个在中国称得上经典的流行作家的过程中,我似乎发现,人们可能比较愿意固守自己对某人或事的固有看法,而不愿意,或想不到换个角度,将熟悉的"陌生化",就可获得新的认识,获得新的愉悦。泰戈尔的世界是一座巍峨的大山,我们很容易只看到"飞鸟"飞过、"园丁"荷锄、"沉船"消失在地平线……就以为读懂了这座山,而实际上只要我们稍微多往山上走一步,往山里多挖一铲,就会有意料不到的惊喜等着我们。我想,自己可能会永远读不懂这座山,但我至少能做到每天尽可能多走一小步,多挖一铲。

实际上,历史上和现实中已有很多前辈已经或正在这座山上孜孜耕耘、播种，而我，目前仍只是在他们深翻过的土壤中刨一点食而已。谭中教授的一次次叮咛和鼓励，魏丽明教授的信任和热情，于我都不啻为鞭策，并使我有了一种归队的感觉。我很享受这种感觉，也倍感压力，因为这可能意味着我以后再无散兵游勇的自由惬意了。谭中先生慨然为这本小书赐序，我视为是自己被接纳为这个平静、努力的研究队伍一员的标志。

本书是在《泰戈尔与中国》一书基础上，根据最新资料和研究成果全面修改而成，希望不会让感兴趣的读者过于失望。

我与泰戈尔结缘，首先要感谢陈思和老师；1998年的一次河南之行，改变了我这十几年的学术生活；恩师贾植芳先生一直关心着我的成长，也一直鼓励我沿着这条道路认真走下去。2008年，先生仙逝，我至今仍时时怀念在他身旁放肆无忌的时光，这本小书，也是对他老人家的纪念。

感谢中央编译出版社的编辑，使我的泰戈尔之旅得以延续。

我的研究生陆文媛帮我整理了1949年以后国内有关泰戈尔研究的部分论文和著作目录，在此致谢。

感谢我的家人，容忍我一次次许诺之后仍只能以清苦为伴。没有她们的支持，我可能早就半途而废了。

感谢所有因泰戈尔结缘的学者、朋友。

感谢泰戈尔！

孙宜学
2012年6月25日
沪上"一步斋"